Le roman médiéval

COLLECTION FONDÉE PAR JEAN FABRE
ET DIRIGÉE PAR ROBERT MAUZI

LITTÉRATURES MODERNES

Le roman médiéval

JEAN-CHARLES HUCHET

« Solaz nos faz'antiquitas. »
Albéric de PISANÇON

PRESSES UNIVERSITAIRES DE FRANCE

ISBN 2 13 038656 3

Dépôt légal — 1re édition : 1984, décembre

108, boulevard Saint-Germain, 75006 Paris

SOMMAIRE

Avant-propos

Cet ouvrage explore des voies ouvertes par M. le professeur Poirion dans son séminaire à l'Université de Paris-Sorbonne. Il est pour nous l'occasion de rendre hommage à son enseignement et de le remercier de son aide et de ses conseils amicaux.

Introduction

Le roman, on l'oublie trop souvent, n'est pas né avec le *Tristan* ou les œuvres de Chrétien de Troyes, mais avec les romans antiques (*Thèbes*, *l'Enéas* et *Troie*) qui conquirent à la langue romane, vers le milieu du XIIe siècle, quelques grands textes de l'Antiquité : *la Thébaïde* de Stace, *l'Enéide* de Virgile, des synthèses tardives de *l'Iliade* et de *l'Odyssée* d'Homère. L'étrangeté et les enchantements de la « matière de Bretagne » ont quelque peu occulté ce geste « humaniste » qui vise à renouer le fil de la mémoire culturelle et à inscrire la nouveauté au sein d'une tradition légitimante.

Car le roman, vers 1150, c'est moins un genre littéraire qu'une langue, la langue des *illitterati*, « cil qui n'entendent la letre » pour reprendre la formule de Benoît de Sainte-Maure, de ceux qui ignorent le latin et pour qui il faut « en romanz metre » afin qu'ils « se puissent deduire el romanz »[1]. Cet effort de « traduction » participe de ce qu'on a appelé « la renaissance du XIIe siècle », d'un réveil progressif, d'une sortie de la culture de l'espace clos du monastère ou de l'école cathédrale, d'un lent dégagement d'une culture profane, d'une extension sociologique de la culture homologue à la conquête sur la sauvagerie inquiétante de la forêt, à l'essor des villes, à l'augmentation des échanges commerciaux et de la circulation des hommes, qui élargissent l'espace géographique et ouvrent les idées. Les romans antiques témoignent d'une curiosité intellectuelle nouvelle, lente à s'éveiller, franchissant pourtant l'écran des blocages sociaux,

1. *Le Roman de Troie*, de Benoît de Sainte-Maure, éd. Léopold Constans, Paris, STAF, 1903-1909, 6 vol., v. 37-36.

culturels et religieux afin de renouer avec une culture antérieure à l'avènement du Christ, grâce à quoi la littérature hagiographique et l'épopée vont pouvoir se ressourcer, s'enrichir de nouvelles figures et, simultanément, se trouver décentrées dans leur esprit, leurs formes et leur fonction sociale. De ce travail de déplacement naîtra le roman, genre littéraire cette fois. Que le roman soit issu d'un effort de « traduction » suffirait à montrer que la nouveauté inscrit toujours ses prémices au cœur du passé. La littérature naît de la littérature.

Conçue comme « traduction », l'écriture du roman est traversée du modèle, sa lecture fine, intéressée et intelligente. Ecrire au XIIe siècle, c'est lire puis réécrire dans une autre langue. Et la fidélité ne s'affiche sous la plume d'un Benoît de Sainte-Maure que pour être immédiatement démentie :

« Le latin sivrai e la letre,
Nule autre rien n'i voudrai [metre,
S'ensi non com jol truis escrit.
Ne di mie qu'aucun bon dit
Ni mete, se faire le sai,
Mais la matire en ensivrai. »

« Je suivrai le latin et la lettre et je n'ajouterai rien à ce que je trouve écrit. Je ne dis pas que je n'y ajouterai pas quelque beau discours, si j'en ai le talent, mais je suivrai la matière du texte. »

(*Roman de Troie*, v. 139-144)

Fidélité à l'essentiel (à la « matire »), la « traduction » n'exclut pas les ajouts (« aucun bon dit »), qui sont autant de signes de la maîtrise de l'écrivain, d'excroissances marquant la place du romanesque. Dans le dernier quart du XIIe siècle, Marie de France précisera dans le prologue de ses *Lais*[2] que l'écriture nouvelle est contenue dans les silences ou les obscurités des modèles :

« Custume fu as ancïens,
Ceo testimoine Precïens,
Es livres ke jadis feseient,
Assez oscurement diseient

« Les anciens avaient la coutume, selon le témoignage de Priscien, d'écrire avec obscurité dans leurs ouvrages

2. Ed. Jean Rychner, Paris, Champion, CFMA, 1977.

Pur ceus ki a venir esteient	afin que ceux qui viendraient
E ki aprendre le deveient,	plus tard et les étudieraient
K'i peüssent gloser la lettre,	puissent en commenter la lettre
E de lur sen le surplus mettre. »	et y ajouter leur interprétation. »

(v. 9-16)

Cette « lecture-écriture » fait jouer le support littéral (« gloser la lettre ») afin de résoudre une énigme codée par la traduction. Mais le jeu de la lettre produit un « surplus » de sens, qui est la part même du romanesque, qui feint de livrer le fin mot de l'énigme pour mieux la maintenir en la recouvrant d'un excès de sens. Ecrire, c'est donc toujours réécrire afin de cerner un secret antérieur, le déplier tout en le déplaçant, le dire et le taire à la fois, mieux le refouler pour qu'il conserve son mystère, sa force de sollicitation, et incite à lutter par l'écriture contre son retour. Dès lors, écrire, ce n'est pas tant écrire « à partir de » qu'écrire « contre » ce qui fait écrire, contre un texte antérieur : le modèle latin et/ou les textes qui précèdent dans la tradition. *Le Roman de Thèbes*[3] a rempli pour le genre romanesque naissant cette fonction de « texte-symptôme » qui lie l'écrivain à son désir d'écrire. *L'Enéas*[4] et *le Roman de Troie* se sont écrits « contre » lui, tout autant que « contre » leur modèle ; ils n'ont pas cessé d'en reprendre les procédés stylistiques, les thèmes, afin d'en infléchir la signification tout en scandant les étapes de l'évolution du genre. N'oublions pas qu'hormis la version franco-provençale du *Roman d'Alexandre* d'Albéric de Pisançon et un roman français d'*Apollonius de Tyr*, l'histoire du roman s'ouvre sur la transposition du mythe d'Œdipe, le rappel d'un double forfait (un parricide et un inceste) qui doit être oublié, rédimé, par une reprise le transformant en métaphore de l'écriture.

Pièce centrale et maîtresse de la trilogie des romans antiques, à laquelle il est nécessaire d'adjoindre *le Brut*[5] de Wace

3. Ed. G. Raynaud de Lage, Paris, CFMA, 2 vol., 1969-1970.
4. Ed. J.-J. Salverda de Graves, Paris, CFMA, 2 vol., 1964-1968.
5. Ed. I. Arnold, Paris, SATF, 2 vol., 1938.

si l'on veut comprendre la naissance du genre romanesque, *l'Enéas* est l'œuvre d'un auteur inconnu, d'origine normande, écrivant dans l'idiome littéraire qui régnait en Normandie dans la seconde moitié du XIIe siècle. Son utilisation de l'octosyllabe à rimes plates (le vers traditionnel de la poésie narrative et didactique de la cour d'Angleterre) donne à penser qu'il mit son talent, tout comme Wace et Benoît de Sainte-Maure, au service de la monarchie Plantagenêt. Il est probable que son activité littéraire soit à replacer dans cet « atelier de clercs » travaillant dans l'entourage même du roi et participe de ce vaste projet apologétique de la monarchie dont les romans antiques seraient la pierre d'angle[6]. Histoire d'un mariage fondateur d'une dynastie apportant un somptueux héritage territorial, *l'Enéas* ne fut probablement pas pour déplaire à Henri II Plantagenêt, qui ne manqua pas d'y trouver un écho direct du mariage contracté le 18 mai 1152 avec Aliénor d'Aquitaine (ex-épouse du roi de France) lui permettant, en attendant de monter sur le trône d'Angleterre en 1154, d'étendre son pouvoir sur l'Aquitaine et le Poitou. Henri II fut incontestablement un homme de culture ; dès son adolescence il s'intéressa aux lettres et apprit le latin et le provençal. Il sut s'entourer d'hommes remarquables : Jean de Salisbury, Etienne de Blois, Gauthier Map... Son père, Geoffroy le Bel (mort en 1151), était lui aussi un homme cultivé. Henri II systématisa les habitudes prises sous le règne de son père et commanda des œuvres. Wace fut invité, vers 1160, à rédiger la geste des Normands *(le Roman de Rou)* et Benoît de Sainte-Maure la vaste *Chronique des ducs de Normandie*. Cet effort historiographique et apologétique, significativement inachevé, prend la suite de celui inauguré par les romans antiques. L'auteur de l'adaptation romane de *l'Enéide* retrouve d'ailleurs le dessein apologétique de Virgile louant Auguste ; Enéas (roux, suivant *Partonopeus de Blois*, comme Henri II) est l'ancêtre d'Auguste. Comment Henri II aurait-il pu ne pas être secrè-

6. Cf. G. Angelli, « *L'Enéas* » *e i primi romanzi volgari*, Milan, 1971.

tement flatté de la comparaison ? Mais à ne voir dans *l'Enéas* que la version romanesque d'un projet historiographique on manquerait l'essentiel : *l'Enéas* est le premier exemple achevé du genre romanesque naissant. L'inscription de *l'Enéas* dans un contexte historique précis permet toutefois de serrer davantage sa date de rédaction. Question difficile, maintes fois débattue, sans que la controverse n'ait permis d'établir autre chose qu'une « fourchette » chronologique, une chronologie relative situant les œuvres les unes par rapport aux autres. Nul doute, depuis la démonstration définitive d'E. Faral[7], que les trois romans ont été rédigés dans l'ordre suivant : *Thèbes*, *Enéas* et *Troie*, et forment un « bloc romanesque ». Les seules dates sûres sont de nature historique. Si le mariage d'Henri II et d'Aliénor n'est pas étranger à la décision de réécrire en « roman » *l'Enéide*, *l'Enéas* ne saurait être antérieur à 1152 ; s'il évoque l'accession d'Henri II au pouvoir, il a été écrit après sa montée sur le trône d'Angleterre, après la fin 1154. Bien que contestée, l'antériorité du *Brut* de Wace paraît indéniable ; l'auteur de *l'Enéas* lui emprunte un certain nombre de détails et peut-être même l'idée de conter en « roman » d'Enéas, dont la vie et la descendance sont présentées dans les cent cinquante premiers vers du *Brut*. Or le texte de Wace, comme en témoigne l'*explicit*, a été achevé en 1155 ; il paraît donc raisonnable de fixer la rédaction de *l'Enéas* vers 1156[8], date à laquelle les souvenirs de gloire avec lesquels il entrait en sympathie étaient encore présents à la mémoire. A l'inverse, *le Roman de Thèbes* — écho romanesque de luttes intestines et fratricides pour la possession d'une ville et d'un royaume — pourrait avoir été rédigé par un clerc continental, d'origine poitevine, avant l'arrivée d'Henri II sur le trône d'Angleterre qui ouvrit une courte période d'accalmie et créa une unité territoriale

7. *Recherches sur les sources latines des contes et romans courtois du Moyen Age*, Paris, 1913, p. 169-187.

8. Nous fondons les dates fournies par E. Baumgartner et C. Mela dans le *Précis de littérature française du Moyen Age*, Paris, 1983, direction D. Poirion.

auparavant contestée par les partisans d'Etienne de Blois, vers 1152 ou 1153. *Troie*, plus récent, mit à profit les thèmes et les techniques utilisés par ses devanciers ; sa rédaction peut être, approximativement, fixée vers 1165.

L'Enéas nous est parvenu par neuf manuscrits (*Thèbes* par cinq et deux fragments, *Troie* par quarante et un), dont deux fragmentaires. Le manuscrit A (Bibl. Laurentine, Florence, Plut., XLI, cod. 44, fin XIIe-début XIIIe s.), base de l'édition de J.-J. Salverda de Graves, est le plus ancien manuscrit contenant notre texte et, pour reprendre la formule de son éditeur, « la copie médiocre d'un excellent modèle ». Nous l'avons suivi dans notre analyse en évitant, autant que faire se peut, de trop solliciter les ajouts effectués par l'éditeur à partir des autres manuscrits. Il représente probablement l'état le plus ancien du texte.

L'Enéas a été doublement occulté : par la notoriété de son modèle, *l'Enéide* de Virgile, qui constitue une manière de synthèse de la culture antique et dont il peut paraître une pâle et sèche adaptation en langue vulgaire, et par le succès de ses imitateurs de talent, Chrétien de Troyes, notamment, qui lui emprunte dans *Cligés* nombre de thèmes, voire de vers. La critique a, le plus souvent, réglé sa lecture sur la magnificence et l'ampleur de ces ombres et manqué l'intérêt de ce texte capital dans l'histoire du roman. Il est vrai qu'une comparaison avec le modèle virgilien ne peut s'effectuer qu'au détriment de l'adaptation médiévale, un peu sèche, « raisonnable », privée de la richesse formelle de l'épopée latine, de la luxuriance apportée par les références mythologiques. Renoncer à la comparaison systématique entre les deux œuvres demeure donc un impératif critique. D'autant plus que *l'Enéas* n'est pas, au sens strict, une traduction en « roman » de *l'Enéide* ; les vers rendant exactement le latin restent rares. Les similitudes sont suffisamment grandes cependant pour donner à penser que l'écrivain médiéval a travaillé avec une copie de l'œuvre de Virgile sous les yeux. Plus que de « traduction », il convient de parler d' « adaptation ». En effet, l'auteur a fait subir au texte latin une série de modifications obligeant le lecteur moderne à considérer *l'Enéas* comme un texte autonome et original. Outre le changement de langue, qui suffirait par les effets de perte ou d'approximation qu'il implique à le différencier de son modèle, l'intervention la plus patente est une « transdiégétisation » partielle ou transposition diégétique[9] qui oblige les guerriers latins et troyens à se combattre dans un univers féodal. L'incomplétude de cette transposition diégétique produit un effet de dissonance ponctuelle par rapport à la tonalité générale de l'action, un effet d'anachronisme qui fait l'originalité des romans antiques et sous-tend une homogénéisation du temps obligeant le présent à être la répétition du passé, l'autre à revenir sous les traits du même. Le travail de l'auteur médiéval a aussi porté sur la trame narrative qui a subi, par endroits, une condensation drastique, ailleurs une amplification non moins considérable ne parvenant volontairement pas à retrouver l'équilibre binaire de la geste virgilienne. Ainsi les trois mille premiers vers de *l'Enéas* constituent une synthèse des six premiers chants du poème latin, alors que les trois mille derniers sont une véritable amplification de son seul chant VI. Ajoutons à cela une série d' « insertions métadiégétiques » d'épisodes, de gloses diverses ou de fragments théoriques (évocation du jugement de Pâris, références ovidiennes...) étrangers au récit qui modifient aussi le rythme narratif et partant la signification du modèle. Cette série d'opérations n'appert que par comparaison avec l'épopée virgilienne, mais elle ne conduit pas obligatoirement à son encensement, suivant une loi injustifiée par laquelle le plus ancien serait le meilleur et l'original définitivement indépassable. Plutôt que de comparaison, parlons d'une « confrontation » destinée à faire rejaillir toujours plus la spécificité de l'écriture de chaque texte. La mise en lumière de l'originalité du roman médiéval implique

9. On prendra, à la suite de G. Genette, le mot « diégèse » dans le sens « d'univers spatio-temporel désigné par le récit » (*Palimpsestes*, Paris, 1982, p. 341). La diégèse est, entre autres, le cadre historico-géographique.

que la lecture critique soit totale, non exclusivement centrée sur les ajouts ou les émendations ; tout élément issu de l'original et inclus à *l'Enéas* participe à la production de la signification et doit être lu comme tel.

Il nous a paru nécessaire de réinscrire *l'Enéas* dans le vaste « texte » que constitue la trilogie antique, à laquelle il faut ajouter *le Brut* de Wace qui participe, de près ou de loin, à la « matière antique ». La tradition manuscrite nous y invite expressément. A *l'Enéas*, les manuscrits C et I adjoignent *Thèbes* ; dans le manuscrit E, il est directement soudé au *Brut*, dans F, il précède *le Brut* ; dans G et H, *l'Enéas* est intercalé entre *Troie* et *le Brut*. Cette disposition, pour fluctuante qu'elle soit (c'est elle qui anima le débat sur la chronologie des œuvres), indique clairement que le Moyen Age eut conscience d'être confronté à un vaste ensemble, à un « texte », animé par plusieurs temps, plusieurs articulations. Les auteurs médiévaux, on l'a dit, sont avant tout de fins lecteurs, des lecteurs curieux et attentifs qui réécrivent, commentent et déplacent la signification des textes antérieurs dans leur propre création, elle-même lue et commentée par les textes postérieurs. Chaque texte est situé au carrefour d'une double tradition et constitue le foyer d'une activité intertextuelle foisonnante qui l'informe et le décentre. Un thème ne prend donc sens que par la confrontation avec ses épiphanies antérieures, avec les mots et les silences qui sont sa matrice signifiante et avec les lectures immédiates qui le déforment déjà en le faisant œuvrer dans un autre contexte. L'écriture médiévale est faite de ces glissements ténus, de ces décentrements microscopiques qui cristallisent autour de l'œuvre antérieure un « surplus » : la marque, souvent illisible, de l'écriture nouvelle. La lecture doit donc épouser cette lenteur, réinterroger la même matière en variant insensiblement la perspective critique, procéder par répétitions et décentrements simultanés, en faisant, par exemple, résonner les mêmes noms de personnages ou de lieux de manières différentes, en privilégiant telle ou telle association signifiante afin que la texture du discours critique adhère à la structure de l'écriture du texte médiéval, afin de saisir — tel le filet de Vulcan capturant Vénus et Mars enlacés — le secret dérobé de la besogne amoureuse des mots et des idées.

Toute lecture se doit d'être focalisée, c'est là une des conditions de sa cohérence, même si cette focalisation aveugle sur l'essentiel. Nous avons centré la nôtre sur les personnages féminins, peu nombreux, et par là même typés et contrastés. Il a souvent été dit que le roman consacrait l'entrée de la femme dans la littérature, sans que les paramètres de cette rencontre aient jamais été clairement définis. Il s'agit d'ailleurs moins de la rencontre de préoccupations littéraires et sociales qui ancrerait le roman dans son temps, le transformant par là en miroir d'une lente mais sûre reconnaissance des femmes, que de la convergence des deux modalités d'une même interrogation de la sexualité et du désir, de la langue et de l'écriture, d'un questionnement par le roman des conditions de son émergence. Le roman et la femme ne sont peut-être qu'une seule question que la littérature se pose dans deux registres différents, et la femme l'autre nom du roman, grâce à laquelle la littérature, au-delà de la chanson de geste et du réel, découvre un autre visage d'elle-même et réfléchit, au miroir de ses fictions, ce qui l'autorise.

CHAPITRE PREMIER

Mariage et errance

RAPT ET MARIAGE

Denys d'Halicarnasse définissait en ces termes « la toute première tâche des législateurs » : « Mettre en ordre ce par quoi les enfants viennent au monde » (52, 25). Ne fixait-il pas aussi, d'une manière anticipée, celle du clerc-écrivain : mettre, non en ordre, mais en fiction, les différentes manières d'organiser la naissance des enfants : le mariage et ses différents modes ? Car *l'Enéas* est avant tout l'histoire du mariage scellant l'union du héros troyen avec Lavinia et ordonnant la venue au monde de la prestigieuse lignée dont Anchisés, dans l'Autre-monde, développe le film en nommant ceux qui sont encore à naître (v. 2937-2959). Retardant à l'envi la réalisation de ce mariage riche de promesses historiques, le roman médiéval nous présente d'abord son envers illicite : la liaison d'Enéas avec Dido, dont les bras trop accueillants retinrent un temps le héros promis par les dieux à une autre destinée. Que la « raïne de Cartaige » se dise « s'espose » ne suffit pas à conférer à leur union la légitimité dont le don réciproque de soi frayait pourtant la voie, puisque aucun enfant n'est venu rédimer le caractère scandaleux de leur liaison. Si le mariage « organise la venue » de l'enfant, sa naissance vient en tiers ratifier le mariage en lui conférant sa légitimité. Inversement, la stérilité des amours d'Enéas et de Dido ne cessent de souligner l'illégitimité d'une union que rien n'autorisa, sauf le consentement à un désir dont la naissance brutale égara ceux qui en furent la proie. Avant sa rencontre avec la « dame tirïene », un premier mariage d'Enéas avec Creüsa, défait par la fureur de l'Histoire, avait été consacré par la naissance d'un fils : Ascanius, emmené en exil, et qui régnera après son père sur les terres « al roi Latin ». A la fin du roman, le mariage contracté avec Lavinia est consacré par la naissance de Silvïus.

Ce mariage tente surtout de faire oublier un événement situé en deçà de celui d'Enéas et de Creüsa, événement qui fut même cause de sa ruine : le rapt d'Eloine par Pâris. Rapprochement à fin de correction, souligné par l'auteur lui-même qui compare le bonheur d'Enéas « saisi » de Lavinia à celui de Pâris enfermé dans Troie avec Eloine (v. 10109-10112). Il avait d'ailleurs, à l'orée du récit, rappelé les conséquences du « forfet que fist Paris » :

« Quant Menelaus ot Troie [asise, onc n'en torna tresqu'il l'ot [prise, gasta la terre et tot lo regne por la vanjance de sa fenne. » (v. 1-4)	« Quand Ménélas mit le siège devant Troie, il ne le leva pas avant de l'avoir prise, il dévasta toute la terre et le royaume pour se venger du rapt de son épouse. »

Le Roman de Thèbes s'efforce lui aussi de reléguer le rapt d'une femme par un homme hors de ce qui est perçu comme le temps de l'Histoire, dans la nuit du mythe où Jupiter règne sur toutes les femmes. N'a-t-il pas épousé sa sœur Juno (v. 9459) ? Thèbes, tout comme Troie, verra ses murs « cravantes », subir leur première atteinte le jour anniversaire de la fête du père fondateur, Cadmus, qui érigea la ville là où il retrouva Europe, sa sœur, enlevée par Jupiter « pour lui (elle) enfraindre et violer » (v. 9191). Le rapt commis par Jupiter est rédimé par le mariage de Cadmus et d'Hermione et la faute du maître des dieux, reléguée dans le temps des origines, par l'acte éminemment social d'un mortel.

Dans les romans de *Thèbes* et d'*Enéas*, le rapt appartient à un passé mythique et relève d'un type d'union archaïque, légitimant après coup une sexualité prédatrice et propre à ce que G. Dumézil a appelé la « seconde fonction ». Héritage de l'épopée que le roman a la charge d'assumer, puis de dépasser.

Il est difficile de ne pas être frappé par l'homologie du mouvement qui porte les romans antiques à reléguer dans un passé mythique un rapt initial et de celui qui anime les écrits généalogiques remontant de génération en génération, à travers un passé brumeux, vers ce que G. Duby appelle une « copulation fondatrice » d'un homme et d'une femme raptée de meilleur rang que le sien. Ce n'est pas sans complaisance que les romans antiques évoquent ce rapt initial, dans la mesure où, s'il constitue une faute grave au regard de la théologie du mariage en train de s'élaborer de synode en synode sous la férule des évêques[1], il n'en reste pas moins une célébration *in actu* de la *virtus* que l'on dit au Moyen Age l'apanage du *vir*. Et si le rapt fait trace dans les romans antiques d'un mode d'union hérité du fond indo-européen archaïque, il semble bien avoir été pratiqué par l'aristocratie carolingienne comme en témoignent les écrits généalogiques de la France du Nord.

L'Enéas se veut le roman de l'oubli du rapt d'Eloine par Pâris, le roman de la restauration (ou de l'instauration) d'un lien conjugal qui vient signifier à l'auditoire chevaleresque que les temps héroïques où il laissait libre cours à une sexualité prédatrice et dangereuse pour l'ordre social sont révolus. *L'Enéas* ne put voir le jour qu'après le triomphe de la nouvelle politique matrimoniale que l'Eglise impose progressivement à l'aristocratie dans le courant de la première moitié du XIIe siècle. Mesurer la signification de la rectification du rapt d'Eloine que constitue le mariage d'Enéas et de Lavinia oblige à déplier les conséquences de ce rapt, à relire, pour compléter les trop brèves allusions

1. G. Duby, *Le chevalier, la femme et le prêtre*, Paris, 1981.

de *l'Enéas*, ce qu'en dit *le Roman de Troie* qui, pour être chronologiquement postérieur, n'en constitue pas moins une archéologie fictive de ce contre quoi il s'écrivit. L'enlèvement d'Eloine (*Troie*, v. 4167-4772) met en fiction le traumatisme qui impulse à l'Histoire son mouvement, présente, puis explore, les conséquences d'une violence sexuelle dont le rapt constitue l'expression archaïque. Le rapt d'Eloine n'est lui-même que la répétition d'un rapt initial, la réponse des Troyens aux Grecs qui, jadis, lors de la première destruction de Troie, ravirent Esiona après avoir assassiné son père Laodemon (cf. v. 2743-2755). L'expédition de Pâris résulte de l'échec des différentes ambassades envoyées aux Grecs dont le but (récupérer Esiona) sera dévoyé. *Troie*, comme *l'Enéas*, rejette dans le passé l'initiale violence qui déchaîna les puissances du mal et fait basculer dans le mythe (le temps d'avant l'Histoire) l'événement dont la blessure, toujours béante, invite à une répétition qui, simultanément, se veut guérison et définitif oubli. L'enlèvement d'Esiona porte au jour la nature sexuelle de la fureur guerrière. Le sac de Troie, « les riches tors abatues » n'ont d'autre fonction que celle d'ouvrir la voie de la capture des femmes, d'un viol généralisé dénonçant l'étroite connivence de la sexualité et de la violence :

« Des femmes firent lor voleir : Assez i ot des vergondees, Sin ont des plus beles menees. » (v. 2790-2792)	« Des femmes, ils firent leur volonté, beaucoup furent honnies et les plus belles enlevées. »

lorsque le roi, père décapité (v. 2743), ne peut plus faire obstacle à une telle démesure, à ce « grant pechiet ». En ces temps primitifs, le rapt se distingue nettement du mariage, et Benoît n'aurait rien trouvé à redire à ce forfait si le héros grec avait épousé sa victime (« E s'il a femme l'esposat, / Ja guaires donc ne m'en pesast », v. 2801-2802). Encore plus précis, *le Roman de Troie en Prose* (XIIIe siècle) souligne que le ravisseur Telamon « ne le (Esiona) deigna onques épouser a femme »[2]. Distinction rassurante, que vient troubler le rapt d'Eloine en rompant un lien conjugal préexistant (l'union avec Menelaus) pour en nouer un autre ; sitôt son forfait accompli, Pâris, le ravisseur, épouse Eloine. La répétition se veut réparation, et le roman reprise, réécriture de sa protohistoire mythique. Là où le rapt d'Esiona (célibataire) liait débordement sexuel et violence, celui d'Eloine montre que la rupture brutale du lien conjugal déchire le tissu social et livre l'Histoire à la déraison et le monde à la destruction. La violence sexuelle a fait place à la sidération par laquelle l'amour se confond avec l'avènement du désir, lorsque l'échange d'un regard (« Mout s'entresgardèrent andui ») suffit à transformer le rapt en acquiescement. L'amour partagé (« Navra Amors e lui et li ») constitue déjà une excuse anticipée au forfait qui va être commis et ouvre une blessure cherchant légitimement sa guérison. Grâce à l'amour, une séparation est effectuée entre la violence sexuelle et le désir afin que ce dernier soit réinvesti dans une prouesse guerrière qui, d'entrée, est donnée comme l'au-delà de l'exercice d'une légitime vengeance. Chez le déjà courtois Benoît de Sainte-Maure, le renom du héros a fait s'éveiller l'amour chez Eloine, appelée par le récit à occuper dans le cœur de Pâris la place de la Dame.

Le rapt d'Eloine n'en reste pas moins un double crime en ce que, commis à l'intérieur d'un temple (v. 4514), il tranche le lien qui unit l'homme et la femme et rompt, simultanément, l'alliance de l'homme avec les dieux. Sans doute est-ce là ce qui le rend inexpiable et incite les dieux à choisir le camp des Grecs et Pâris à renouer l'alliance en épousant Eloine dès son retour à Troie (v. 4864-4870). Les fastes des « riches noces » tranchent avec la sobriété de celles d'Enéas et de Lavinia. On saisira dès lors mieux la façon dont le rapt d'Eloine répète et efface à la fois le rapt d'Esiona. Au meurtre d'un père (Laodemon décapité) se substitue une violence « symbolique » qui défait une forme

2. Ed. L. Constans et E. Faral, Paris, CFMA, t. 1, 1922, § 34.

d'harmonie sociale pour lui en substituer une autre. N'est-ce pas dire, sous les dehors de la fiction, que le rapt constitue une violence que le mariage tente d'oublier ? que le mariage, en tant qu'épure du lien social, défait un lien antérieur, soit ce qui vient à la place du meurtre d'un père ? En d'autres termes, le lien social, qu'est-ce d'autre qu'un meurtre, hors histoire, hors texte, que chaque sujet s'applique à répéter individuellement dans le mariage ? Forfait par lequel l'initiale violence sexuelle, cédant le pas aux enchantements de l'amour, cesse de faire de la femme une proie pour l'homme.

Sublimation de la violence sexuelle, le mariage d'Eloine et Pâris tire un semblant de légitimité d'être le couronnement d'un amour partagé. Le consentement à l'amour de l'autre, dont la violence n'est plus dès lors que l'expression superlative, fait l'union des époux comme celle des amants. Dans *l'Enéas*, les surprises de l'amour réciproque obligeront Enéas et Lavinia à acquiescer à la volonté des dieux. Qui, mieux que Lavinia, découvrant l'amour au travers de sa propre souffrance, saurait définir ce consentement à quoi se résume l'amour dans les romans antiques :

« Il an estuet dous en cople et chascuns soit vers l'autre [sople et face li ses volantez. » (v. 8175-8177)	« Il faut être deux pour faire un couple ; chacun doit être souple vis-à-vis de l'autre et répondre à ses désirs. »

Et Turnus, rival du Troyen, s'il peut se targuer d'avoir été « saisi » de la terre du roi Latin, est obligé de constater que la possession de l' « onor » ne livre pas Lavinia, si elle ne consent pas à la volonté d'un père, lui-même envahi par le doute. Subtilement, l'auteur de *l'Enéas* a laissé chaque partenaire dans l'ignorance de la blessure amoureuse qui afflige l'autre et vient répondre à celle qui le fait souffrir. Chacun de son côté se débat avec son amour en un dialogue fictif qui n'est aveu que pour l'auditeur-lecteur d'un consentement dont l'intéressé(e) ne sera informé(e) qu'à la fin du récit, lors du mariage précisément, remis à huitaine pour mieux séparer l'engagement réciproque du meurtre du rival qui l'autorise et lui donne sens. Cet ultime délai permet aux deux partenaires d'exacerber en leur for intérieur un désir dont le délivre les consentement. Au terme de *l'Enéas*, le mariage, dont l'auteur se garde bien de faire la description, se réduit à une parole dont l'articulation entérine socialement un consentement qui se découvre mutuel. Si le consentement mutuel scelle une union légitime, son absence ou un certain déséquilibre dans l'acquiescement à l'autre ne voue-t-il pas les couples aux affres d'une passion tournée vers le malheur et dont les femmes, le plus souvent, font les frais ? C'est là ce qui promet Dido au bûcher. D'entrée, Dido consent à la venue du Troyen, proposant, avant même l'arrivée d'Enéas à sa cour, le mélange de leurs peuples, préfiguration de l'union des cœurs et des corps dont elle rêvera plus tard (v. 633-636). L'inégalité dans le consentement surgit avec l'amour lors de l'embrassement d'Ascanius : « C'est Dido qui plus fole estoit » (v. 820). Déséquilibre encore aggravé lors de l'union sexuelle « il fait de li ce que lui sanble / (...) / tot li consent sa volenté » (v. 1522-1525). Sans doute est-ce cet acquiescement au désir de l'autre qui l'autorise à se dire « s'espose », sans que rien d'équivalent n'y réponde dans la bouche de l'aimé. Plus tard, mais trop tard, surgira l'évidence : « Je muir d'amor, il ne s'en sent » (v. 1824). Inégalité dans l'amour, inégalité dans le consentement. Les dieux, en rappelant Enéas à sa mission (gagner la Lombardie), rendent impossible le mariage souhaité par Dido et transforment le déséquilibre initial en obstacle incontournable. L'inégalité dans le saisissement amoureux fraye la voie à une rupture dont Dido, seule, fera les frais en montant sur le bûcher. Gardiens du consentement qui doit fonder toute union, les dieux prêtent leur voix au roman appelé avec *l'Enéas* à devenir le défenseur de la toute neuve théologie du mariage.

Nécessaire, le consentement mutuel des époux ne suffit

pas à conférer une légitimité au mariage. Il doit être précédé du consentement d'un tiers : père, tuteur, ou roi de fiction. La présence ou l'absence de parole autorisante du père permet de différencier la liaison d'Enéas avec Dido de l'union avec Lavinia. Veuve, étrangère, Dido ne peut espérer qu'un père légitime le penchant qui la pousse vers Enéas. En refusant d'épouser un des « barons de cest païs », elle a dressé sur le chemin de son désir un obstacle majeur, retourné contre elle la seule puissance symbolique autorisée, en l'absence d'un père, à la donner à Enéas. Aussitôt après la scène de chasse où elle consent « sa volonté » au Troyen, éclate le scandale d'une union sans médiation assurant sa reconnaissance sociale et symbolique (v. 1579-1600). A l'inverse, Lavine sera reçue de la main de son père, le roi Latin, dont le geste ne fera qu'inscrire dans l'Histoire la volonté des dieux qui, de toute éternité, ont promis Lavinia à Enéas :

« li deu vollent, ce m'est avis,
qu'il ait la femme et lo païs ;
viegne a moi, *ge li donrai,* »
(v. 3245-3247)

« les dieux veulent, à ce qu'il me semble, qu'il ait la femme et le pays ; qu'il vienne à moi et je les lui donnerai, »

Et le roman n'est que le retard, subtilement organisé par la fiction, apporté à la mise en actes de cette parole paternelle qui, un temps circonvenue par la reine, s'est égarée à « saisir » Turnus de Lavinia et du règne (v. 3233-3238). En éliminant le rival, la prouesse chevaleresque, outre qu'elle donne droit à la femme, souligne la supériorité de la parole paternelle sur la parole maternelle et la désigne comme la seule apte à fonder la légitimité du mariage. Peu importe au demeurant que nous ayons là le reflet littéraire de la *desponsatio* dans laquelle G. Duby a bien fait de voir l'acte constitutif du mariage médiéval. Au-delà du miroir des faits, les romans antiques sont la mise en fiction d'une structure élémentaire qui transforme le mariage en un don d'une femme par un homme à un autre homme, par un père cédant sur son désir incestueux. La féodalité se caractérise par l'élection d'un type d'union homologue à ce que G. Dumézil a appelé le mode « ārsa » qui soumet toujours davantage les femmes à la volonté paternelle[3]. Il n'est pas indifférent que les romans antiques, premières œuvres achevées de la littérature romanesque en langue vernaculaire, consacrent la fonction du père dans cette mise en ordre de ce par quoi « les enfants viennent au monde ». En se donnant pour la réécriture de l'histoire d'Eloine et de Pâris, *l'Enéas* permet de saisir, au plus près de la structure du mariage médiéval, les conditions d'une union que la classe chevaleresque aime à croire fondatrice de sa propre légitimité et de sa propre histoire.

ÉNÉAS : UN « JEUNE » ?

La naissance de la littérature romanesque, et tout particulièrement les romans antiques, ne saurait se penser indépendamment du désir d'intégration sociale de la fraction défavorisée de la chevalerie que G. Duby a appelée les *juvenes*, les « jeunes »[4]. Au XIIe siècle, le « jeune » est, paradoxalement, un adulte, un homme fait, qui a été adoubé. Considéré comme « jeune » jusqu'à ce qu'il ait été marié et établi, le chevalier fait partie d'une fratrie militaire, d'une bande composée de puînés non encore « chasés », que la primogéniture a « désintéressés » de l'héritage paternel. Le chevalier nouvellement adoubé, placé sous l'autorité d'un « mentor » choisi par son père, trouve dans cette bande errante l'occasion de parachever sa formation militaire. Belliqueuse par vocation, agressive et violente, la « jeunesse » constitue un groupe menacé, confronté en permanence aux blessures et à la mort. La mort frappe souvent et décime

3. Dans le mariage « ārsa », le père donne, le gendre reçoit et la jeune fille est l'objet passif de la tractation. Cf. *Les mariages indo-européens*, Paris, 1979, p. 80.

4. Les « jeunes » dans la société aristocratique dans la France du Nord-Ouest au XIIe siècle, *Hommes et structures au Moyen Age*, Paris-La Haye, 1973.

parfois des lignages entiers. En témoigne, dans *le Roman de Troie*, la destruction totale de la « chevalerie troyenne », anéantie au fil des vingt-quatre batailles dont, implacablement, comme pour mieux généraliser à l'Histoire tout entière un fait de structure, Benoît de Sainte-Maure fait le récit. Ou encore, dans *l'Enéas*, la « flor de jovente » qu'est Pallas, cueillie par la mort sur les champs de bataille latins déjà jonchés des cadavres de Camille, Elenor, Remullus, Pandarus, Bicius... Qu'est-ce que le voyage d'Enéas, sinon la mise en fiction de l'errance qui jette les « jeunes » sur les chemins pour trouver une épouse ? A nouveau célibataire parce que veuf de Creüsa, perdue ou oubliée dans Troie en flammes, Enéas erre à la recherche d'une nouvelle épouse obtenue à la fin du roman, après de multiples aventures que l'on peut croire transpositions romanesques des vicissitudes de la vie d'un « jeune ». La vie d'Enéas est pleine de bruit et de fureur, du fracas des exploits guerriers accomplis contre d'autres bandes de « jeunes », les guerriers latins conduits par un autre « jeune » : Turnus. Pour les « jeunes », l'errance ne fait jamais l'objet d'un choix, elle constitue une conséquence inéluctable du fonctionnement des lois successorales et des prérogatives de la primogéniture ; elle est l'autre nom de la quête des épouses, une véritable chasse aux héritières, âpre et dénuée de scrupules. A l'époque féodale, les femmes font l'objet d'une compétition sans merci entre les « jeunes » et les mâles plus âgés : les premiers voulant prendre aux seconds ce qu'ils ont parfois acquis au prix de longues tractations, de prouesses ou de simple violence. La guerre de Troie n'est peut-être que la parfaite illustration du conflit entre ces deux catégories de chevaliers. Menelaus, en essayant de reconquérir par les armes une épouse ravie par le « jeune » Pâris, défend les droits des hommes établis qui ont — grâce au mariage — abandonné l'errance propre à la « jeunesse ». La rupture brutale du lien conjugal par le rapt d'Eloine conduit cependant Menelaus à renouer avec l'errance qui le mènera de Grèce sous les murs de Troie et avec la violence guerrière dont le spectacle permet à l'auditeur-lecteur de Benoît de prendre la mesure des luttes qui déchirent la fratrie des chevaliers. Les quelque trente mille vers du *Roman de Troie* ne sont-ils pas la lente et somptueuse mise en scène de l'antagonisme entre « jeunes » et « hommes arrivés » qui anime la chevalerie au XIIe siècle ? Mise en scène qui repose sur une inversion des places, un double chiasme narratif : le ravisseur, Pâris, va devoir lutter pour conserver Eloine et, ce faisant, occuper la place de Menelaus qui, privé d'épouse, reprend l'errance meurtrière conduisant vers la femme et renoue avec sa « jeunesse ». La défaite des Troyens rétablira la situation initiale tout en confortant la position et le droit des hommes établis représentés par Menelaus. *L'Enéas* nous met au cœur de la compétition qui oppose les « jeunes » entre eux pour l'acquisition des épouses. Une héritière, c'est une terre permettant de se « chaser », de quitter la vie turbulente des bandes de puînés dépouillés par la primogéniture de tout héritage. La convoitise sexuelle et le désir d'intégration sociale transforment la femme, et au-delà la terre apportée en héritage, en havre de paix où le chevalier est appelé à s'arrêter et le roman à se clore sur l'ineffable mystère d'un bonheur qui saura rester silencieux. Si les « jeunes » sont légion, les héritières, elles, sont rares ; la faiblesse inhérente à la féminité dans l'imaginaire médiéval les tenait éloignées des armes et les empêchait de défendre leurs fiefs. Lorsque les fiefs devinrent héréditaires, au début du XIIe siècle, on les « désintéressa » de l'héritage des biens-fonds. L'auteur de *l'Enéas* a perversement confié l'aveu de cette « faiblesse » à une bouche féminine, celle d'Anna, suivante et confidente de Dido :

« Ne puet estre longue par fenne
bien maintenu enor ne regne ;
pou fait an son comandement,
s'il n'a altre maintenement ;
ne puet mie grant fes sofrir,
s'il li covient guerre baillir. »

(v. 1349-1354)

« Fief et royaume ne peuvent être longtemps dirigés par une femme ; elle est peu faite pour leur commandement si elle n'a pas d'aide ; elle ne peut supporter le faix de la guerre. »

De plus, sujette aux surprises et aux égarements de l'amour, une femme ne peut, pour la conscience féodale, s'occuper d'un « regne ». Toute à une passion qui la dévore, Dido laisse Carthage aller à vau-l'eau (« A nonchaloir a mis lo regne », v. 1427).

Les romans antiques ne s'intéressent pas tant à la transmission des biens-fonds par les mâles qu'à celle qui s'opère par les femmes, plus singulière et, littérairement, plus productive. Il n'est pas jusqu'au *Roman de Thèbes*, le plus ancien de la trilogie, qui, à l'intérieur de la mise en fiction de la discorde née entre les fils d'Edyppus et de l'impossible partage du royaume paternel, ne vienne en fournir un exemple. S'adressant à Thideüs et à Pollinicés, Adrastus leur confie son intention de transmettre ses biens à ses filles qui s'en dessaisiront en leurs mains. Grâce aux femmes, ils deviendront les véritables hoirs du roi d'Arges (v. 1021-1025).

Nul roman mieux que *l'Enéas* ne parvient à lier la femme et la terre, à superposer la satisfaction sexuelle à celle du besoin d'intégration sociale dans l'ordre des « seniores » par où prennent fin la « jeunesse » et l'errance qui lui est cosubstantielle. Si *Thèbes* met en fiction la lutte pour la terre, *Troie* les conflits pour l'appropriation/défense de la femme, seul *l'Enéas* rapproche et confond les deux faces de l'enjeu animant la compétition des « jeunes ». Dido, sur le chemin conduisant vers la terre d'où vinrent les ancêtres, rêve de constituer le terme de l'errance d'Enéas. Maître de la « dame tirïenne » dès leur première entrevue, il n'est pas pour autant « saisi » de Carthage, du « regne », livré à l'abandon faute d'un « seignor » qui le tienne. Sans doute est-ce là, au-delà de la vertu offensée et de l'orgueil blessé, ce qui fonde le murmure de désapprobation parcourant le barnage libyen et fait craindre, à celle qui n'a pas compris qu'il eût fallu livrer Carthage en même temps qu'elle-même, de se voir chassée de la « terre ». La passion aveugle Dido et ne lui permet pas de percevoir qu'elle n'est que le support d'une transmission de la terre qui assoit et légitime les lignages. La féminité, telle que se la représente le clerc médiéval, est cet « excès » poussant à ignorer les règles économico-symboliques de la féodalité, l'entropie d'un système condamnant la femme à être un moyen, non une fin. Maître de Dido, mais sans terre, Enéas est frère dans l'incomplétude, ou le manque, de Turnus « saisi » du « regne lo roi Latin », mais non encore possesseur de Lavinia. Enéas et Turnus : deux « jeunes », rivaux de ce qu'ils possèdent chacun ce qui fait défaut à l'autre pour mettre un terme à son errance et à sa « jeunesse ». La dernière partie du roman (de loin la plus importante) relate les péripéties de la compétition mettant aux prises non seulement deux guerriers, mais deux civilisations, comme pour mieux signaler le caractère généralisé d'une lutte qui constitue la dynamique même de la « jeunesse », partant de la classe chevaleresque tout entière. Cette lutte s'avère exemplaire, et le roman une manière de chef-d'œuvre en ce que sa structure narrative épouse, de bout en bout, l'errance d'Enéas et couronne le héros qui aura su se rendre maître de la femme et de la terre. La fin heureuse du roman tranche le fil d'une transmission des biens par le sang : de l'union de Lavinia et d'Enéas ne naîtront que des enfants mâles, évitant que Laurente, Albe, Rome, les fiefs et le « regne » ne « tombent en quenouille ».

Faire d'Enéas un « jeune » en quête d'épouse, est-ce pour autant assujettir la littérature à l'histoire ? condamner le texte à la fonction de miroir dans lequel le réel vient se refléter et se magnifier ? Les reflets du réel n'apparaissent jamais dans le miroir du texte que radicalement excentrés. Dans la vitrine des « objets historiques », le texte littéraire fait tache ; il dérange la belle ordonnance d'une maîtrise qui reste le vœu caché de toutes sciences. La réalité du statut de la « jeunesse » vient certes se prendre dans le tissu des romans antiques, mais elle y apparaît décentrée, expropriée de ses « effets de réel » par la langue qui, dans le temps où elle la reprend, la marque du sceau du désir d'écrire dans la langue maternelle qui a saisi le clerc. En ces temps lointains de naissance du roman (langue et genre), la littérature ne semble faire appel au réel social (mêlé d'ailleurs d'histoire « antique », de fiction) que pour réfléchir ce qui la cause, explorer, dans et par la langue, la structure qui l'autorise. En ce sens, le fragment de réel pris dans le texte (le statut des « jeunes », par exemple) témoigne moins d'un état de société qu'il ne désigne le procès par lequel la langue découpe dans le réel pour produire de la fiction. Il est un fil noué par la langue, au même titre que le « mythème », le « biographème » ou le fantasme, dans ce « tissu » qu'appelle l'étymologie du mot texte. Est-ce assez dire que, là où la littérature réfléchit le réel, elle ne cesse de parler d'elle-même ? que, là où *l'Enéas* et les romans antiques évoquent les caractéristiques du mariage féodal, ils explorent la genèse d'un consentement mutuel, d'un acquiescement au désir de l'autre qu'une parole vient sceller. Et cette parole constitue l'épure de toute parole, de toute littérature ; elle noue le sexuel au social, un sujet à un autre sujet, un sujet à son désir, à sa langue et à une structure abstraite, hors histoire, où l'homme ne rencontre la femme qu'au terme d'un parcours chargé de l'arracher au cycle des amours incestueuses.

ERRANCE ET CIRCULATION DES FEMMES

Acquérir par mariage une terre et une femme constitue les deux faces d'un même procès permettant la transmission des biens d'une famille à l'autre, d'une ethnie à l'autre, voire d'une époque à l'autre. Le mariage est le moment où le corps social prend acte de l'arrêt momentané de la circulation des biens appelée à reprendre son cours ultérieurement. En liant la femme et la terre, *l'Enéas* subordonne l'acquisition de l'une à l'appropriation de l'autre, la circulation des biens à celle de la (des) femme(s). Lavinia, devenue elle-même un bien, circule d'un homme à l'autre ; du roi Latin à Turnus à qui, dans un premier temps (hors fiction), il l'a donnée verbalement, du roi Latin à Enéas ensuite lors du mariage. Cette inflexion de la destination de Lavinia autorise à dire qu'elle a, sous l'égide d'un père, circulé entre Turnus et Enéas sans jamais intervenir pour autant dans cet échange. Ajoutons encore les dieux qui l'ont promise à Enéas et sont les véritables ordonnateurs de cette circulation dont le roi Latin n'est que l'agent. La plus grande partie du récit (v. 3021-10156) se trouve occupée par la circulation de Lavinia sans que, paradoxalement, elle effectue le moindre mouvement ; elle reste confinée dans sa « chambre » en l'attente du dénouement d'une guerre dont elle se sait l'enjeu. Seules circulent les paroles qui la représentent et fixent les modalités de l'échange. En fait, la circulation de Lavinia se réduit à la promesse faite à Turnus, puis au don accordé à Enéas, par le roi Latin, abandonnant le droit qu'il a sur sa fille et cédant là sur un désir dont il ne sait rien. Il appartiendra à Chrétien de Troyes, dans *Erec et Enide*, de porter au jour ce désir qui scande et ignifie les paroles du père d'Enide chantant le plaisir de voir sa fille à ses côtés :

« Quant ge ai delez moi ma fille,
tot le mont ne pris une bille ;
c'est mes deduiz, c'est mes [deporz,
c'est mes solaz et mes conforz,
c'est mes avoirs et mes tresors,
je n'ain tant rien come son [cors. »
(v. 541-546)[5]

« Quand j'ai ma fille à mes côtés, le monde entier m'indiffère ; elle est mon plaisir, ma joie, mon amusement et mon réconfort ; elle est mon bien et mon trésor ; je n'aime rien d'autre que sa personne. »

Aveu d'amant courtois plus que paroles de père. En donnant Lavinia à Turnus, puis à Enéas, le roi Latin renonce à son désir incestueux occulté par la trame des faits, par le bruit des mots. Ce geste impulse à la circulation de la (des) femme(s) sa dynamique et inscrit dans le texte la marque par où se reconnaît l'universalité de la prohibition

5. Ed. M. Roques, Paris, CFMA, 1977.

de l'inceste qui, pour reprendre C. Lévi-Strauss, « assure le passage du fait naturel de la consanguinité au fait culturel de l'alliance »[6]. Ce faisant, il réussit là où Jocasta, dans *le Roman de Thèbes*, échoua et permet à Enéas de rencontrer Lavinia et aux amants de désirer au « nom du père » et non plus contre ou sans père comme Edyppus. Comment d'ailleurs Jocasta aurait-elle pu s'arracher à son désir incestueux puisque l'exemple du maître des dieux, Jupiter, qui ne sut pas renoncer à sa sœur et l'épousa, condamne dans le même roman chaque mortel à répéter une faute initiale, reléguée dans le temps du mythe qui image la structure où le désir se prend ? Le mariage d'Enéas et de Lavinia se veut aussi rectification du « mariage » de Jocasta et d'Edyppus ; il désigne ce qui lui manqua pour être valide : la reconnaissance de l'universalité de la prohibition de l'inceste assurant la circulation des femmes et arrachant la fille au père et le fils à la mère. Reconnaissance de la loi et renoncement au désir vont de pair ; hors leur emprise, le fils et la mère font le jeu de l'oracle où le dieu, de l'Autre-scène de la parole (*Thèbes*, v. 183-196), édicta la vérité.

Conséquence de l'universalité de la prohibition de l'inceste, la circulation des femmes, ou de la parole qui pour chaque sujet les représente, définit les modalités des alliances matrimoniales. Paradoxalement, la prohibition de l'inceste protège le groupe en « gelant » au sein de la famille les femmes qui constituent une valeur essentielle afin que leur répartition, ou la compétition dont elles sont l'enjeu, se fasse sous le contrôle exclusif du groupe et non sous celui d'un régime particulier ou privé. Rares sont, dans les romans antiques et plus tard dans les romans courtois, les mariages effectués sans le consentement des « barons ». Festivités et liesse populaire constituent la représentation romanesque et ludique du contrôle du groupe. Cette « endogamie

6. *Les structures élémentaires de la parenté*, La Haye-Paris, 2e éd., 1967, p. 37.

vraie »[7] fonctionne comme une limite socialement conditionnée, mais reste cependant inopérante sans son contraire l'exogamie dès que l'on envisage la structure à une échelle supérieure à celle du groupe.

La multiplicité des unions, ou de leur promesse avortée, décrites par *le Roman de Troie* ne contrevient jamais à la structure élémentaire dont les coordonnées sont établies par l'intrication de l'endogamie et de l'exogamie. Medea, emmenée par Jason, « circule », mais sa circulation s'arrête dans l'île où l'abandonne le conquérant de la toison d'or, et, surtout, s'effectue hors le contrôle du groupe représenté notamment par le contrôle parental (cf. v. 2032-2033). Il n'est pas jusqu'au rapt qui ne s'évertue à respecter la nécessaire circulation exogame des femmes. Esiona, la Troyenne, est ravie par un Grec, Herculés, et donnée à un autre Grec, Telamon. Eloine, Grecque, est ravie par Pâris, un Troyen. Ce double rapt illustre la loi de réciprocité régissant les échanges des partenaires sexuels entre groupes, mais le roman transforme l'algèbre de cet échange en destin, chaque terme de la structure devenant un sujet singulier croyant agir selon les modalités d'un désir conscient de soi alors qu'il n'est qu'un effet de la combinatoire régissant la marche des sociétés. Le tragique des histoires d'amour, le cœur du vaste roman de Benoît de Sainte-Maure, n'est peut-être que le produit de l'obligation exogamique. L'amour d'Achillès pour Polixenain vient buter sur la volonté farouche d'Ecube, gardienne égarée d'une endogamie mortifère refusant de faire circuler les femmes. En exigeant de lui, contre promesse du don de la « pucelle », qu'il dépose les armes (v. 17957-17968), n'est-ce pas le transformer en ennemi des siens (les Grecs), le faire Troyen afin qu'il s'accouple mieux à une Troyenne ? La trêve rompue, Achillés viendra mourir en Grec dans Troie, croyant

7. « L'endogamie vraie est seulement le refus de reconnaître la possibilité du mariage en dehors des limites de la communauté humaine, celle-ci étant sujette à des définitions très diverses selon la philosophie du groupe considéré », Cl. Lévi-Strauss, *op. cit.*, p. 58.

enfin acquérir celle que le groupe ne veut pas « lâcher ». Le désastre de Troie, le sacrifice de Polixenain sur le tombeau d'Achillès (v. 26492-26552), la lapidation d'Ecube (v. 26568-26577) rappellent à jamais, à travers l'excès qui fait de toute fiction un *exemplum*, le malheur de toute endogamie condamnant le groupe social à un repliement excessif sur soi. Troie dévastée ressuscite l'effroi de Thèbes « gaste », cependant que se profile l'ombre d'Edyppus, soit celle de l'inceste, le destin de toute endogamie lorsqu'une fiction s'applique, fût-ce sans le savoir, à imager la structure régissant la circulation des femmes, partant celle du désir. Parvenu sur les terres du roi Latin, Enéas va voir s'appliquer contre lui, puis en sa faveur, la double règle de l'endogamie et de l'exogamie. La promesse faite par le vieux roi de donner sa fille et son « regne » à Turnus, « un prince de cest païs », est endogame. A travers le « don contraint de la fille (« Ge l'ai promise estre mon gré », v. 3233), se fait entendre le caractère limite de la situation : l'absence d'héritier mâle (« si n'ai nul oir », v. 3230) livrant le fief aux mains d'une fille et la nécessité structurale qu'il y a à protéger le groupe en la donnant pour épouse à un de ses membres. Lavinia promise à Turnus, c'est la circulation des femmes réduite à sa plus simple expression, le fonctionnement au premier degré de la prohibition de l'inceste par où le père s'oblige à renoncer à sa fille pour un autre. Venu d'ailleurs, même si cet ailleurs est hanté par le souvenir du malheur, Enéas est un héros exogamique, comme le souligne en une plainte la mère de Lavinia :

« « Lasse », fait el, « malaüree »,
que ma fille sera donee
a un *homme d'estrange terre*, »
(v. 3361-3363)

« malheureuse et frappée par le destin que je suis puisque ma fille sera donnée à un homme venu d'une terre étrangère, »

L'élection divine du Troyen, immédiatement reconnue par le vieux roi Latin, donne force de loi à ce qui n'était originellement qu'effet de structure. Turnus et Enéas représentent deux modes d'échange différents. Le premier circonscrit l'échange des femmes avec le père aux limites internes du groupe, ce qui, à terme, conduit le groupe à un repliement excessif sur soi et à un étiolement progressif. Le second est le support d'une forme particulière et rassurante d'exogamie : Lavinia épouse certes quelqu'un d'extérieur au groupe, mais sans en sortir, et surtout sans l'appauvrir. L'assise terrienne des biens transmis par Lavinia « gèle » sa circulation ; le système serait vite condamné à une endogamie mortifère si la structure ne retrouvait son efficacité en renversant le sens de la circulation : les hommes vont circuler à la place des femmes puisqu'elles ne le peuvent pas afin que perdure le système économico-symbolique des alliances féodales. On le voit, l'errance des « jeunes », repérée sur le terrain historique, n'est qu'une modalité sociale particulière d'une structure profonde obligeant les hommes à circuler à la place des femmes. *L'Enéas* joue de toutes les possibilités offertes par la structure et transforme en élément narratif chaque variation produite par la combinatoire des termes. Il amorce un temps une tentative de séparation de la femme et de la terre et dessine ainsi la possibilité d'une restauration de la structure de base. Investi des fiefs après avoir reçu l'hommage des barons, Turnus n'a pu consommer un mariage resté à l'état de promesse (v. 3850-3857). C'est dans cette faille que va s'inscrire le désir d'Enéas et naître un amour partagé dont le couronnement heureux visera à rétablir la parfaite équation femme/terre. Pour faire image, disons que chaque homme court après un des termes manquants de l'équation différent ; c'est en quoi ils s'avèrent, à leur corps défendant, complémentaires : Turnus a la terre et cherche la femme, Enéas a la femme et combat pour la terre. Le sort des armes et les surprises de l'amour recolleront imaginairement les deux faces de l'objet du désir. Enéas, après avoir conquis par sa prouesse le droit à la possession du « regne », verra l'amour et le mariage consacrer sa légitimité symbolique et mettre un terme à son errance de héros exogamique où il « circulait » à la place de Lavinia identifiée à la terre, sous le regard bienveillant des dieux, ces gardiens vigilants d'une structure qui, nous le verrons, assure l'émergence du désir et de la parole.

La femme (il faudrait dire l'héritière) figure le moyen d'une intégration à ordre préexistant auquel le « jeune » rêvait de s'associer, trouvant là le terme heureux d'une longue et parfois douloureuse errance. Possédée, elle devient le « signe » de l'appartenance à un autre groupe, du passage d'un état à un autre, la marque d'une différence inscrite dans la vie du sujet. C. Lévi-Strauss a montré que les règles de la parenté sont homologues aux règles qui régissent le fonctionnement du langage[8]. Les femmes circulent comme les phonèmes, les mots, à l'intérieur d'une langue ; les alliances matrimoniales fixent la combinatoire d'une langue dont le roman traque la naissance, s'appliquant, comme nous l'avons fait, à déplier sa syntaxe. L'ordre des *seniores* (des hommes arrivés, « chasés ») représente dans le tissu social un ordre qui préexiste au candidat à l'intégration et où il doit trouver sa place. La femme, moyen d'une entrée dans l'ordre économico-symbolique de la féodalité, permet à l'homme de rejouer, au niveau social, son entrée dans le langage. Grâce à ce « signe », le « jeune » conquiert le droit de s'associer à ses pairs et cesse d'être « jeune », à la limite *infans* : littéralement « celui qui ne parle pas ».

8. Langage et société, *Anthropologie structurale*, I, Paris, 1958.

CHAPITRE II

La pomme de Discorde

L'Enéas s'ouvre sur le rappel des malheurs de Troie, la prise et le sac de la ville par Menelaus à cause d'Eloine sa femme (v. 1-4, cités). A l'orée du texte et de l'Histoire, le sang et les cendres paient la dette de l'enlèvement d'Eloine par Pâris et de la naissance d'un désir irrésistible et maudit qui, toujours, menace l'ordre du monde et fraye la voie à la mort. Il n'est de faute, notamment sexuelle, qui ne soit répétition d'une faute antérieure, insituable, hors temps, hors fiction, sauf à la parer des oripeaux du mythe ou à l'inscrire au passif des dieux. Troie détruite, le malheur causé par la colère de Juno ne cesse de planer sur les Troyens confiés à la garde d'Enéas. La haine inexpiable de la déesse trouve origine dans le jugement maladroit de Pâris, appelé dans son ignorance à trancher un mystère féminin. Le jugement de Pâris donne à lire en abîme (v. 99-182) une généalogie du malheur des Troyens et, qui sait, de la classe chevaleresque se cherchant dans l'épopée latine une histoire.

Discorde, voulant troubler la paix du panthéon féminin, jeta entre Juno, Pallas et Vénus une pomme d'or censée revenir à la plus belle des trois. Toutes la veulent avoir et, pour régler la querelle (la « tençon »), font appel au Troyen Pâris. Chacune, à l'insu de ses rivales, vient solliciter le suffrage du juge embarrassé en lui promettant, qui la richesse (Juno, v. 137-144), qui la gloire et la chevalerie (Pallas, v. 146-153), qui l'amour (Vénus, v. 153-161). Amour appelé à s'incarner dans « la plus bele fame del mont ». Pâris choisira l'amour en élisant Vénus par le don de la pomme. En récompense, il recevra Eloine ; et le texte d'ajouter, non sans quelque ironie, « plus bele ne trova ». Beauté fatale à n'en pas douter, à l'image de celle de l'élue (Vénus) qui suscita la haine jalouse de Juno et Pallas, relayée chez les mortels par celle de Menelaus, le mari d'Eloine, qui mettra Troie à sac pour récupérer l'épouse ravie par l'impudent Pâris.

SOURCES

La littérature grecque multiplie les évocations du jugement de Pâris[1] ; à l'inverse, Virgile ne le mentionne que brièvement, mention d'ailleurs perdue dans la série des griefs formulés par Junon à l'encontre des Troyens (*Enéide*, I, 26-28). L'adaptateur médiéval ne saurait donc avoir emprunté au texte tuteur la narration de ce jugement aux conséquences si désastreuses. De plus, si cette histoire a été racontée de nombreuses fois au cours du XIIe siècle (on la trouve dans *Floire et Blanchefleur*, dans *le Roman de Troie*, la *Naissance du Chevalier au Cygne* et dans *le Roman d'Athis et Profilias* d'Alexandre de Bernay), l'auteur de *l'Enéas* semble introduire le motif dans la littérature en langue vulgaire. Ce qui explique, sans doute, l'ampleur donnée à l'anecdote, la minutie d'une description destinée aux *illittersati*, à un auditoire de chevaliers peu familiers de la culture antique. Reste à savoir d'où vient l'emprunt. D'Ovide, auquel notre auteur doit beaucoup ? Mais Ovide ne mentionne ni la pomme ni la Discorde. Apulée évoque la pomme, mais ne dit rien de la Discorde et de l'inscription. Dans Hygin, il n'est question que de la Discorde et de la pomme, aucune mention n'est faite de l'inscription. Chez Lucien, l'on trouve les trois, mais, selon E. Faral, on peut

1. Mentionnons à titre d'exemples : Homère, *Iliade*, XXIV, 25 ; Euripide, *Les Troyennes*, 925-931, *Iphigénie à Aulis*, 1300-1307.

affirmer sans crainte que le poète français ne l'a pas connu[2]. Le détail de l'inscription est emprunté aux *Interpretationes* de Donat commentant les vers 25 et suivants du livre I de *l'Enéide*. Selon le grammairien latin, le texte de l'inscription était le suivant : « hoc munus formosior habeto », formule à laquelle répondent exactement les mots de *l'Enéas* :

« qu'a la plus bele d'eles trois faisoit de la pome lo don ». (v. 108-109)	« qu'elle faisait le don de la pomme à la plus belle des trois ».

Le récit de Donat paraît avoir combiné la tradition issue de Hygin à celle venue de Lucien. Il reste impossible de savoir si Donat est l'auteur de la combinaison ou s'il en a hérité. Le grammairien a permis au XIIe siècle de s'approprier la tradition à laquelle se rattache le récit de Lucien et à l'auteur de *l'Enéas* d' « enrichir » l'épopée latine. L'étude des sources serait en elle-même peu intéressante si elle ne montrait pas, indirectement, la façon dont les clercs ont appréhendé la matière antique. L'auteur de *l'Enéas* n'a pas seulement traduit la geste virgilienne, modernisé les aventures d'Enée en les actualisant ou en leur donnant une coloration féodale, il a développé, parfois d'une manière considérable, à partir d'une autre source, certains brefs détails fournis par le modèle latin. L'écriture médiévale apparaît déjà une « amplification », une expansion, parfois proliférante, comme dans *le Roman de Troie*, ou les vastes cycles en prose du XIIIe siècle. Et, de ce point de vue, les quatre-vingt-trois vers (v. 99-182) qui développent la brève mention du jugement de Pâris dans *l'Enéide* donnent la méthode adoptée par l'adaptateur dans la description de Camille, ou dans celle des souffrances de l'amour (cf. v. 8047 et sq.) où Ovide vient prendre le relais d'un Virgile trop discret. Que ces ajouts concernent la féminité et ses mystères, ou les rapports homme/femme, suffit à

2. Le récit du jugement de Pâris dans *l'Enéas* et ses sources, *Romania*, XLI, Paris, 1912, p. 100-102.

arracher *l'Enéas* à l'orbe épique du modèle, à la chanson de geste occupée du bruit et de la fureur des combats entre hommes. Ils constituent autant de signes de ce glissement progressif de l' « épique » au « romanesque », dont l'intérêt porté à ce qui touche la femme serait l'indice majeur.

La référence dont l'auteur médiéval nourrit sa traduction est empruntée à un commentateur de *l'Enéide*, à une lecture du texte tuteur. Signe que la traduction s'enrichit de la glose de l'original — ce que D. Poirion a appelé la « moralisation du texte »[3] —, signe aussi que le passage d'une langue à l'autre fournit à l'écriture l'occasion d'inclure à sa démarche une lecture qui lui tend un miroir où elle peut se regarder en train de se faire. Le mouvement animant la littérature médiévale naissante devient ainsi sans limite, et l'œuvre à jamais ouverte à une glose qui, loin de consacrer sa clôture, invite sans cesse à un nouveau départ, une nouvelle expansion. De plus, l'amalgame de la lecture et de l'écriture introduit dans le récit une dimension réflexive. Le récit devient la mise en fiction de sa glose, le miroir de lui-même ; il n'avance que pour rattraper et incorporer ce qui a été dit de lui, ailleurs, dans une autre langue. Dans le mouvement qui le porte en avant, il se réfléchit. En faisant retour sur soi, il se prend au miroir de sa propre lecture et livre le secret de sa fabrication. Introduite dans la trame de la traduction-écriture, la lecture-glose de l'original oblige la formation hybride ainsi produite à s'autocommenter, à « narrativiser » indéfiniment sa propre naissance, sans cesse recommencée. Et l'enjeu s'avère d'importance lorsque avec *l'Enéas* le genre romanesque conquiert son autonomie. De son imitation, de sa lecture, naîtra le meilleur de l'œuvre de Chrétien de Troyes et du roman courtois.

3. De *l' Enéide* à *l' Enéas* : mythologie et moralisation, *Cahiers de civilisation médiévale (CCM)*, XIX, Poitiers, 1976, p. 213-229.

LE JUGEMENT DE PÂRIS ET LA TRIFONCTIONNALITÉ

Le schéma trifonctionnel, qui — autour de la fin du IIIe millénaire — permit aux Indo-Européens d'organiser la société en prêtres, guerriers et éleveurs-agriculteurs et de penser l'ordre du monde, semble avoir été réactualisé dans la chrétienté occidentale entre les XIe et XIIIe siècles. G. Duby a montré comment il vint sous-tendre l' « imaginaire féodal »[4]. J. Le Goff l'a vu à l'œuvre dans « La naissance du Purgatoire » vers le milieu du XIIe siècle[5], et J.-H. Grisward a souligné son extraordinaire fécondité dans l'épopée médiévale[6]. Sans doute est-ce par l'intermédiaire des modèles épiques antiques et surtout de la chanson de geste, dont ils sont encore formellement proches, que les romans antiques ont pu être « contaminés » par la trifonctionnalité indo-européenne. Laissons à G. Dumézil, pionnier en la matière, le soin de préciser la nature et les caractéristiques de chaque fonction : « Il est maintenant facile de mettre sur la première et sur la deuxième fonction une étiquette couvrant toutes les nuances : d'une part, le sacré et les rapports soit des hommes avec le sacré (culte, magie), soit des hommes entre eux sous le regard et la garantie des dieux (droit, administration), et aussi le pouvoir souverain exercé par le roi ou ses délégués en conformité avec la volonté ou la faveur des dieux, et enfin, plus généralement, la science et l'intelligence, alors inséparables de la méditation et de la manipulation des choses sacrées ; d'autre part, la force physique, brutale, et les usages de la force, usages principalement mais non pas uniquement guerriers. Il est moins aisé de cerner en quelques mots l'essence de la troisième fonction, qui couvre des provinces nombreuses entre lesquelles des liens évidents apparaissent,

4. *Les trois ordres ou l'imaginaire du féodalisme*, Paris, 1978.
5. *La naissance du Purgatoire*, Paris, 1981.
6. *Archéologie de l'épopée médiévale*, Paris, 1981.

mais dont l'unité ne comporte pas de centre net : fécondité, certes, humaine, animale et végétale, mais en même temps nourriture et richesse, et santé et paix — avec les jouissances et les avantages de la paix — et souvent volupté, beauté, et aussi l'importante idée du « grand nombre », appliquée non seulement aux biens (abondance), mais aussi aux hommes qui composent le corps social (masse) »[7]. Cette longue citation nous permettra de saisir les caractéristiques du jugement de Pâris, véritable récit enchâssé qui constitue le point d'insertion de la trifonctionnalité dans le roman médiéval, et de rattacher chacune des déesses à une des trois fonctions[8].

Juno semble appartenir à la première fonction. Sœur et femme de Jupiter (*Thèbes*, v. 9459), elle incarne le pouvoir souverain. Et si l'auteur de *l'Enéas* la fait « del ciel deesse », c'est moins pour souligner sa fonction religieuse que pour insister sur la maîtrise qu'elle exerce sur l'Empyrée. *Thèbes* la présente d'ailleurs comme une « domina » régnant (« Je sui roïne des Grejois », v. 9445) avec sollicitude et compassion sur le barnage des Grecs. Qu'offre-t-elle à Pâris en échange de la pomme, sinon le pouvoir, la souveraineté, la « richesse » (« lo feroit riche home », v. 140) ? Etymologiquement, la « richesse » renvoie plus à la puissance qu'à la possession de biens, qui seraient, de toute façon, les signes tangibles de cette puissance. Héra, l'ancêtre grecque de Juno, promettait déjà chez Euripide le pouvoir sur l'Asie et l'Europe. Les textes qui, ultérieurement, emprunteront à *l'Enéas* cette scène oublieront cette notion de puissance et de souveraineté pour ne retenir que la « richesse », que l'idée de possession, voire d'abondance. *Floire et Blanchefleur* parle de « plenté de grant avoir » et Froissart, dans *l'Espinette amoureuse*, se contente d'indiquer que Juno est de « risqueces » « souveraine deesse » (v. 429-430). Incontestablement, Pallas

7. *L'idéologie tripartie des Indo-Européens*, Bruxelles, 1958, p. 18-19.
8. Sur le jugement de Pâris et le schéma trifonctionnel, cf. G. Dumézil, *Mythe et Epopée*, I, Paris, 1968, p. 580-606.

représente la seconde fonction, la fonction guerrière. Elle est dite « deesse de bataille » et promet à Pâris :

« ... hardemant
et tel pris de chevalerie,
ne trovera ja an sa vie
nul meillor de soi ne son per ;
ja nel porra huem sormonter. »
(v. 150-154)

« ... hardiesse et la couronne de chevalerie ; il ne trouvera pas de son vivant de meilleur chevalier que lui ni même son égal ; aucun homme ne pourra jamais le vaincre. »

Vénus peut, sans difficulté, être rattachée à la troisième fonction. Présentée comme « damme » et « deesse » qui « la bataille d'amor tient », elle

« ... li a fait tel promesse :
s'a li se tient del jugemant,
el li donra prochenemant
la plus bele fame del mont. »
(v. 158-161)

« ... lui a fait la promesse suivante : s'il tranche en sa faveur, elle lui donnera aussitôt la plus belle femme du monde. »

Vénus incarne la « part maudite » de la troisième fonction : la volupté et l'amour, et surtout la beauté, puisqu'elle sera couronnée par Pâris. Ailleurs dans le récit, mère d'Enéas (double de Pâris), elle devient l'image de la fécondité, de la santé, qu'en mère attentive elle essaie de toujours préserver chez son fils.

L'ordre d'apparition des déesses sur la scène du récit est réglé par l'ordre hiérarchique des fonctions. Déesse de première fonction, Juno est nommée la première, ensuite Pallas (seconde fonction), puis Vénus (troisième fonction) :

« *Juno* et *Pallas* a un jor,
Venus la desse d'amor,
estoient a un parlemant. »
(v. 101-103)

« Un jour, Junon, Pallas et Vénus réunies conversaient. »

Benoît de Sainte-Maure, suivi en cela par Froissart, modifiera cet ordre en introduisant Vénus avant Minerva (Pallas) (cf. *Troie*, v. 3874-3876, et *l'Espinette amoureuse*, v. 427-428) ; le conte de *Floire et Blanchefleur* l'inverse purement et simplement (v. 466-469). Hormis *Floire*, les autres témoins paraissent provenir d'une autre tradition ; non seulement ils bouleversent l'ordre hiérarchique des fonctions, mais de plus introduisent la présence de Mercure (*Troie*, v. 3874 ; *Espinette*, v. 397-399). Tradition dont *l'Iphigénie en Aulide* d'Euripide serait le premier témoignage. L'ordre de réapparition des déesses, venant solliciter le suffrage de Pâris, n'est pas non plus dénué d'intérêt. Juno réapparaît la première (« Juno premiere/est revenue a lui arrier », v. 137-138) ; à peine sortie, survient Pallas (v. 145-146), suivie immédiatement par Vénus. Ordre parfaitement identique à celui de la présentation donc. Dans *Floire et Blanchefleur*, l'ordre de retour inverse l'ordre d'apparition ; seule, Pallas, représentante de la seconde fonction, a conservé sa place. Stabilité fonctionnelle due au caractère guerrier de la société féodale qui peut accueillir cette représentation de la seconde fonction sans lui faire subir de modification notoire. Benoît de Sainte-Maure et Froissart ne réintroduisent nommément que Vénus, la gagnante. *L'Enéas*, seul, fait coïncider les deux ordres et, par deux fois, respecte l'ordre hiérarchique des fonctions. N'est-ce pas très clairement souligner que la première fonction reste pour son auteur primordiale, que la question de la souveraineté et du pouvoir constitue la matière même de l'ouvrage ? Les deuxième et troisième fonctions sont entièrement soumises à la première, les armes et l'amour deux façons complémentaires d'accéder à la souveraineté, de monter sur le trône du roi.

Lors du retour de Vénus près de Pâris, l'auteur la présente en ces termes :

« ... la bataille d'amor tient et dame en estoit et deesse. » (v. 156-157)	« Vénus gouverne la bataille d'amour ; elle en est la maîtresse et la déesse. »

Faire de l' « amor » (activité de troisième fonction) une « bataille », n'est-ce pas transformer Vénus en double de

Pallas « qui est deesse de bataille » ? Superposer seconde et troisième fonction en un seul personnage ? Et nommer Vénus « dame » et « deesse » n'équivaut-il pas à asseoir son pouvoir sur la « bataille d'amor », souligner sa souveraineté ? En d'autres termes, faire de Vénus une incarnation des trois fonctions ? En élisant Vénus, Pâris choisit non seulement l'amour (troisième fonction), mais aussi tout ce que subsument les autres fonctions représentées par les deux déesses. Sans doute est-ce pour cette raison que l'auteur a isolé Vénus dans sa présentation, alors que Juno et Pallas sont rapprochées :

« Juno et Pallas a un jor,
Venus la deesse d'amor,
estoient a un parlement. »
(v. 101-103)

« Un jour, Junon, Pallas et Vénus réunies conversaient. »

comme pour mieux désigner, par avance, la future gagnante, celle qui, une et trine, représente ce que les autres ont à offrir.

Le schéma trifonctionnel n'opère pas qu'au plan des déesses de la génération mythique, il est de quelque utilité pour saisir les rapports entretenus par les femmes de la génération « romanesque » appelées à jouer un rôle plus ou moins important dans la destinée d'Enéas. Première rencontrée dans l'errance conduisant vers la terre des ancêtres : Dido. Et l'auteur d'insister immédiatement sur le pouvoir détenu par la « raïne de Cartage » :

« Cartage virent, la cité,
dont Dido *tint la fermeté.*
Dame Dido *tint le païs* ;
miaus nel *tenist* quens ne [marchis ;
unc ne fu mais par une feme
mielz *maintenu* enor ne regne. »
(v. 375-380)

« Ils virent la cité de Carthage gouvernée par Didon ; elle tient toute la contrée, comte ou marquis ne l'aurait pas mieux tenue ; jamais une femme ne dirigea mieux fief et royaume. »

Plus loin, il présentera la ruse qui lui permit d'assurer sa « fermeté » sur Carthage et de témoigner d'une intelligence, d'une volonté dignes des héros de première fonction, des souverains. N'a-t-elle pas d'ailleurs fait ériger un temple « ou costivée estoit Juno » ? Mais sa souveraineté ne s'affiche que dans l'oubli de la « part maudite » : le désir et la volupté. Surviennent l'amour et ses affres, la luxure et la « felenie », et les devoirs afférents à l'exercice de la souveraineté sont vite oubliés et le « regne » laissé à la dérive : « l'enor / a tot guerpi por soe amor ». Voilà Dido déchue de la dignité d'héroïne de première fonction, condamnée aux amours malheureuses, sort des femmes incarnant la troisième fonction. L'épitaphe, qui pour les vivants éternise sa mémoire, ne retient du personnage que l'amoureuse (« ele ama trop folemant »). Dido signifierait-elle que première et troisième fonction s'avèrent incompatibles quand une femme vient les incarner, quand, surtout, la seconde fonction ne fait pas lien entre elles afin de permettre un dépassement dialectique des antagonismes ? Or Dido ne sait pas manier les armes, Anna, sa sœur, ne manque pas de le lui rappeler (v. 1347-1354, cités).

A l'opposé, Camille incarne au mieux la seconde fonction, la fonction guerrière :

« el fu toz tens norrie an guerre
et molt ama chevalerie »

(v. 3968-3969)

« elle fut élevée dans la guerre et aima beaucoup la chevalerie »

Elle fera merveille contre les Troyens, semant la désolation et la mort parmi les troupes d'Enéas. Certes, dans le portrait de Camille, les caractéristiques de deuxième fonction sont mises en valeur et l'emportent largement en nombre, mais elle est — en tout premier lieu — présentée comme la reine des Volsques, en héroïne de première fonction : « a mervoille tenoit bien terre » (v. 3967). Son intelligence, son savoir et sa sagesse (« ne fu feme de son savoir / Molt ert sage... », v. 3964-3965) soulignent son appartenance à la première fonction. Son mépris véhément des choses de l'amour (v. 7117-7119) devrait la maintenir à l'écart de la troisième fonction, si son inégalable beauté (« a mervoille par estoit bele », v. 3962) — longuement et minutieusement décrite — ne l'y ramenait pour la faire double de Vénus, l'élue de Pâris. La présentation des caractéristiques fonctionnelles du personnage est d'ailleurs conforme à l'ordre hiérarchique des fonctions entrevu dans la scène rapportant le jugement de Pâris. Apparue après Dido, héroïne de première fonction, certes déchue, Camille se donne essentiellement pour un personnage de seconde fonction et, simultanément, une incarnation splendide, mais éphémère, des trois fonctions réunies. Tout comme Vénus, on la dira « une » et « trine ». C'est, du même coup, souligner l'extraordinaire cohérence structurale de *l'Enéas* qui fait se répondre les personnages de la « génération mythique » et ceux de la « génération romanesque ».

Si, très tôt dans le récit (v. 3230-3232), l'on entend parler de Lavinia (avant l'apparition de Camille), le personnage n'a pas d'existence romanesque effective tant que l'auteur ne lui a pas donné la parole dans un entretien avec sa mère (v. 7857 et sq.). Tierce venue dans le récit, qu'est-elle, sinon une héroïne de troisième fonction ? l'incarnation de l'amour qui la livre, comme Dido, à la souffrance ? l'image même de la fécondité ? De ses amours avec Enéas naîtra Silvïus, point de départ d'une vivace et prestigieuse lignée. Héritière du « regne lo roi Latin », elle est, un temps (jusqu'à son mariage), une héroïne en puissance de première fonction, le moyen d'une transmission de la souveraineté dont elle sera immédiatement dessaisie le jour de ses noces.

L'ordre d'apparition des personnages féminins calque donc l'ordre hiérarchique des fonctions : Dido est une héroïne déchue de première fonction, Camille une guerrière (seconde fonction) et Lavinia l'incarnation de la fécondité (troisième fonction). Cet ordre fonctionnel se superpose parfaitement à celui mis en lumière dans la scène du jugement de Pâris, comme si le roman ne cessait de développer les caractéristiques de ce bref rappel mythique et renforçait ainsi la cohérence de sa structure narrative. Notons que

Camille, comme Vénus, semble dotée des attributs des trois fonctions. Ajoutons que Dido et Lavinia, un temps personnages de première fonction, sont rapidement dépouillées de leur souveraineté et glissent vers la troisième fonction dont elles représentent les deux aspects contradictoires et pourtant complémentaires : Dido la luxure, Lavinia la fécondité. Sans doute est-ce là le fruit de l'influence conjuguée de la misogynie du clerc-auteur et de l'idéologie chevaleresque qui ne saurait admettre que la souveraineté ne fût pas l'apanage exclusif des hommes.

LA NAISSANCE DU DÉSIR

Dans *l'Enéas*, la scène de la Discorde s'organise autour du don/refus d'une pomme d'or, rien, étrangement, qui fasse sens au regard de la beauté. Simple objet, que son or rend précieux, la pomme est porteuse d'une inscription indicatrice de son usage :

« il i ot escrit en grezois
qu'a la plus bele d'eles trois
faisoit de la pome lo don ».
(v. 107-109)

« il y avait écrit en grec qu'à la plus belle des trois elle faisait don de la pomme ».

La pomme, fût-elle d'or, importe peu en elle-même ; seule sa possession est valorisée en ce qu'elle définit la plus belle femme et détermine une des trois déesses par rapport à une entité (la beauté), elle-même produit de la série où elle apparaît grâce au jeu d'une différence. Elle est un « signifiant », non qu'elle signifie la beauté, mais détermine une déesse face à la beauté qui elle-même ne signifie rien, mais inscrit un clivage dans la série des trois déesses. Bénéficiaire de la pomme, Vénus s'avère marquée d'une différence qui, en l'élisant, l'extrait de l'ensemble indifférencié des déesses. Cette fonction d'articulation des différences impartie au signifiant est parfaitement mise en lumière par le conte de *Floire et Blanchefleur*, où la scène du jugement de Pâris est représentée à l'intérieur du couvercle d'une luxueuse coupe d'or qui servit à acheter Blancheflor. La « pume de fin or » fait de Vénus la plus belle femme, et son or se marie à celui de la coupe pour signifier la beauté de l'objet dont le prix et la richesse sont, grâce au jeu de la tractation marchande, gages de la beauté de Blancheflor. Fleur des femmes, dont la beauté rutilante au regard de Flo(i)r est renvoyée par l' « or » que la mise en écriture a fait briller à la fin de son nom : Blanchefl-OR, au terme donc d'une série qui fait le « prix » de la jeune fille.

La pomme, c'est aussi l'inscription qui la recouvre, l' « escrit an grezois » (*En.*, v. 107), « les letres en Grezeis » (*Troie*, v. 3883). Benoît de Sainte-Maure donne à penser que la pomme et l'inscription sont choses équivalentes, la seconde recouvrant totalement la première :

« Une pome lor fu getee D'or massice, tote letree. » (v. 3881-3882)	« Une pomme d'or massif leur fut jetée, recouverte de lettres. »

Se trouve ainsi marquée, dans la/les fiction(s), la manière dont la fonction du signifiant s'articule au langage. « Tote letree », la pomme image la façon dont le langage détermine chaque sujet. Donner la pomme à Vénus et la nommer constituent un même procès qui porte la déesse à l'existence et la différencie des autres. On a peu insisté sur le fait que l'inscription est en grec. Donat n'en fait pas mention ; peut-être l'auteur de *l'Enéas* n'a-t-il voulu que signaler l'origine grecque de son emprunt. L'inscription, destinée à des déesses fortement latinisées (Juno, Vénus, Pallas/Minerva), est rédigée en grec, elle vient parler au Troyen Pâris la langue qui sera celle de l'ennemi, soit une langue barbare, la langue de l'autre radical, de l'Autre. Ce message importe peu ; seule sa matérialité, qui est avant tout celle du langage, sa « lettre », aurait dit J. Lacan[9], doit retenir l'attention. Cette

9. *Ecrits*, Paris, 1966, p. 493-528, et Lituraterre, *Littérature*, 3, Paris, 1971, p. 3-10.

« escriture d'or » réapparaîtra sur l'épée d'Enéas (v. 4481-4482). Or prélevé sur la pomme de Discorde aux multiples épiphanies : fil d'or qui noue les cheveux ou brode la robe de Camille (v. 4013), rameau d'or permettant à Enéas de descendre aux Enfers, pommeau d'or sur le tombeau de Pallas, ou, tout simplement, pommes qui viendraient satisfaire la faim de Tantalus (v. 2752), lui dont le nom dissimule à peine l'anagramme du mot « talant », le désir, expié au fond des Enfers... Si l'or figure dans nos textes ce qui donne matière au langage, chaque réapparition de cet « or » ne viendrait-elle pas rappeler que, sous la fiction, seule la matérialité de la langue se trouve interrogée ? Le parcours de l'or, c'est l'or volé à la pomme qui vole d'un bout à l'autre du récit, le trame et voue chaque personnage à répéter, autrement, ce qui se joue en cette scène inaugurale. La pomme d'or « escrite en grezois » « tote letree », la lettre d'or, n'est-ce pas aussi l' « or de la lettre »[10] dont les épiphanies produisent un sens venant se superposer et annuler le sens apparent pour mieux écrire, au-delà de la fiction empruntée, le roman de la langue ? Et, mieux que quiconque, Tantalus, en « beant » après une pomme, nous renverrait à l'essentiel : à la fonction d'articulation du désir de ce signifiant singulier qu'est la pomme de Discorde, de ce « dit d'or » aux conséquences imprévisibles qui fait « discorde », coupure parmi les déesses.

D'abord à égalité dans le manque de la pomme, les trois déesses s'en remettent pour trancher à Pâris, situant là le lieu de leur désir après y avoir déposé l'objet. Le geste de Pâris définit deux séries de femmes : celles qui, à l'instar de Juno et Pallas, vont rester manquantes et l'unique, l'heureuse bénéficiaire de la pomme qui la comble et la fait « toute » au regard de la beauté à quoi elle peut, légitimement, s'identifier. Le retour de chaque déesse auprès du Troyen indique l'importance de l'enjeu. En offrant ce qui les spécifie (pouvoir, vaillance, amour), elles soulignent la radicalité d'une

10. Cf. R. Dragonetti, *La vie de la lettre au Moyen Age*, Paris, 1980.

demande dont l'élection de Vénus, appelée à les représenter, permet de nommer la nature : l'amour. Et c'est de venir buter sur le refus de Pâris que l'absolu de cette demande d'amour déchoit en manque d'un objet dont la pomme désigne dans la fiction l'inutile matérialité au regard du désir. Pallas et Juno, frustrées de la pomme, vont faire de ce manque le point de départ de leur comportement. Juno poursuivra de son courroux les Troyens (descendants de Paris) ; Enéas en subira encore les effets lorsque, au début du roman (v. 183-230), il devra essuyer une tempête envoyée par la terrible déesse. L'indéfectible haine de Juno fait sentir, dans son excès, l'intensité d'un désir resté insatisfait ; la divinité du personnage hypostasie le manque de la pomme, à jamais perdue avant même d'avoir été possédée, et souligne que le mythe a ici pour fonction de dévoiler un fait de structure. Plus subtilement encore, la possession et/ou l'absence de possession de la pomme détermine la position de chaque sexe. Les rôles se distribuent en fonction d'un objet, paradoxalement sans autre consistance que celle de son inscription, que personne ne possède. La pomme fut jetée parmi les déesses, et Pâris ne la tient que de l'avoir reçue des mains de celles à qui il doit la donner. Il n'entre dans le champ de leur désir qu'en acceptant d'occuper la place de celui qui est supposé l'avoir. Lavinia, épelant le nom de l'aimé faute de pouvoir le prononcer (v. 8553-8560), soulignera l'illusion ordonnant les rapports entre les sexes : E-NE-AS. Ainsi segmenté, le nom pourra s'entendre comme un message : « il (tu) ne l'a(s) pas, mais je le lui (te) suppose », où se chiffre la condition même du surgissement du désir et de la naissance de l'amour. E-NE-AS, frère dans le manque et double de PÂ-ris, ou de PA-L'AS (Pallas), fils du roi Evandre. Est-ce pour continuer à ne rien savoir du « manque à avoir » de l'autre, avoué avec réticence par l'innocente Lavinia, que la femme s'ingénie à « être » pour l'homme la beauté qui suscite le désir ? La pomme est porteuse d' « être », d'un « être belle » qui inscrit la différence de celle qui « est » la Beauté, reconnue par le regard de l'homme. D'où cet effort pour être belle souligné par Benoît de Sainte-Maure : « Chascune plus bele se fait » (*Troie*, v. 3887), par lequel chacune essaie de s'identifier à la beauté et d'être toujours plus ce signifiant, imagé par la pomme, derrière le voile d'une beauté servant d'appeau au désir. La présence de la pomme détermine une dialectique de l' « être » et de l' « avoir » assurant la position de chaque sexe au regard du désir.

La scène de la pomme de Discorde est, de part en part, mythique en ce qu'elle se donne à lire comme une approche du surgissement d'un événement, incernable autrement, qui met fin à un état édénique, à une sérénité exemplaire et indicible. La pomme d'or brise l'harmonie et l'entente qui régnaient dans le panthéon féminin :

« Juno et Pallas a un jor,
Venus la deesse d'amor,
estoient a un parlemant.
Discorde i sorvint sodement;
une pome d'or lor gita
antr'eles trois, puis s'an ala ;
(...)
Antr'eles en ot grant tençon. »
(v. 101-110)

« Un jour, Junon, Pallas et Vénus la déesse de l'amour réunies conversaient lorsque survint soudainement Discorde qui jeta entre elles une pomme puis s'en alla (...). En surgit une grande querelle. »

Elle substitue la « tençon » au « parlement », le langage de la dispute à la langue de concorde des déesses faite d'harmonie. Langage neuf s'élevant en chapelets de mots pour dire, creuser et combler à la fois, le manque surgi de la présence de la pomme. Dans la « tençon », chacune s'estime digne de la pomme, d'être comblée par elle. Le langage qui donne substance à la dispute vient donc à la place de l'objet en défaut essayer de suturer la béance du manque tout en la reconduisant. Par le langage, chaque déesse se pare de la beauté donnant droit à la pomme pour mieux dissimuler son défaut. La « tençon » exprime et tait le manque qui la cause, soulignant, si besoin était, que le langage a pour fonction de prendre en charge ce qui l'autorise, d'apprivoiser le manque, de l' « inter-dire » dans la langue du « parlement » des dieux déchue en « tençon ». Il n'est pas de plus belle illustration de ce caractère fallacieux, et tout à la fois véridique, du langage que le discours tenu par chaque déesse à Pâris. Chacune se parant, grâce aux mots, des vertus propres à sa divinité, promettant par des mots, qui la richesse, qui la chevalerie, qui l'amour, pour tenter d'oublier le manque donnant sens à sa démarche. Le langage se noue au désir en permettant son articulation travestie et mensongère. Se dit là, en des bouches féminines, que l'homme est sujet d'un désir qu'il croit maîtriser, Enéas bien sûr au cœur de la fiction et, avec une violence accrue, Dido et Lavinia. Langage et désir n'apparaissent, sous l'espèce de la pomme, que pour signer la disparition d'une harmonie première, instaurer une coupure qui dresse les personnages les uns contre les autres et divise chacun en le laissant en proie à son manque à être. Métaphore de la sexuation (de *sextus*, coupé), cette coupure est à placer au chef du paradigme des coupures qui font le texte et réfléchissent l'acte d'écriture : parler/écrire, découper dans le réel pour y mettre du langage, traduire : faire passer la coupure au milieu des langues (grec/latin au sein de la fiction, latin/roman dans le temps de la translation), écrire un roman : découper dans le genre épique pour faire surgir du nouveau.

« ABYSSUS ABYSSUM VOCAT »[11]

Le récit du jugement de Pâris ne laisse pas d'entretenir avec la fiction des rapports complexes. Inséré au début du roman, il se donne pour tâche d'expliquer les malheurs des Troyens, les causes de la vindicte de Juno déterminée à perdre les descendants de Pâris. De ce point de vue, il constitue une parenthèse, une pause, dans le récit, qui ainsi s'ouvre pour laisser place à la narration d'événements lui préexistant et pour réfléchir ce qui le cause et lui donne sens. Comparé à Pâris à la fin du récit, Enéas n'a-t-il pas, dans sa

11. Psaume XLII, 8.

propre geste, répété celle de son parent ? choisi, lui aussi, au terme d'une errance qui supporte le récit, entre trois femmes : Vénus, sa mère, Dido et Lavinia ? Trois déesses dans cette scène, trois femmes dans le roman. A Juno, Pallas et Vénus, succèdent Dido, Camille et Lavinia.

Enclave à l'intérieur du récit réfléchissant ce qui lui préexiste et le récit dans sa totalité, le jugement de Pâris constitue une mise en abyme du contenu[12]. Microcosme de la fiction, cette scène compense son infériorité de taille (à peine quatre-vingt-dix vers sur un total de plus de dix mille, soit un centième du roman) par son pouvoir d'investir des sens différents. Elle se surimpose au macrocosme qui la contient, le déborde et, finalement, l'englobe en ce qu'elle l'oblige à répéter ce qu'elle énonce ou met en scène : la naissance du désir appendue à celle de la parole, par exemple. Placée au début du roman, elle contraint le récit à être redondant, expansion sémantique de ce qu'elle énonce ; elle le dote par là même d'une structure forte qu'il n'obtiendrait pas sans la dimension spéculaire qu'elle introduit. Cette mise en abyme fictionnelle assure la cohérence du récit tout en l'arrachant à l'orbe de son modèle latin. La dimension spéculaire introduite par l'énoncé réflexif émancipe le récit de l'épopée virgilienne et inaugure l'ère du roman qui s'enchantera, sous la plume de Chrétien de Troyes, de ces effets de miroir grâce auxquels la fiction, infiniment, se dédouble, se répète et s'inverse, s'égare et nous égare. La scène du jugement de Pâris, comme la pomme de Discorde, jette à l'intérieur de l'épopée virgilienne une « discordance » diégétique et inscrit une faille qui la transforme en allégorie de la naissance du roman perturbant l'épopée, comme la pomme faisait image à la naissance du désir ruinant l'harmonie régnant parmi les déesses. Elle conteste, par sa seule existence, la chronologie rectiligne héritée du modèle latin. Car comment pourrait-elle s'y conformer sans perdre ses prérogatives ? Elle dit

12. Cf. L. Dällenbach, *Le récit spéculaire*, Paris, 1977, p. 59-148.

autre chose, à contretemps, perturbe et, d'une certaine façon, sabote l'avancée linéaire du récit porté par la succession des aventures d'Enéas appelé en Lombardie par les dieux. Récit ajouté, cette scène en abyme parasite le modèle latin et fait du roman naissant une excroissance, une tumeur maligne, de l'épopée dont elle gâte la diégèse. Elle perturbe doublement le déroulement chronologique du modèle. Elle se veut à la fois « rétrospective » en ce qu'elle ramène sur la scène du récit des événements qui lui préexistent et lui rendent contemporain son passé, et « prospective » puisqu'elle annonce, d'une manière encore illisible, ce qui adviendra ; elle permet au lecteur, suivant la juste formule de L. Dällenbach, de « présumer à partir de ce qui résume » (fig. 1).

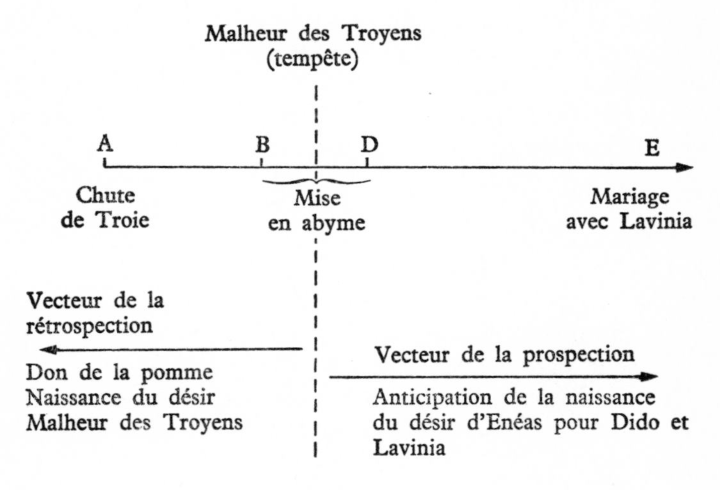

FIG. 1

Dans ce microrécit viennent se réfléchir plusieurs éléments narratifs empruntés à l'épopée latine qui mettent eux aussi le récit en abyme et fragmentent toujours davantage l'unité de la diégèse. Ainsi le récit de la guerre de Troie effectué par Enéas pour Dido (v. 869-1196) constitue une mise en abyme « rétrospective » du récit de la guerre de Troie effectué au début du roman (v. 1-60). Mais l'importance quantitative, le luxe des détails et des précisions fournis troublent la perspective ; le lecteur-auditeur ne parvient plus à savoir quel est le récit inséré : la narration de l'événement (les soixante premiers vers) ou le récit expansé de ces événements ? Le récit inséré réimpose le malheur de Troie au cœur du récit de la naissance de l'amour ou du désir d'Enéas et de Dido, mais l'un et l'autre étaient déjà contenus, subsumés par le rappel du jugement de Pâris. Le récit ne cesse de se replier sur soi, de se dédoubler et de se répéter, devenant toujours plus le commentaire, ou la mise en fiction, de lui-même.

A l'inverse, le « rêve » où Enéas voit apparaître son père (v. 2161-2220) constitue une mise en abyme « prospective » de la séquence suivante, de la rencontre de la Sibylle et de la descente aux Enfers (v. 2265-3020), mais aussi de la fin du roman dans la mesure où Anchisés annonce à son fils l'issue heureuse de son errance :

> « la fille al roi prandras a fenne,
> (...)
> de toi naistra real ligniee ».
>
> (v. 2187-2189)

Si, comme l'a pressenti Benoît de Sainte-Maure transformant le jugement de Pâris en rêve, le rêve est la satisfaction imaginaire d'un désir, on peut considérer que le rêve d'Enéas d'avoir partie liée avec la question du désir réorienté vers le père était déjà contenu dans le jugement de Pâris, que le récit se diffracte toujours davantage et se reprend sans cesse comme pour mieux cerner l'incernable, ce qui, une fois, fit événement et depuis ne cesse de se répéter.

La perturbation du déroulement chronologique du récit, les effets de miroir par lesquels les microrécits en abyme reflètent le récit et se reflètent entre eux, délimitent dans le texte deux niveaux temporels. Le premier, mythique, se caractérise par son ignorance de la temporalité ; il juxtapose présent, passé, futur. L'autre, temps du récit, répète le premier pour le soumettre à la chronologie. Pour les Troyens, le jugement de Pâris fait origine, butée, qui organise le temps comme gestion du malheur, comme tel il cesse d'être soumis à la temporalité. Mise en fiction de la naissance du désir et de la parole, il s'ancre dans une structure métahistorique, aussi vieille que l'être parlant. Le temps des mises en abyme (appelons le « temps du mythe ») vient perturber le temps du récit, en inscrivant dans la temporalité des zones d'atemporalité qui le dilate et questionne sa cohérence tout en lui en substituant une autre échappant au temps. Le « temps du mythe » fait effraction dans le temps du récit et de l'Histoire qu'il condamne à répéter autrement la vérité qu'il impulse. Il énonce conjointement la loi de fonctionnement du roman en soulignant sa compulsion à répéter. A dire vrai, le « temps du mythe », qui ignore le temps, est plus un espace, une « autre scène », où se joue la vérité du roman travestie dans la répétition qu'en donne le récit. Dans ce spectacle, la scène de la pomme de Discorde fait office de première scène, voire de « scène primitive ». Le roman ne va pas cesser de la re-jouer, de la ré-écrire, soit pour en re-marquer les effets néfastes (Dido), soit pour les effacer (Lavinia). Se trame là quelque chose dont la signification insue ne manque pas de faire entendre ses effets dévastateurs dans la vie du personnage et dans le déploiement de la fiction, quelque chose touchant au désir et à la sexualité en tant qu'un corps de femme vient en relancer le scandale. Au-delà, l'histoire d'Enéas, comme celle de Pâris, c'est l'histoire de l'homme médiéval face, non tant à trois figures de son destin qu'à trois incarnations de la féminité, dont la moins énigmatique n'est pas Camille qui nie, avec véhémence, cette féminité.

CHAPITRE III

Camille

PORTRAIT

Dernière à apparaître dans la scène de présentation des guerriers latins[1], Camille est présentée par Virgile d'une manière volontairement imprécise et superficielle. Attentif à créer l'impression de grandeur produite par l'arrivée de la « nation volsque », il réduit la description du personnage aux seuls détails susceptibles de le différencier et d'attirer l'attention de l'auditeur/lecteur d'épopée : les mains féminines (v. 806) qui méprisent la quenouille et lui préfèrent les armes, la légèreté (v. 808-811) et la jeunesse (v. 812) de la vestale, le royal manteau de pourpre couvrant ses fines épaules, l'agrafe d'or (v. 815-816) nouant les cheveux. Sa seconde apparition[2] n'apporte pas de précision supplémentaire ; au complément de description, Virgile substitue un discours où « la vierge terrible » (« aspera virgo », v. 664) manifeste la grandeur de son courage.

Aux allusions de Virgile, l'adaptateur médiéval va substituer une présentation complète et minutieuse de Camille, en un portrait dont l'ampleur contraste avec l'évocation discrète des autres personnages féminins qui ont dans le

1. *L'Enéide*, éd. Henri Goelzer, Paris, Belles-Lettres, 1967, 2 vol., livre VII.
2. *Ibid.*, livre XI, v. 648-895.

récit un rôle infiniment plus important. Portrait qui confère au personnage un statut tout particulier et se donne pour une des plus belles réussites du roman naissant. Fragmenté en deux (v. 3959-4084 et 6913-6934), le portrait de Camille frappe d'abord par son étendue : cent quarante-sept vers, ce qui lui assure dans la trilogie antique un relief saisissant. Dans *le Roman de Thèbes*, le portrait des filles d'Adrastus, Argÿa et Deïphilé, occupe trente-neuf vers (v. 951-988), celui d'Anthigoné trente-neuf (v. 4045-4084), celui d'Ysmaine seize (v. 4085-4100) et celui de Salemandre vingt et un (8000-8020). Benoît de Sainte-Maure n'accorde que quarante-quatre vers à la présentation de Medea (*Troie*, v. 1211-1254), vingt-deux à celle d'Eloine (v. 5119-5140) et trente-six à Polyxenain (v. 5541-5576). Pour saisir la signification et la fonction de ce portrait, grâce à quoi l'adaptateur s'affranchit de son modèle latin, il s'avère indispensable de mettre en lumière les éléments entrant dans sa composition et de connaître les sources de l'auteur afin de souligner les remaniements effectués. Il connaît bien sûr *le Roman de Thèbes* avec lequel il rivalise, les portraits des filles d'Adrastus, d'Anthigoné et de Salemandre, construits eux-mêmes à partir des traités de rhétorique qui trouveront plus tard leur forme achevée avec *l'Ars versificatoria* de Mathieu de Vendôme et *la Poetria nova* de Geoffroi de Vinsauf. L'auteur de *Thèbes* ne différencie pas Argÿa et Deïphilé, elles sont dépeintes comme strictement identiques. Il se contente d'insister sur leur timidité, leur pudeur, avant de détailler plus particulièrement leur visage[3]. La description du visage de Camille ressemble étrangement à celle de la face des filles d'Adrastus : l'auteur de *l'Enéas* a copié sur son prédécesseur ou, comme lui, appliqué les règles fournies par les traités de rhétorique. Même front blanc chez les trois femmes, mêmes cheveux « lonc jusqu'as piez »... Là où les « jumelles »

3. Cf. A. Colby, *The Portrait in Twelfth-century french literature*, Genève, 1965 ; L. G. Donovan, *Recherches sur le Roman de Thèbes*, Paris, 1975, chap. 4 : « Le rôle des portraits ».

ont de « grelle sourcils et avenanz », les yeux « vers et amoreus », « lonc nes traités et bien seanz », « Bouches droites et roiaux », « menues denz blanches et ygaux », Camille a les « sorciz noirs et bien dolgiez », les « ielz rianz et trestoz liez », « biaus li nes », la « bochete petitete » et « menu serrez les denz ». De plus, dans l'un et l'autre cas, la description des traits du visage épouse le mouvement descendant cher aux peintres de l'époque romane, qui découpent le visage en trois régions[4]. Mais l'auteur du portrait de Camille sait jouer, plus subtilement que son devancier, des couleurs et contraster chaque région. L'or des cheveux souligne la pâleur du front, barré en sa partie inférieure par le trait fin des « sorciz noir » ; l'éclat des yeux et la perfection du nez rehaussent l'aspect diaphane de la face contrastant avec la couleur entremêlée, avant que ne reluise l'argent des dents. Or et argent se mêlent aux deux extrémités du visage pour l'auréoler d'un nimbe de lumière identique à celui qui auréolera plus tard les vierges des retables. L'auteur de *Thèbes* préfère les contrastes de couleurs plus violents : ceux qui opposent la « pourpre ynde » du vêtement d'Anthigoné et la blancheur de la chair apparaissant au travers du « bliauz detrenchiez » ceint d' « orfroiz ». Dans le portrait de Camille, le contraste est déplacé et accentué. La pourpre, qui lui sert de vêtement, ne laisse rien paraître du corps de la farouche vierge, seul l'or qui la brode, et dont l'éclat se marie à l'ignition de la chevelure, fait ressortir le sombre éclat du tissu agrémenté de motifs zoomorphes. Le tissu de grosse laine et le cuir de Cordoue qui servirent à couvrir les jambes et les pieds d'Anthigoné cèdent la place chez Camille à une étoffe précieuse (le « siglaton »), à l'écaille d'un poisson, à l'or d'un ruban. Là où le manteau d'Anthigoné était rapidement évoqué en deux vers, il faut dix-huit vers à l'auteur de *l'Enéas* pour faire ressortir la beauté et la richesse de celui de Camille. Manteau dont le moindre mérite n'est pas d'être

4. Cf. E. de Bruyne, *Etudes d'esthétique médiévale*, Bruges, 1946, vol. II, p. 180.

ourlé du duvet d'un oiseau merveilleux qui pond au fond de la mer et couve en flottant sur l'eau. Si rivalité il y eut entre les deux auteurs, celui de *l'Enéas* pris un net avantage grâce à sa description du manteau de Camille, développée, enrichie, par une série de détails merveilleux soulignant la beauté et l' « inquiétante étrangeté » de la « meschine ». Impression confirmée par la comparaison des chevaux des deux jeunes filles. Le palefroi chevauché par Anthigoné se signale d'abord par sa valeur marchande avant d'attirer le regard par ses couleurs (v. 4073-4076). La description de la monture de Camille, qui, arnachement compris, court sur trente-huit vers (quatorze pour celle d'Anthigoné), suscite une admiration mêlée d'inquiétude tant l'auteur s'est évertué à l'enrichir d'éléments fantastiques. Qu'on en juge : l'extrémité des pattes est identique à celle d'un loup, le ventre ressemble à celui d'un léopard, la croupe à celle d'un lion... Que dire des couleurs de la robe de ce cheval sinon que l'auteur s'est amusé à les multiplier et à jouer de leurs contrastes sans le moindre souci de réalisme ?

« Unques ne fu tant gente beste : come noif ot *blanche* la teste, lo top ot *noir*, et les oroilles ot anbedos totes *vermoilles*, lo col ot *bai* et fu bien gros, les crins *indes* et *vers* par flos ; tote ot *vaire* l'espalle destre et bien *noire* fu la senestre. » (v. 4049-4056)	« Jamais on ne vit bête si gracieuse : sa tête était blanche comme neige, le toupet noir, les deux oreilles toute vermeilles, l'encolure était baie et forte, la crinière flottante bleue et verte, l'épaule droite bicolore et la gauche noire. »

Apparaît dès lors plus clairement la façon dont l'auteur de *l'Enéas* a procédé pour brosser le portrait de Camille. Il est parti des modèles fournis par *le Roman de Thèbes*, les a synthétisés en un seul portrait. Le visage de Camille doit beaucoup à celui des filles d'Adrastus, ses vêtements et son palefroi à Anthigoné... A la fragmentation et à la dissémination de la description en plusieurs lieux du récit, l'auteur de *l'Enéas* a préféré la concentration et l'expansion. Chaque détail emprunté est amplifié par l'attribution de caractères nouveaux, parfois jusqu'à la caricature, la parodie. Excès par lequel se marquent la maîtrise du clerc et, surtout, son plaisir d'écrire, par où le récit conquiert une dimension fantastique d'une autre nature que celle conférée par l'immixtion inopinée des dieux dans le destin des mortels chère à l'épopée latine. Le portrait de Camille est aussi parfaitement conforme aux canons du genre tels que la poétique médiévale les a fixés. On a déjà souligné le mouvement descendant par lequel la plume de l'écrivain épouse le tracé du pinceau du peintre ; il permet de camper le silhouette tout entière. Après une série de vers sur l'identité et les mœurs du personnage (v. 3959-3986), l'auteur s'emploie à dépeindre l'inégalable beauté de la « meschine », en commençant par le visage (v. 3989-4000) ; il s'extasie ensuite sur sa beauté en quelques vers servant à la fois de conclusion partielle et de transition avec la suite du portrait (v. 4001-4006), avant de porter un regard sur l'or de la chevelure dont le déferlement « jusqu'as piez » semble impulser son mouvement à l'objet décrit (v. 4009) et métaphoriser la cohérence de la description. Viennent ensuite l'évocation des vêtements (la pourpre ceinte d'or, les « chaussures », le manteau, v. 4011-4046), celle du cheval (v. 4047-4084), décrit lui-même suivant un ordre parfaitement rigoureux allant de la tête aux pieds, de l'animal à son harnachement, comme si l'auteur voulait par cette homologie du mouvement descriptif souligner le rapport étroit de la jeune fille et de la bête, le caractère fantastique de l'un réhaussant le surplus de beauté de l'autre. La même précision et le même ordre président à la description du harnachement ; elle commence par le frein, présente ensuite la têtière reliant le mors au sommet de la tête du cheval, puis viennent les rênes établissant un contact entre l'animal et l'homme. Sont évoqués ensuite les pièces composant la selle (arçons, couverture, « anfautreüre »), les sangles et les contresangles la fixant et enfin les étriers et « li petriaus », lieu de contact entre la partie inférieure du cavalier et celle de l'animal. Il n'est pas jusqu'au fantastique de la robe du cheval qui ne soit soumis à un ordonnancement strict, reposant sur une série de contrastes, eux-mêmes produits d'oppositions binaires. La crinière est « inde » et « vers par flos », « vaire l'espalle destre » mais « bien noire fu la senestre », le ventre « leporin » mais la croupe « leonins », les jambes avant « fauves » mais les postérieures « vermalz com sans » et, pour finir, « noire ot la coe une partie / l'altre blanche ». Le portrait de Camille (monture comprise) obéit donc bien à une logique stricte qui, pour n'avoir peut-être pas un caractère aussi rigoureux qu'on l'a parfois voulu, n'en reste pas moins l'héritière de la *descriptio* de la rhétorique médiévale, non tant d'ailleurs de sa théorie que de ses *exempla*, dont le portrait d'Hélène de Troie par Mathieu de Vendôme[5] fournit une parfaite illustration. De ce point de vue, *l'Enéas* paraît en sympathie avec les canons de la *descriptio*, le roman en langue vulgaire assujetti à une « poétique » d'origine latine.

Décrire, c'est avant tout conférer à l'objet ou au sujet décrit la totalité des propriétés, de ses *attributa* ou de ses *épitheta*. La *descriptio* doit non seulement composer la fiction d'une totalité corporelle, mais épuiser les caractéristiques du personnage pour le rendre à son essence. Réduire Camille à sa beauté, c'est fasciner le regard et la plume par ce qui, en elle, de la femme insiste au mépris de sa volonté d'identification au rôle viril du chevalier. Le dénombrement de ses *attributa* ne saurait être total sans la prise en compte de sa « part chevaleresque », sans le deuxième temps de sa *descriptio* (v. 6913-6934), qui la présente *in situ*, montée sur un destrier différent du précédent, prête pour la guerre. Et là, de « mervoille », il n'est que « la porpre tote vermoille » de la couverture de la selle, de blancheur que celle du haubert ou de l'ivoire de la boucle de l'écu. L'or des cheveux ne vient plus connoter la féminité, mais, à l'inverse, dissimuler le corps et lier davantage le heaume au cheval, le cavalier à sa monture, et de ses feux réhausser l'éclat du casque et des

5. *Ars versificatoria*, Ed. E. Faral, *Les arts poétiques du XIIe et XIIIe siècles*, Paris, 1924, I, § 58.

armes. La virilité et le courage des propos mis dans la bouche de la « meschine » s'avèrent en parfaite adéquation avec ce second volet du portrait de Camille ; ils claquent presque aux oreilles de Turnus comme une injure fustigeant son peu d'empressement à porter la guerre dans le camp troyen. Ce portrait constitue un diptyque, dont les deux volets soulignent deux aspects contradictoires et pourtant complémentaires du personnage : la beauté (v. 3989-4084) et la valeur guerrière (v. 6913-6934), la féminité et la virilité. Il se donne pour le développement du vers 3977, où l'auteur, d'une manière énigmatique, dit : « Lo jor ert rois, la nuit raïne » (« le jour elle était roi, la nuit reine »). Seule, la mort fera coïncider les deux faces du personnage et se rejoindre les deux volets du portrait dans le « planctus » où Turnus souligne simultanément la beauté du personnage et son goût pour les armes :

« tant estïez cortoise et bele, tant amïez chevalerie » (v. 7376-7377)	« vous étiez si courtoise et si belle et aimiez tant la chevalerie »

L'essence est révélée par la *coincidentia oppositorum* qu'autorise la mort et dans le souvenir laissé par la traversée fulgurante de la vie et du récit.

La perfection ne cesse jamais d'interroger et invite à se demander si, derrière la satisfaction apportée à la demande esthétique de l'auditeur-lecteur, l'écriture ne vise pas à mettre en scène l'inanité de sa prétention à dire l'objet par un usage exorbitant de la rhétorique. En ce point, il faudrait reprendre la description du cheval et souligner l'inflation de détails contradictoires irréalisant complètement la monture et, d'un même mouvement, sa cavalière. La multiplication des contrastes, produits à partir d'une série d'oppositions binaires (noir/blanc, « indes »/« vairs », « leporins »/« leonins »...), fait glisser la description du cheval vers le fantastique et produit un effet d' « inquiétante étrangeté » qui contamine celle de la jeune fille, comme si la monstruosité de l'animal n'était que l'envers, la caricature, de la beauté de Camille. L'inflation de détails concernant le cheval fait basculer dans l'excès la sobriété de l'évocation de la « meschine » et, par là, transforme la *descriptio* en pur jeu d'écriture inapte à cerner la moindre essence, perdue qu'elle est dans la pléthore rhétorique qui prétendait la saisir. L'excès dissout la possibilité d'un référent qui viendrait répondre aux mots. Les mots, la série des contrastes, s'inscrivent dans le cadre rhétorique de la *descriptio* pour l'excéder en le faisant jouer jusqu'à une perfection telle qu'elle en devient critique, une superbe et absurde illustration trahissant le plaisir du clerc-écrivain. Créature de mots, le cheval fantastique transforme celle qui le monte en « personnage de papier » (R. Barthes), dont la beauté n'est rien d'autre que celle de la langue se mirant dans le déferlement somptueux des cheveux « sors ». Et cet « or », qui lie la femme à l'animal, ou à ses armes, la beauté à son prolongement monstrueux et « gent » à la fois, n'est-ce pas l'or de la rhétorique, prélevé à l' « escriture » d'or de la pomme de Disc-OR-de, assurant au portrait son inutile et superbe cohérence, et dont l'éclat fait image au miroitement des mots engagés dans le jeu rhétorique ? Passé ce temps de folie, où s'avoue dans l'excès le caractère autoréférentiel de la littérature médiévale, la *descriptio* reprend ses droits ; l'énumération des parties du harnachement s'effectue avec sérieux, minutie et ordre (cf. v. 4071-4084), en parfaite conformité avec la « poétique » du genre, comme si la *descriptio* n'avait jamais cessé de produire la fiction d'un animal et d'un être réels et, simultanément, de cerner son essence. Parfaite réussite formelle, le portrait de Camille illustre la manière dont le roman naissant a pris en compte la « poétique » latine de la *descriptio*. *Exemplum* construit à partir des règles d'école, il les excède tout en les illustrant par sa perfection, son étendue et l'inflation rhétorique qui l'anime. Il est le lieu où la théorie affleure avec le plus de netteté sous la fiction qui l'illustre, où le roman s'autodésigne comme mise en fiction de la théorie, comme « fiction théorique ». Le luxe des détails, l'accumulation des constrastes, la prolifération des mots à la recherche d'une réalité impossible distendent la *narratio* qui, là encore, s'en trouve perturbée. Le portrait de Camille remplit dans l'économie générale du récit une fonction identique à celle des mises en abyme : introduire dans le cours de l'épopée latine un corps étranger qui retarde le déroulement diégétique et brise la linéarité du récit afin de permettre au roman de se réfléchir, de saisir le mouvement qui le porte, en brisant la continuité de la *narratio*. Le portrait de Camille constitue une excroissance, un « surplus », grâce à quoi *l'Enéas* s'arrache à son modèle latin et à l'épopée pour inaugurer l'ère du roman.

L'ANDROGYNE ?

L'énigme de Camille est à la mesure de la curiosité des « borjois » qui la regardent traverser la ville de Laurente et rejoindre les troupes convoquées à l' « ost » par Turnus. Fascination mêlée d'inquiétude devant celle qui, dans le cours du récit, produit un effet d' « inquiétante étrangeté » car elle enclôt en elle « la grant mervoille », la beauté d'une femme et la prouesse d'un homme. Belle, elle l'est à démesure, d'une beauté qu'égale l'amour de la chevalerie et de la prouesse :

« Camille ot nom la damoiselle,
a mervoille par estoit bele
et molt estoit de grant poeir ;
(...)
a mervoille tenoit bien terre ;
el fu toz tens norrie an guerre
e molt ama chevalerie
et maintint la tote sa vie. »

(v. 3961-3970)

« Camille s'appelait la jeune fille, elle était extraordinairement belle et de grand pouvoir ; elle gouvernait bien ses terres ; elle fut élevée dans un esprit guerrier et aima toujours beaucoup la chevalerie qu'elle honora toute sa vie. »

Le goût viril des armes la libère des travaux auxquels la condamnait sa féminité (« Onc d'ovre a feme ne ot cure/(...)/ mialz prisoit armes a porter », v. 3971-3973). Il autorise à sortir du gynécée, ou de la chambre, pour combattre, aux côtés des hommes, sur le champ de bataille où s'écrit l'Histoire du monde et de la chevalerie, pour y faire merveille avec ses amazones en décimant les Troyens. Les armes occultent la quenouille et la virilité renvoie la féminité à l'obscurité de la nuit, aux mystères de la chambre où nul homme, le soir venu, n'est admis à pénétrer :

« Lo jor ert rois, la nuit raïne ;
ja chanberiere ne meschine
anviron li le jor n'alast,
ne ja la nuit nus hom n'entrast
dedanz la chanbre ou ele estoit. »
(v. 3977-3981)

« Le jour elle était roi et la nuit reine. Le jour aucune chambrière ni suivante ne l'accompagnait ; la nuit nul homme n'entrait dans la chambre où elle reposait. »

La partition du temps calque la différence des sexes, annulée ici en un personnage hybride, mi-homme mi-femme ou, plus exactement, homme et femme à la fois. Réapparaît l'androgyne, figure même de l'indécidable, addition toujours maladroite des sexes pour produire la fiction d'un corps paré des attributs de chaque sexe[6]. Fantasme bisexuel ? ou nostalgie d'une bisexualité primitive, hors histoire, hors temps ? L'adaptateur médiéval s'efforce de toujours maintenir la bisexualité de Camille. Composé en diptyque, le portrait de la « meschine » dépeint tour à tour la « part femme » (v. 3959-4106) et ensuite la « part homme » (v. 6917-6934). Mais à l'intérieur de la description des attributs de chaque sexe, il ne manque pas de mentionner un élément renvoyant au sexe opposé afin de maintenir l'équivoque. Ainsi, dans l'évocation du manteau dont la splendeur rehausse l'éclat d'une beauté portant la féminité à son acmé, se glissent deux vers qui, appelant le souvenir des Amazones[7], réinscrit la virilité dans un portrait qui se voulait chant de la femme :

« Ele an ot antroverz les pans,
que li parut *li destre flans.* »
(v. 4045-4046)

« Elle avait entrouvert les pans de son manteau afin qu'apparût son flanc gauche. »

6. Cf. M. Delcourt, *Hermaphrodite*, Paris, 1958.
7. A. Petit, Le traitement courtois du thème des Amazones d'après trois romans antiques : *Eneas, Troie et Alexandre, Le Moyen Age*, LXXXIX, 1983, p. 63-84.

Les Amazones, nous dit Virgile, avaient pour habitude de se découvrir un flanc pour mieux combattre. Le manteau de Camille ne s'entrouvre pas pour laisser entrevoir les charmes du corps, mais pour maintenir un détail connotant la virilité dans un portrait tout entier dévoué à la féminité, puisque le côté droit est, au Moyen-Age, imparti à l'homme et le gauche réservé à la féminité. Dans son cercueil, Camille tiendra le sceptre, insigne de la royauté, de la main droite, la gauche désignant le sein qui la fait femme (v. 7641-7642). La bilatéralité renvoie à la bisexualité à quoi l'androgyne vient prêter un corps. A l'inverse, lors de la seconde apparition de Camille (v. 6907 et sq.), l'armure ne parvient pas totalement à dissimuler la femme, pas plus que l'éclat des armes ne réussit à éclipser le rayonnement d'une beauté tout entière résumée par les cheveux débordant le heaume pour se répandre sur la croupe du cheval. Et ce second volet de la description, voué au panégyrique du chevalier et des insignes d'une identification au sexe masculin, se termine par l'évocation, en point d'orgue, d'une féminité qui vient s'inscrire comme une effraction, un surplus perturbant la belle ordonnance du portrait. Touche de virilité au cœur de la féminité, signe de féminité en contrepoint d'une image de chevalier... N'est-ce pas là tenter d'épuiser toutes les possibilités d'écriture de la bisexualité, en faisant de chaque volet du diptyque le reflet inversé de l'autre. Le chiasme — miroir rhétorique — est donné pour le trope préposé à l'écriture d'une impossible totalité corporelle.

A la femme chevalier de lumière, répondrait, quelques années plus tard, le nain Frocin, créature de la nuit, nommée par le seul Béroul dans les fragments restants de son roman de *Tristan*. L'éphémère beauté de la farouche reine des Volsques trouverait là sa contrepartie monstrueuse, l'héroïne solaire verrait surgir son envers ténébreux. Le nom du nain a deux formes : « Frocin » (il rime avec « matin » et « devin », v. 645-646)[8] et « Frocine » (le nom rimant

8. Ed. E. Muret, Paris, CFMA, 1975, 6e éd.

avec « roïne » et « espine », v. 469-471). Le nain conjugue les deux genres grammaticaux et additionne les deux sexes. Sans doute est-ce là, plus que la difformité ou la malignité, ce qui lui confère une monstruosité plusieurs fois soulignée. Il est savant et devin d'avoir traversé la différence sexuelle ou occupé dans la langue alternativement la place de l'un et l'autre sexe[9]. L'intertextualité le placerait au carrefour d'une rencontre entre le devin Tiresias et la Sibylle de Cumes (*Enéas*, v. 2199-2209).

L'indécision sexuelle a fasciné la littérature médiévale naissante et produit de nombreux personnages. Dans la reine des Amazones, peinte par Benoît de Sainte-Maure, insiste le souvenir de Camille. La description de ses armes la verserait tout entière du côté de la virilité, si le blanc qui y prédomine ne venait atténuer la violence dont elles se veulent porteuses et connoter une virginité dont la revendication acerbe éclatera dans la réplique à Pirrus (v. 24090-24118). La virginité proclamée désavoue une sexualité qui, dans l'acte, reconnaît la différence et assigne à chacun son sexe. Se refuser au commerce sexuel (« Puceles sommes : n'avons cure / De mauvaisetié ne de luxure », v. 24095-24096), c'est avant tout une façon d'éluder la réalité de la différence sexuelle. Sous le harnachement qui la fait homme, Panthesilee ne cesse pas pour autant d'être la « Reine de Femenie », du royaume des femmes, ou, mieux encore, « La Reine en feminie », la reine en féminité, l'incarnation même de la féminité, comme l'écrivent les scribes des manuscrits A et L. Rien ne saurait mieux faire résonner cette vascillation permanente de la différence sexuelle que le cri des Amazones. Pure musique, il se donne pour un mélange indécidable de tout ce qui enchante l'oreille ; s'y conjoignent le chant des sirènes et la voix des anges :

« Haut s'escrïent, solonc lor lei :	« Elles crient à voix fortes selon
Mais rien ne fu, ço(s) sai conter,	leur habitude ; rien ne fut ja-

9. Cf. notre article, Les Masques du clerc, *Médiévales*, 5, 1983.

Si bele el mont a escouter : Ne semblent pas voiz [femenines, Que d'esperitaus rien devines. » (v. 23998-24002)	mais au monde, je peux le dire, chose plus admirable à écouter. Ce ne semblait pas être des voix féminines mais des voix spirituelles émanant de créatures divines. »

Les maléfices de la féminité s'y endorment, ne résonne plus que l'enchantement d'une musique apportée par la voix d'anges, créatures sans sexe, à situer en deçà de la coupure qui détermine la différence sexuelle. C'est donc dans la voix des Amazones, de Panthesilee (l'héroïne la plus proche de Camille), plus que dans leur portrait, qu'il convient de chercher trace de cette indécision sexuelle. L'addition des sexes en un personnage hybride tente de composer la « semblance » de l'androgyne, mythe sans cesse ressuscité, où nous lirons un refus de la sexualité et une tentative d'élision de ce qui en elle fait problème.

Parler d'androgyne est-il pleinement satisfaisant ? D'après *le Dialogue de Placides et Timeo*, l'androgyne est le produit d'un surplus de sperme masculin égaré du côté de la féminité, « jetes a senestre lés », une « fourme d'omme de II. natures, c'est qui a verge et testicules et orefice ainsi comme femmes »[10]. Mixte (au sens strict du terme) des deux sexes, l'androgyne s'avère d'ailleurs insupportable à la conscience de l'homme médiéval. Une telle créature doit opter pour un sexe et renoncer à l'autre, se refuser le droit et le plaisir d'user sexuellement des deux : « Les anchiens justichiers establirent que nuls ne laissast tels hommes user de II. natures, mais c'on les meist enchois a quois de prendre quelle nature qu'il vorroient, de faire ou de souffrir. Et quant il aroient prins l'un ou l'autre, c'est assavoir le nature de l'omme ou de le femme, qui les trouveroit ouvrans de celle qu'il avoient renoÿe qu'ilz fussent punis du corps, car c'est

10. Ed. C. Thomasset, Genève, 1980, § 325, p. 153.

contre nature d'user de deux »[11]. L'androgyne médiéval vit dans l'attente du renoncement à la bisexualité qui fait son originalité, d'une entrée dans la sexuation. Il n'est pas de créature hybride qui ne fasse, à un moment ou à un autre, l'expérience de cette coupure délimitant l'appartenance à un sexe et, simultanément, rencontre une mort levant l'hypothèque de l'insupportable dualité. Ainsi l'épée de Marc inscrira la ligne de partage entre la « part homme » et la « part femme », entre l'humanité et la bestialité (« il fist que beste ») de Frocin en lui tranchant la tête. De même, dans *le Roman de Troie*, bestialité et humanité se mélangent pour donner vie au Sagittaire qui sème l'effroi et la désolation parmi les Grecs. Là encore, l'épée de Diomedès délimitera exactement ce qui relevait de l'homme et ce qui ressortissait à la tératologie :

« Andous li trenche les costez,
En dous meitiez est desevrez :
Ço que d'ome est chiet en la [place,
(...)
Ço que a beste ert resemblant
Ala grant piece puis corant,
Tant que Grezeis l'ont abatu,
Qui en recuevrent lor vertu. »
(v. 12487-12494)

« En deux lui tranche les flancs et le divise en deux moitiés : la part homme tombe sur place (...), ce qui ressemblait à une bête continua longtemps à courir jusqu'à ce que les Grecs l'eussent abattu et par là, retrouvé leur vertu. »

Rien de tel chez Camille. Le destin biologique (le malheur d'être née femme au regard de l'imaginaire médiéval) est corrigé par l'identification à un idéal masculin et chevaleresque : valeur suprême dans une société qui va pourtant — grâce au roman — découvrir progressivement les femmes. L'excellente maîtrise des armes, l'indomptable courage soulignent la beauté du personnage tout en intimidant le

11. « Les anciens juristes établirent que personne ne laissât de tels hommes user de leurs deux natures, mais qu'on les obligeât à prendre et à supporter le sexe qu'ils voudraient. Leur choix effectué, à savoir le sexe masculin ou féminin, celui qui les trouverait usant du sexe qu'ils avaient renié devra les punir en leur corps, car il est contre-nature d'user des deux » (§ 326, p. 153-154).

désir dont il pourrait être l'objet. Par le choix de la chevalerie, Camille franchit la ligne de partage des sexes, non pour en jouir tour à tour, mais pour valoriser la virilité et transformer sa féminité et sa beauté en pur spectacle invitant le désir à déposer les armes. En elle s'incarne la nostalgie d'un homme suffisamment femme, ou d'une femme suffisamment homme, pour que la sexualité, dont la femme est pour l'homme médiéval le signifiant majeur, ne vienne plus inquiéter. Nostalgie d'un corps plein, en deçà de la différence sexuelle, de la sexualité et de la coupure que l'étymologie du mot connote. Promesse de toutes les vertus chevaleresques mettant, par avance, à l'abri de la « recreantise » qui guettera sans cesse les héros de Chrétien de Troie (cf. Erec, Yvain). Cette nostalgie ressuscitera au XIIIe siècle, sous les traits du chevalier vierge Galaad, dans *le Lancelot-Graal*, mais s'incarnera aussi dans l'Histoire, avec Jeanne d'Arc notamment.

CAMILLE OU LA NOSTALGIE DE L'UN

Virgile insistait déjà sur la virginité du personnage (*asper virgo*, XI, 664), voué, dès son enfance, à Diane et à la chasteté. L'adaptateur médiéval n'utilise pas le qualificatif, mais souligne la « sagesse » de son comportement : « tant sagement se contenoit » (v. 3982). Le recel de la féminité dans l'ombre de la chambre s'accompagne d'une occultation de la sexualité, oubliée derrière la revendication du goût viril des armes. Le mépris réitéré de l'amour et le rejet de la féminité vont de pair.

« Ne ving pas ça por moi [mostrer
ne por putage demener,
mais por fere chevalerie »
(v. 7117-7119)

« Je ne suis pas venue ici pour me montrer ni pour me comporter en prostituée, mais pour agir en chevalier »

dit la « meschine », rejetant du même coup une sexualité triviale et une féminité évoquée comme spectacle d'une beauté flattant l'œil et le désir, pour mettre en avant l'identification au modèle chevaleresque. Accepter la sexualité serait se ranger sous la bannière de sa féminité et, simultanément, voir se défaire l'identification virile, réapparaître la quenouille à la place de la lance et de l'écu, accepter enfin de restreindre le champ de bataille à l'espace clos de la « cortine » comme le lui propose Tarcon :

« Laissiez ester desmesurance, metez jus l'escu et la lance et le hauberc, qui trop vos blece, et ne mostrez vostre proëce. Ce ne est pas vostre mestier, mes filer, coldre et taillier ; en bele chanbre soz cortine fet bon esbatre o tel meschine. » (v. 7081-7088)	« Laissez la démesure, baissez l'écu et la lance, ôtez le haubert qui vous blesse trop et cessez de montrer votre prouesse. Ce n'est pas votre affaire, il vous faut mieux filer, coudre et tailler. Il est bon de s'ébattre avec une jeune fille telle que vous dans une chambre, sous une courtine. »

Apparaît mieux, rétroactivement, la fonction de leurre de la beauté ; elle n'emplissait le regard lors du portrait que pour susciter le désir et, simultanément, le mater par les fastes d'une description destinée à lui en imposer et à le sidérer. La féminité ne s'exacerbait dans le spectacle de la beauté que pour la seule satisfaction de l'œil, la seule jouissance scopique, et oublier le corps sexué afin de protéger l'identification virile. La diatribe misogyne de Tarcon (v. 7064-7106) brise le ressort de cette identification et rappelle Camille à sa féminité et à l'assumation d'un corps fait pour le plaisir et non pour les armes. Mais Tarcon, au travers de l'aveu de sa haine, dit ce qui fait la croix du misogyne : la féminité en tant qu'excès, « sorplus »[12] de jouissance laissant l'homme « recreant » (v. 7078). On n'a

12. Nous empruntons la forme médiévale du mot au *Conte du Graal* de Chrétien de Troye (v. 548). Le « sorplus » y désigne l'acte sexuel, ce qui livre le secret du corps féminin et en délivre. Frappé d'interdit par la mère, le « sorplus » devient l'horizon incernable de la féminité en tant qu'incarnation de la sexualité, qu'image même de l'illimité d'une jouissance impossible, tout entière identifiée à la femme qui en serait la voie d'accès.

pas assez remarqué que les propos de Tarcon avaient chez Virgile une tout autre signification ; ils ne sont pas empreints de misogynie, et s'adressent aux Etrusques pour leur reprocher d'exercer leur vaillance aux seules joutes amoureuses (*Enéide*, XI, 732-739). Le déplacement opéré par l'adaptateur médiéval s'avère donc d'importance, et le caractère misogyne des propos lui est entièrement imputable. Faut-il se contenter de voir là une illustration de cette misogynie des clercs qui, vivant à l'écart du commerce des femmes, ne cessèrent jamais de manifester un mépris où se dissimulait une peur viscérale des femmes ? Ce serait, là encore, s'égarer dans la quête d'un référent qui ne délivre d'aucune question et manquer la signification de l'inscription textuelle de cette misogynie qui brise le cours de la diégèse héritée du modèle latin. Proposer de l'argent à Camille pour prix du plaisir, n'est-ce pas la réinscrire dans le circuit du commerce sexuel, défaire, et par là souligner, l'identification virile assurant la cohérence et l'étrangeté du personnage ?

« quatre deniers ai ci de Troie, qui sont molt bon de fin or tuit ; çaus vos donrai por mon deduit une piece mener o vos ».	« j'ai ici quatre deniers troyens de bon or fin ; je vous les donnerai contre un moment de plaisir avec vous. »

(v. 7092-7095)

Au-delà du mépris affiché avec provocation, la tractation tente de maîtriser, par l'estimation et la fixation d'un prix, une féminité qui ne cesse d'inquiéter sous le rôle masculin. Réduite à l'argent qu'elle coûte, la femme peut à nouveau circuler dans la fratrie militaire et de ce parcours faire lien social puisque la différence inscrite par la beauté du corps a été abolie par la réduction à l'état de signifiant :

« ge n'en serai ja trop jalos, baillerai vos as escuiers ».	« je ne serai pas trop jaloux, je vous donnerai à mes écuyers ».

(v. 7096-7097)

Donner (ou faire circuler) la femme aux « escuiers », n'est-ce pas, pour le misogyne au paroxysme de sa haine, reconnaître indirectement la carence affligeant sa propre sexualité, dissimulée sous la dénonciation de la lubricité féminine :

« se tant i pert, pas ne m'en [plaing ;
vos en avroiz doble guaaing :
l'un ert que de men or avroiz
l'autre que vostre bon feroiz ;
mais ne vos sofira noiant
ce, que s'il an i avoit cent ;
vos porrïez estre lassee,
pas n'en serïez saolee ».

(v. 7099-7106)

« si j'y perds, je ne m'en plains pas et vous, vous en tirerez un double profit : vous aurez mon or et vous prendrez votre plaisir, mais il ne vous suffira pas, cent hommes pourraient y venir que, pour être fatiguée, vous ne seriez pas rassasiée ».

La femme est réinscrite dans l'échange commercial et sexuel pour, dans l'excès de jouissance que lui suppose l'homme, à nouveau s'en extraire et transformer sa féminité en excès, en « sorplus ». Ce « sorplus » de jouissance — image inversée d'une carence qui s'en trouve désavouée — transforme l'homme en spectateur haineux et le laisse au seuil d'une union avec la femme, tant il est vrai, comme l'écrira plus tard (vers 1190) André le Chapelain dans le *Tractatus de amore*, qu'il n'est pas un homme « qui soit assez vigoureux dans les œuvres de Vénus pour apaiser d'une façon ou d'une autre les désirs de n'importe quelle femme »[13]. A l'instar de l'amant courtois retardant à l'infini l'accomplissement du « fait » sexuel, ou de Lancelot parant sa nuit d'amour avec Guenièvre des mystères et des beautés d'une unique rencontre, le misogyne pressent l'aporie qui fait image à l'impasse résumée superbement par Chrétien de Troyes dans ses deux vers :

« Comant dui cuer a un se [tienent,
Sanz ce qu'ansanle parvienent »

(*Cligés*, v. 2791-2792)[14]

« Comment deux cœurs peuvent-ils faire un sans se conjoindre »

13. *Traité de l'amour courtois*, trad. C. Buridan, Paris, 1974, p. 202.
14. Ed. A. Micha, Paris, CFMA, 1974.

Comment pourrait s'écrire le « un » de la rencontre sexuelle si « cent » « escuiers » ne parviennent pas à répondre à l'appétit sexuel féminin, à circonscrire le « sorplus » qu'est la féminité ? Si, dans la joute des corps, l'homme ne cesse d'être « recreant » ? La haine du misogyne est, outre l'incompréhension, l'impossible prise en compte de l'altérité, souffrance devant la différence sexuelle perçue au corps de la femme comme ce qui vient faire échec à l'union, retrait enfin vers le seul plaisir d'organe pris au corps prostitué, soumis à la computation marchande et à la pseudo-connaissance chiffrée qui ne délivre de rien, pas même de la fascination narcissique conduisant le chevalier sur le champ de bataille pour un affrontement homosexuel avec le semblable. La réaction violente de la « meschine » (v. 7107) n'est pas seulement celle d'une femme blessée en son orgueil par un soudard, elle se donne aussi pour le rejet d'une féminité qu'on sait devoir faire obstacle à la rencontre sexuelle. Au mépris de la femme professé par Tarcon fait écho la haine de la sexualité qui, dans l'acte la réalisant, inscrit l'irréductibilité de la différence sexuelle :

« Ne ving pas ça por moi mostrer ne por putage demener, mais por fere chevalerie. » (v. 7117-7119)	« Je ne suis pas venue ici pour me montrer ou me conduire comme une prostituée, mais pour honorer la chevalerie. »

Et ce refus de la sexualité ne parvient pas totalement à se dissimuler sous l'aveu d'un non-savoir concernant les plaisirs de l'amour :

« mialz sai abatre un chevalier que acoler ne dosnoier ; ne me sai pas combatre [anverse ». (v. 7123-7125)	« je sais mieux abattre un chevalier que m'accoupler et me livrer au plaisir ; je ne sais pas combattre à la renverse ».

Il est aussi crise, « théâtre » de l'acte sexuel désavoué que représente le vers 7125 qui signifie littéralement « je ne sais pas me battre à la renverse », c'est-à-dire « je ne sais pas dans l'acte sexuel occuper une position féminine (sur le dos) ». Camille dit, et image, ce qu'elle ne sait, veut, pas faire, préférant peut-être, là comme sur le champ de bataille, « faire l'homme ». L'excès de cette dénégation surgit sur fond d'impuissance, mais aussi sur fond d'exclusion de la posture qui, en la faisant femme, supporterait l'aporie régissant la mathématique sexuelle où l'union se chiffre d'un « un » somme de « deux » « cors » (corps et cœur dans la langue médiévale), ou, pour reprendre J. Bodel, de la « some, / Q'avint d'une fame et d'un home »[15]. La mort de Tarcon, frappé par Camille, rétablit le silence autour d'une vérité qui, jamais, même dans la haine ou la peur, n'aurait dû être livrée à la parole. Par ce geste, Camille signifie que Tarcon a menti, que l'union (« la some ») reste possible, hors l'emprise de la différence sexuelle. Elle écrit cette union en elle en se donnant pour le « un » né de l'addition des deux sexes, en amont de la différence sexuelle, dans un corps sachant allier la beauté de la femme et la prouesse du guerrier ; elle se refuse cependant à être le support d'un désir ou le moyen d'une jouissance qui l'obligerait à renoncer à une partie de soi et à assumer sa seule féminité. Le rejet de l'identité sexuelle féminine et le maintien, envers et contre tout, de l'identification virile, visent, subsumés qu'ils sont par le mépris de la sexualité, à maintenir la fiction d'un « un » en deçà de la coupure qui le rend impossible. Camille brille d'un éclat tout particulier car elle témoigne de la nostalgie, toujours frustrée, de l' « un » ; Tarcon meurt d'avoir révélé que le monde est agi par la différence, la coupure, en soulignant qu'il y avait deux sexes irréductibles. Camille supporte le fantasme d'une unité qui soit aussi une origine et une unité restituée en deçà du paradigme des coupures régissant la sexualité et l'Histoire. Origine heureuse d'une paix retrouvée, celle d'avant la Discorde. Camille est la pomme, « une » et insécable elle aussi, jusque dans l'or de ses cheveux tressés d'un fil qu'on peut imaginer prélevé sur

15. *Li Sohaiz desvez*, *Fabliaux*, éd. P. Nardin, Paris, 1965, v. 3-4.

la précieuse pomme (cf. 4010)[16]. Mais elle n'est la pomme que pour annuler les effets de coupure et de discorde, et réunir en elle les grâces des trois déesses. Elle a la beauté de l'élue, Vénus ; comme elle, Camille mérite la pomme, elle « est » la pomme qui fait la femme « toute » au regard de l'homme. Au-delà, elle souligne que le signifiant qui la comble est ce qui se (re)présente sous l'espèce de la virilité ; en un mot, elle l' « est » et elle l' « a ». De Pallas, elle conserve la vaillance guerrière et le courage intrépide qui amènent la gloire promise à Pâris par la déesse. Juno lui a légué sa hargne (cf. la réponse à Tarcon, v. 7117-7125) ; la richesse de la déesse réapparaîtra dans les atours et la monture de la « meschine ». Camille annule fantasmatiquement la discorde (le malheur) portée au passif de la femme ; elle est une pomme sans discorde ; elle tente d'annuler ou de faire oublier le malheur inscrit à l'orée du roman par Eloine. La tentative reste cependant inefficace, voire dérisoire, en dépit de son insistance splendide, dans la mesure où elle est négation de la féminité, ou, mieux encore, féminité qui ne marque aucune différence, ne fait surgir aucune coupure, féminité apprivoisée par des qualités viriles socialement reconnues et transparentes. Cette tentative de dépassement ou d'oubli des maléfices supposés à la féminité s'annule d'elle-même lorsque la mort emporte le personnage qui la supportait. Seuls l'embaumement de la « meschine », la splendeur et le caractère fantastique de son mausolée offert à l'admiration fascinée de la postérité, rappelleront à la mémoire la prégnance de la nostalgie qui donna naissance au personnage de Camille. Camille : pomme d'or ou image de l' « un » annulant la DI-sc-OR-de, la coupure du deux surgi de l'or de la langue.

16. Nous devons cette idée à une remarque éclairante formulée par M. C. Méla à l'issue d'une de nos communications sur *l'Enéas* au séminaire tenu par M. D. Poirion à l'Université de Paris-Sorbonne.

CHAPITRE IV

Au nom du père

DE LA VILLE « GASTE » A LA TERRE « GASTE »

A nouveau la Discorde. Ressassement ? Plutôt mise à plat, par le jeu d'une répétition toujours décalée, de la loi même de fonctionnement du récit, du désir tourné vers une impossible origine, un terme en défaut qui, pourtant, l'articule. La scène du jugement de Pâris se donne aussi pour une généalogie mythique du thème de la terre « gaste », présent ici sous sa forme urbaine, la ville « gaste », thème prégnant s'il en fut dans la littérature médiévale du XIIe siècle[1]. A la pomme comblant la déesse de son or, répond Eloine lors de ce marché de dupes réglant les rapports des hommes et des dieux dans lequel Pâris fourvoie les Troyens. Eloine — et derrière elle Vénus — appelle le malheur et la dévastation sur Troie :

« Quant Menelaus ot Troie [asise,
onc n'en torna tresqu'il l'ot [prise,
gasta la terre et tot lo regne
por la vanjance de sa fenne. »

(v. 1-4)

« Quand Ménélas eut assiégé Troie, il ne s'en retourna pas avant de l'avoir prise, il dévasta la terre et tout le royaume pour la vengeance de sa femme. »

1. Nous devons ce développement sur la terre « gaste » à une série de remarques effectuées par D. Poirion dans le cadre de son séminaire à l'Université de Paris-Sorbonne, 1978-1979.

Même hors l'emprise apparente du mythe chrétien, la femme ne cesse jamais d'incarner l'origine du malheur. Mais Eloine n'est ici que l'instrument du destin, la responsabilité du malheur incombe à Vénus qui la donna à Pâris. La déesse d'amour, en annonçant à son fils la ruine de Troie (v. 32-34), l'oblige à fuir la terre « gaste » pour retourner vers le pays d'où vint Dardanus, le fondateur de Troie (v. 35-41). En désignant le lieu d'où vint l'ancêtre mythique — le père de Troie — elle ouvre le chemin du salut à celui qui devra s'arracher à elle. La trajectoire d'Enéas s'accomplit par le passage de la terre « gaste » au royaume d'où vint l'ancêtre lointain promu par la mémoire incertaine au titre de Père idéal. Retour aux origines qui délivre de la mère et fraie la voie du père. Ce sera aussi la trajectoire du présent chapitre.

Qu'il s'applique à une terre ou à une ville, le mot « gaste » connote avant tout la destruction :

« gasta la terre et tot lo regne
(...)
La cité prist par traïson,
tot cravanta, tors et donjon,
arst le païs, destruit les murs,
nus ne estoit dedanz seürs ;
tot a la vile cravantee,
a feu, a flame l'a livree. »

(v. 3-10)

« il dévasta la terre et le royaume. (...) Il prit la ville grâce à une trahison, il effondra tours et donjon, brûla le pays, abattit les murs, personne n'y était en sécurité ; il détruisit toute la ville, la livra au feu et aux flammes ».

La désolation plane sur les lieux privés de la vie qui les animait : lieux devenus vestiges d'une faute appelée à défrayer la mémoire en l'attente qu'une parole, ou un acte, ne délivre de la culpabilité. La cendre (v. 10) fait trace au sang et aux larmes, stérilise le lieu où jamais rien ne repoussera. Terre de solitude absolue, la terre « gaste » est le désert même de la faute, de la stérilité absolue. Image, traversant le temps, de la faute de Pâris enlevant Eloine. Enéas n'aurait-il de cesse de la faire sienne, au point que le roi Latin propose aux Troyens de s'établir sur une nouvelle terre « gaste » afin que cesse la lutte avec Turnus ?

« Une terre a an cest païs qui a esté *gaste* toz dis et ne fu onques abitee, gaaigniee ne laboree. » (v. 6573-6576)	« Il y a dans ce pays une terre qui a toujours été stérile, elle ne fut jamais habitée, cultivée ni labourée. »

Solitude et stérilité radicales, en deçà de toute faute cernable, cette terre ne pourrait s'offrir qu'à l'édification d'une ville réveillant le souvenir de Troie « gaste » et « cravantee ».

La terre « gaste », c'est aussi le lieu d'une malédiction que le héros, par sa prouesse, devra lever à l'instar d'Herculés qui désenchanta le royaume d'Evandre en tuant Carus qui « degastot tot lo païs ». Héros à jamais digne de la mémoire populaire, fêté chaque année à Palante où se commémore le meurtre qui leva la malédiction de la terre « gaste » (v. 4627-4638). La commémoration n'est que la récupération par le corps social d'une pratique déviante qui met son existence en danger, la répétition collective, déplacée vers le symbolique, de l'événement et sa réparation indéfiniment reconduite. A Carus démembrant les corps et se nourrissant de chair humaine et à Herculés qui le décapita, répond le roi Evandre accomplissant un sacrifice et siégeant à un repas totémique, pour, à nouveau, lever la malédiction en s'incorporant la monstruosité de celui qui « degastot tot lo païs ». De quelle faute faut-il donc désenchanter la terre ou la ville « gaste » si un meurtre, sans cesse, est à accomplir afin d'écarter les ombres de désolation et de la stérilité ? *Le Roman de Thèbes*, en réveillant le souvenir d'Edyppus, nous mettra sur la voie de la faute planant sur la terre « gaste », tout en laissant se profiler le sens de la mission d'Enéas. A l'orée de *l'Enéas*, le malheur de Troie vient faire écho à la rapide conclusion du *Roman de Thèbes*, où est rappelée la destruction de Thèbes « gaste » par la faute des frères ennemis, Ethïoclés et Pollinicés, engendrés contre nature :

« Destruite en fu et degastee toute lor terre et lor contree ; mout chaï paine et granz ahanz et maudiçons sor les enfanz, car li peres leur destina et Fortune leur otroia : contre Nature furent né. » (v. 10549-10555)	« Toute leur terre et toute leur contrée furent détruites et dévastées ; de grandes peines, de grands malheurs et une grande malédiction tombèrent sur les enfants ; leur père leur légua cet héritage et Fortune le leur octroya car ils avaient été conçus contre Nature. »

Conclusion elle-même éclairée par le prologue du roman : Ethïoclés et Pollinicés sont fils d'Edyppus et de Jocasta :

« rois Eduppus les engendra en la roïne Jocasta. De sa mère les ot a tort quant ot son pere le roi mort ». (v. 23-26)	« le roi Œdipe les engendra avec la reine Jocaste. De sa mère il les eut à tort quand il eut tué son père le roi ».

En piétinant les yeux arrachés d'Edyppus (v. 536-540), les fils réitèrent la faute de leur père, la faisant leur en cette logique de la répétition qui fait la loi du destin et celle du récit médiéval. Geste fou. Littéralement. Le semblant de castration dont Edyppus, trop tard, se voulait punir de sa main à la place d'un père tué par lui, se trouve annulé. Dans le même temps, s'évanouit toute possibilité de reconnaissance de la Loi qui, appuyée à la parole (au respect de la parole donnée engageant Ethïoclés à céder Thèbes à son frère après un an de règne), fraierait la voie à un désir dégagé de la mort. En assumant par leur forfait l'acte d'Edyppus, ils le font déchoir de sa place de père. Edyppus, par le « pechie » de ses fils-frères, redevient lui-même un fils livré à la mère, à Jocasta présente tout au long du récit. L'origine du thème de la terre/ville « gaste » doit donc être cherchée dans le mythe d'Œdipe, ajouté par l'auteur médiéval à son modèle latin, et ce qui s'y révèle de vérité : la dimension incestueuse du désir qui égare le sujet et livre l'Histoire au malheur. *Le Roman de Thèbes* s'achève par l'évocation d'une ville détruite, *l'Enéas* s'ouvre sur le sac de Troie. D'une ville à l'autre, d'une contrée à l'autre, permanent un même malheur, une même faute liée au souvenir de la mère et au désir insu qu'elle suscita. A Ethïoclés et Pollinicés s'affrontant pour la possession de Thèbes (autrefois identifiée au corps de Jocasta, qui avait l'une avait droit à l'autre), répondent Enéas et Turnus luttant jusqu'au dernier sang pour la terre du roi Latin ouvrant le chemin de la possession de Lavinia. Mais la terre « gaste » ne renvoie pas seulement à une faute d'origine maternelle, plane aussi sur elle l'ombre du meurtre (ou du désir de mort) du père qui l'autorisa. Soit la double faute d'Edyppus, qui engendra des fils en sa mère « quant ot son pere le roi mort ». En choisissant d'oublier le malheur de Troie, la ville « gaste » à cause d'une femme, et d'asseoir les murs d'une cité nouvelle, Enéas emprunte la « voie du père ». Est-ce pour autant éluder l'assomption de son meurtre ?

LE MEURTRE DU PÈRE

S'ouvrir la « voie du père », c'est-à-dire, pour reprendre la belle formule de Ch. Méla, du « terme ou fonder toute certitude et toute paix »[2], conduit au forfait que le roman naissant image d'un meurtre. Les défilés du pouvoir et du désir, voire ceux de l'écriture, font obligation de l'exclusion violente d'un corps dont la voix, dans l'après-coup de l'acte meurtrier, ne cesse de rappeler silencieusement à une culpabilité parée des couleurs du désir. La déchirure du tissu des générations s'avère la condition même du dévidement de sa trame et, pour le fils appelé à y prendre place, le détour obligé s'il veut à son tour être père, occuper (littéralement) la place du mort, du terme exclu ou à exclure.

2. *Blanchefleur et le Saint homme ou la semblance et les reliques*, Paris, 1979, p. 74.

Avec *le Roman de Thèbes*, l'histoire du roman médiéval se situe d'entrée dans l'après-coup d'une double faute. En rapportant l'histoire des fils d'Edyppus en proie aux effets de la faute paternelle, le premier roman pour nous achevé se veut gestionnaire d'un meurtre qui lui préexiste, mais que l'auteur entend rappeler en un long « pré-texte » (v. 32-558), comme pour mieux cerner ce qui autorise l'histoire narrée et, à travers elle, le geste de l'écrire. Le « pré-texte » participe d'une archéologie du roman ; il tente d'exhumer une faute en remontant le fil des générations, invitant l'écriture-traduction à rebrousser chemin pour se situer en deçà de son modèle : *la Thébaïde* de Stace, qui ignore ce rappel de l'histoire d'Œdipe emprunté au *Mythographus secundus* :

« Des deus freres ore em present
ne parleré plus longuement,
car ma reson veul commencier
a leur ayol dont voil treitier.
Leur ayeul ot non Laÿus. »

(v. 33-37)

« Je ne vais pas maintenant parler plus longtemps des deux frères car je veux commencer mon propos par leur aïeul dont je veux conter. Leur aïeul avait pour nom Laius... »

Dès le début, le roman renonce à soi pour produire la fiction de son origine. Abandonnant son présent, il se replie sur son passé et tente d'exhumer sa cause ; il franchit le pas d'une génération en sautant des petits-fils à l'aïeul, comme s'il fallait reculer toujours plus loin afin de nommer une origine qui se dérobe, le point aveugle de toute histoire, de toute fiction, voire de toute écriture. De quelle faute est donc coupable Laÿus ? Par la bouche de l'oracle, il se découvre « être pour la mort » et, dans le même temps, appelé à la paternité :

« et Appolo li a mandé,
par un respons qu'il a donné,
que a present engenderra
un felon filz qui l'ocirra ».

(v. 41-44)

« et Apollon lui a fait dire dans un de ses oracles qu'il engendrera un fils félon qui le mettra à mort ».

C'est en refusant de soutenir la « cause perdue du père »[3] — occuper la place du mort — que Laÿus avère la vérité de l'oracle. En se précipitant dans le meurtre, il se charge d'une faute qui va autoriser son propre meurtre. Au désir infanticide du père répond le parricide qui s'en trouve, sinon excusé par avance, du moins justifié. La faute paternelle va soutenir le parricide suivant une logique dont la fiction se fait l'interprète. Mais l'horizon de la faute en devient incertain : en errant entre le fils et le père, elle perd tout ancrage, toute origine, comme la fiction qui prétendait la nommer. Seule existe la culpabilité ; à chacun de la faire sienne suivant les modalités d'un désir qui ne manquera pas de faire choir dans la faute. A la place de l'infanticide : une blessure. Les serfs pressentis pour le meurtre du fils se contenteront de fendre les pieds de l'enfant :

« Andeus les piez li ont fendu, puis l'ont a un chesne pendu. » (v. 115-116)	« Ils lui ont fendu les deux pieds puis l'ont pendu à un chêne. »

Et le nom du héros d'être à jamais marqué par le désir coupable du père : Œdipe — « pieds enflés » —, Eduppus dans le roman médiéval, tout en inscrivant dans la langue de la fiction une faute qui constitue désormais le destin du fils. A l'intérieur du roman médiéval, l'enflure étymologique ne se marque plus dans le nom, mais dans son indécision qui, au fil des manuscrits, fait proliférer les leçons : Eduppus, Edyppus, Edippodès ; l' « inquiétante étrangeté du nom »[4] ne résonne plus que pour masquer la réversion de l'enflure, du gonflement, en un creux de la blessure qui fait d'Edyppus un être « fendu », porté par la dérive d'un nom qui lui fait poser le pied sur le chemin où il devra tuer Laÿus, le fendre en deux en le décapitant

3. D. Sibony, *Le Nom et le Corps*, Paris, 1974, p. 103.
4. Cf. D. Poirion, Edyppus et l'énigme du roman médiéval, *Sénéfiance*, 9, Aix-en-Provence, 1980, p. 287-298.

(v. 240-243). Il déclinera plus tard son nom en répondant à la question de Pyn (la Sphinge) dans laquelle il s'est reconnu, question en forme d'apologue évoquant quatre, deux et trois pieds, avant de couper la tête de la « beste », de se perdre avec la mère et d'être reconnu par elle à ses pieds fendus... La faute de l'aïeul s'entendra encore, d'une manière atténuée il est vrai, par l'intermédiaire du nom du fils Edyppus, dans celui de l'aîné des petits-fils (E-thioclés / E-dyppus), cependant que le nom de celui qui tint lieu de père à Edyppus, Polybus, résonne encore dans celui du puîné (POLY-bus / POLLY-nnicés). Poser le pied dans la voie tracée par le nom ne peut se faire que si l'insulte des sergents vient raviver l'énigme d'une filiation impossible une fois levé l'écran symbolique façonné par le père adoptif :

« Ci ne sont pas vostre parant
dont vos puissiez avoir garant ;
vous n'avez ci pere ne mere
ne cousin ne sereur ne frere.
En grant orgoil estes montez
si ne savez dont estes nez. »

(v. 157-162)

« Ceux-ci ne sont pas les parents dont vous puissiez être sûr ; vous n'avez ici ni père ni mère, ni cousin, ni sœur, ni frère. Vous manifestez un grand orgueil si vous ne savez pas de qui vous êtes né. »

Défaire le mystère de la parenté ramène à l'oracle ; Edyppus emboîte le pas de Laÿus sur le chemin de Delfox et Appolo y réitère son « respons » :

« ... Quant tu seras
issuz de ci, si trouveras
un houme que tu ocirras ;
ainsi ton pere connoistras. »

(v. 203-206)

« ... Quand tu seras parti d'ici, tu rencontreras un homme que tu tueras, de cette manière tu reconnaîtras ton père. »

Reconnaître le père et le tuer constituent les deux faces d'un même procès, grâce auquel Edyppus peut se reconnaître fils. Dès lors, s'enclenche le cycle des répétitions qui marque l'impact de la parole de l'oracle sur le personnage et définit la loi de fonctionnement du roman saisi à son tour d'une véritable « compulsion à répéter ». Au père décapité (v. 240-

244) fait pendant Pyn (ou Pins) étêté (v. 361-364), après avoir lui aussi tranché maintes têtes. Aucun meurtre ne saurait faire sens tant que la logique qui le porte n'a pas été conduite à son terme : Laÿus mort, Edyppus « vers Thebes vet grant aleüre / et dist que ja ne finera / tresque son pere trouvera » (v. 264-266), vers Jocasta qui liera le parricide à l'inceste et vers la fosse (presque identique à celle du dieu de l'oracle), où la blessure des pieds fendus se rouvre en l'espèce des yeux « essorbez », arrachés à leurs orbites (v. 531-534). En foulant ces yeux, les fils maudits d'Edyppus savaient-ils qu'ils se chargeaient de la faute de leur aïeul ? Ce geste marque leurs pieds d'une tache, d'une blessure ; ils répètent le geste de fendre les pieds accompli par les serfs de Laÿus. Simultanément, un vertige saisit la fiction appelée à répéter la faute initiale. Le roman va sans cesse essayer de prendre son essor en rejouant, comme pour s'en débarrasser, à tous les niveaux de sa structure, ce meurtre qui fit événement et ravive l'effroi de l'inceste, sans pourtant parvenir à s'en défaire jusqu'à la fin d'une fiction qui, lasse de revenir sur soi, préfère s'annuler dans la destruction de Thèbes à jamais « gaste ». Indéfiniment, un même événement se répète, et la fiction ne déploie jamais que l'impuissance du roman à se faire, à s'arracher au cycle de la répétition. Le roman en sa clausule (v. 10543-10562) reprend les vers du prologue (v. 21-32), dans l'entre-deux prolifèrent les variations autour d'un même événement : meurtre du père d'Isiphile sacrifié par des Bacchantes en furie et rédupliqué dans le sacrifice d'Archemorus, mort d'Astarot tué par la parole de Thideüs... La répétition fonde la loi du père mort ou à tuer ; elle trace aussi l'horizon du désir tourné vers la mère, ou ses substituts à l'intérieur de la parentèle. Jocasta, certes, dans le « pré-texte », mais d'une manière plus significative dans le corps du roman, la mère de Parthonopieus, rajeunie sous l'effet de l'énonciation du désir du fils mourant : « Ne sembloit pas être ma mere, / mes ma seror, et je son frere ! » (v. 8809-8810). La mère-sœur, donnée par un fils-frère à un tiers à l'instant de la mort

à la place d'un père, s'associe dans la lecture à Jocasta mère-épouse d'Edyppus et à la femme de Capaneüs, presque parente de son époux tant elle lui ressemble : « par pou ne sont andui parent » (v. 8962). Son nom — Evaine —, au carrefour de l'intertextualité chrétienne, réveille le souvenir d'Eve et la fait mère dans les bras de celui qui peut voir en elle son double, sa sœur, et l'épouser comme le fit Jupiter, frère et époux de Juno. Ce trouble de la parenté obéit à la grammaire du désir qui, sous l'épouse ou la sœur, sait toujours redécouvrir la mère et dissimuler, grâce aux multiples anamorphoses qui font le récit, un objet interdit. Le (la) même revient toujours sous les traits de l'Autre, et ces retours, réglés par la fiction, condamnent le roman à la répétition. Le meurtre du père et l'hypothèque incestueuse ne cessent de hanter le roman qui en redéploie les potentialités en rejouant, à tous les niveaux d'une fiction jamais commencée, ce qui, une fois pour toutes, était inscrit dans le « pré-texte ». Meurtre du père et tentation incestueuse ont partie liée, comme métaphore de l'exclusion d'un signifiant qui commande à l'articulation d'une parole dans le corps de la langue maternelle, ou de la perte à inscrire en avant (ou en abyme) du roman pour qu'il se chante en « roman », en langue vulgaire.

L'incontournable logique de la mort est le produit d'une structure qui perdure grâce aux modulations qu'elle reçoit et qui se redéploie sans cesse pour trouver son mort, quitte, en suivant le fil métonymique du désir, à affoler la chronologie des générations. Impuissant à nommer son père sous l'insulte :

« Ja tun pere ne numeras, Kar tu *nel* sez, ne *ne* savras. *Unc* tun pere *ne* cuneüs Ne tu *unches* pere *n*'eüs. »	« Jamais tu ne pourras nommer ton père car tu ne le connais pas. Jamais tu ne connus ton père car jamais tu n'en eus. »

(v. 7381-7384)

Merlin, dans *le Brut* de Wace, se désignait lui-même au couteau du lévite préposé au sacrifice pour éviter que les tours construites par Uterpandragon ne s'effondrent. Si n'avoir pas de père (cf. l'insistance des négations) équivaut à ne pouvoir le nommer, n'est-ce pas avouer, par la bouche de celui qui croit connaître le sien, qu'un père n'est pas autre chose qu'un nom ? Et la mère de Merlin, nonne faussement confite en religion, pourra révéler le secret d'une naissance incube, qui lève à peine le voile d'un innommable désir, sans parvenir à nommer celui qui l'enchanta :

« Une chose veneit suvent
Ki me baisout estreitement.
Cumë hume parler l'oeie,
E cumë hume le senteie,
E plusurs feiz od mei parlout
Que neient ne se demustrout.
Tant m'ala issi aprismant
E tant m'ala suvent baisant,
Od mei se culcha si conçui,
Unches hume plus ne conui. »

(v. 7423-7432)

« Une chose venait souvent qui m'étreignait étroitement, je l'entendais parler comme un homme et comme un homme je le sentais ; plusieurs fois il vint me parler sans que je le visse. Il vint tant me parler, m'embrasser, qu'il finit par se coucher avec moi et que je conçus un enfant ; je n'ai jamais connu d'homme depuis. »

La nonne, victime de Dieu ou du Diable, se prête à la caresse des mots venus de l'Autre. Mais pour le fruit des mots qu'est son fils, le corps d'un père eût pu supporter un meurtre, l'exclusion d'un signifiant grâce à quoi le fils pourra se compter dès lors que sa culpabilité l'arrime à un nom qui lui revient de l'au-delà. Le nom du père est ce qui fixe dans la langue du récit l'exclusion signifiante imagée par un meurtre, ce qui recouvre et nomme la béance à partir de laquelle le personnage se met à exister et la fiction peut se déployer.

Les romans antiques semblent toujours raconter la même histoire, buter sur les mêmes difficultés, s'offrir à une lecture qui se contenterait de relever les anamorphoses d'une obsession constante, la question du père mort. Ainsi *le Roman de Troie* montrerait comment le filicide et le parricide constituent les deux faces d'un même procès incontournable et définitoire de la structure même du désir. Dans la séquence d'ouverture du roman, Jason, après avoir failli être victime d'un oncle qui lui tint lieu de père, dévore sans le savoir des fils sacrifiés à la colère de Medea. Ces deux fils morts de la première séquence resurgiront à la fin du vaste roman sous les traits de Telemacus et de Telegonus, fils d'Ulixés qui, comme Edyppus, entrevoit sa propre mort au travers d'une parole énigmatique et tente de s'en protéger par une violence tournée vers le fils. Lorsque Ulixés incarcère Telemacus, l'auditeur-lecteur, mieux averti que le héros, se retourne vers Circés, grosse en son île des œuvres d'Ulixés (v. 28759-28766), avant que le récit n'évoque un fils inconnu : Telegonus. Les deux fils d'Ulixés sont, au miroir de leur nom, une même figure dédoublée (TELE-mac-US, TELE-gon-US), réveillant le souvenir des fils de Jason, voire celui d'Ethioclés et Pollinicés. Là encore, la filiation est le chemin de la reconnaissance dont le but s'avère la mort du père. Avant le meurtre, le fils peut se nommer, se réclamer d'un père qu'il ne connaît pas : sans effet ; jaillissent seulement les quolibets et l'éclat d'une haine qui le renvoient à son double Telemacus. Dans une mêlée, les armes trancheront : Ulixés, après avoir blessé Telegonus, sera mortellement atteint par la même arme. L'arme conjoint les deux termes de la structure : l'infanticide (non coduit à son terme) et le parricide. Ulixés croit pouvoir sauver le fils du parricide et annoncer avec joie qu'il n'a pas été frappé par Telemacus (c. 30157-30166). En se nommant, il fait choir son autre fils, qui ainsi découvre le terme de son errance, dans le « pechie » suprême :

« Telegonus veit e entent
Qu'il a espleitié malement
Son pere a ocis par pechié
(...)
Pere, fait il a *Ulixès*
Vos *m'engendrastes* en Circès
(...)
Vostre fiz sui Telegonus. »

(v. 30189-30211)

« Telégonus voit et comprend qu'il a mal agi : il a commis le péché de tuer son père (...) Père, dit-il à Ulysse, vous m'avez conçu avec Circé (...), je suis votre fils Télégonus. »

Sur ce corps mort, la fonction paternelle trouve enfin le ternaire qui la résume : la mort, un géniteur, un nom. L'enfant découvre son nom (« Vostre fiz sui Telegonus ») et le roman, dans cette séquence ultime rédupliquant comme pour la compléter et défaire le silence dont l'entourait l'auteur, la séquence d'ouverture, son origine.

LE NOM DU PÈRE

La féodalité, qui se met en place après le morcellement de l'empire carolingien, se caractérise non seulement par une atomisation du pouvoir, mais aussi par une autre manière de vivre la parenté et d'assurer le fonctionnement de la structure familiale. A une parenté vécue « horizontalement », regroupant consanguins et alliés (hommes et femmes sur un même pied d'égalité) va se substituer progressivement une parenté « verticale », ordonnée par l'*agnatio* et gardant uniquement la mémoire d'une lignée d'hommes qui vient buter sur le souvenir (réel ou fictif) d'un père fondateur, héros mythique qui sut ravir une femme de meilleur rang que le sien. Les règles de la parenté ordonnent une triple circulation : des femmes, des biens et de la noblesse. La transmission de la noblesse semble avoir subi, autour des Xe et XIe siècles (avant la période dite « littéraire »), une série de modifications en profondeur qui attestent la mise en place de la fonction paternelle et que les romans antiques tentent d'illustrer à leur manière. La comparaison des tableaux familiaux offerts par la littérature généalogique laisse entrevoir une mutation dans le mode de transmission des titres nobiliaires. Les plus anciens écrits généalogiques (milieu du Xe siècle) s'ouvrent largement aux femmes, à l'illustration de leur lignage, et ne retiennent pour dates que les mariages, en insistant tout particulièrement sur les femmes qui permirent la transmission du titre. A l'inverse, les écrits généalogiques composés dans la seconde moitié du XIIe siècle s'ouvrent beaucoup moins largement aux liens de parenté noués par les femmes et tentent de légitimer la transmission du titre de père en fils. Ainsi la généalogie des comtes d'Angoulême, écrite par un chanoine vers 1160, manifeste une très visible indifférence à l'égard de la filiation par les femmes. N'y sont mentionnées que les épouses qui donnèrent le jour à un héritier mâle. La généalogie s'articule de père en fils et ne se déploie jamais en direction des lignes maternelles. Une évolution semble trouver là son terme ; elle a modifié les structures de la parenté au sein de la famille aristocratique et fait triompher la transmission patrilinéaire de la noblesse. Au-delà du remodelage affectant le fonctionnement du pouvoir, la féodalité pourrait se définir comme passage d'une filiation matrilinéaire, dont la transmission de la noblesse et du nom par les femmes serait le dernier avatar, à une filiation patrilinéaire appuyée sur le nom du père.

Seul dans la trilogie antique, *l'Enéas* met en fiction ce glissement constitutif de la fonction paternelle, ce qui suffit à souligner l'importance chronologique, thématique et logique de ce texte à placer entre *le Roman de Thèbes* et *le Roman de Troie*. La lutte entre Enéas et Turnus incarne l'opposition entre une filiation matrilinéaire et une filiation patrilinéaire. D'entrée, le roi Latin s'avoue circonvenu par son épouse qui veut donner Lavinia et le royaume à Turnus :

« Molt sui vialz on, si n'ai nul [oir,
ne mes que sol une meschine
de ma moillier, qu'a nom [Lavine.
Ge l'ai promise *estre mon gré*
et ancontre ma volanté
a un prince de cest païs ;
Turnus a a non li marchis ;
ma moillier vielt qu'il ait mon [regne,
Lavine ma fille a fegne. »

(v. 3230-3238)

« Je suis un vieillard et je n'ai pas de ma femme d'autre héritier qu'une fille, Lavine. Je l'ai promise en dépit de moi et contre ma volonté à un prince de ce pays appelé Turnus ; ma femme veut qu'il ait mon royaume et Lavine ma fille pour épouse. »

La mère n'aura d'ailleurs de cesse d'assurer le triomphe de son champion et du mode de filiation qu'il incarne en rappelant, d'une part à plusieurs reprises à Lavinia que Turnus l'aime, d'autre part en essayant de ruiner le crédit d'Enéas par l'évocation de l'homosexualité et de l'indignité des Troyens (v. 8567-8577). Mais à travers le choix du vieux roi Latin se font entendre la voix et le désir des dieux (« li deu vollent, ce m'est avis, / qu'il ait la femme et lo païs », v. 3245-3246), ce qui confère à son choix une transcendance apte à ériger en loi du désir d'Enéas la parole qui le supporte. Les armes et la fiction trancheront en faveur du roi Latin : Enéas épousera donc Lavinia et assurera le triomphe de la filiation patrilinéaire, prise ici dans son acception la plus élémentaire : le choix par le père du bon prétendant pour la fille qui implique la promotion de celui-ci au rang de fils. La victoire d'Enéas n'est-elle pas le triomphe du père ? l'oubli de la faiblesse du vieux roi Latin, dominé par une épouse autoritaire ? une tentative pour débarrasser la fiction de l'opprobre frappant le père et racheter la faute entachant la fonction paternelle que la lecture des romans de *Thèbes* et de *Troie* permet de mettre en lumière ? Enchassé entre *Thèbes* et *Troie*, *l'Enéas* serait-il le roman de l'innocence paternelle recouvrée grâce à la prouesse et au mariage d'un fils ?

L'Enéas met en scène trois figures de la paternité appelées à jouer, plus ou moins directement, le rôle de père dans la vie du héros : Anchisés, le géniteur ; le roi Latin, le futur beau-père ; Vulcan, l'époux de sa mère Vénus. L'arrivée d'Enéas en Lombardie et le début des hostilités contre Turnus vont donner à Vulcan l'occasion de racheter une faute commise contre Vénus, sept ans auparavant. La jalousie avait conduit le « deus de feu et de forgier » à exhiber au regard des dieux l'infidélité de son épouse enlacée à Mars (v. 4364-4370). Courroucée, la déesse interdit sept ans sa couche à un époux si peu courtois. Contre promesse de retrouver le chemin du lit de celle que Pâris consacra, Vulcan est convié à forger des armes merveilleuses qui permettront à Enéas de triompher de Turnus. La fabrication des armes pour le fils de son épouse promeut Vulcan au statut de père symbolique. Père qui vient faire pendant au géniteur, descendu aux Chans Elisïens pour protéger le fils des aléas de la guerre et d'un excès de désir maternel en lui dévoilant l'avenir. L'obéissance de Vulcan à la demande de Vénus « ressoude » le couple disjoint par la faute de l'époux qui porta au jour ce qui aurait dû rester tu et lave ce père supposé d'une forfaiture qui livrait le fils aux rets du désir maternel. Les armes forgées, Vénus disparaît de la fiction pour n'y plus revenir ; à nouveau sujette à la loi conjugale, elle redevient l'épouse, ce qui délivre le fils de la mère. Le père n'est pas tant le géniteur que celui dont le désir et les actes viennent signifier au fils l'impossibilité de s'identifier à l'objet du désir maternel. Qu'est-ce d'autre qu'un « non » à destination de la mère, que l'équivoque entretenue par la graphie médiévale (cf. v. 4750) fait osciller entre un « non » et un « nom », une négation et un acte de nomination ? Cette scène de promotion du père, lavé de tout opprobre, réduplique la visite faite dans l'Au-delà à Anchisés. Scène capitale, qui livre le secret de la paternité.

Quelle faute peut venir entacher la mémoire d'Anchisés ? La seule lecture de *l'Enéas* conduirait à conclure à son innocence. Rapidement évoqué lors de la fuite de Troie (v. 56), puis à la fin du long récit rapportant pour Dido les événements qui préludèrent à la chute de la ville (v. 1195-1196), Anchisés n'intervient véritablement dans le récit que lors de son apparition à Enéas (v. 2169-2218) et de la catabase d'Enéas venu le rejoindre aux Chans Elisïens (v. 2816-3013). Hormis la première mention, Anchisés, c'est toujours le père mort, le père que la mort a innocenté. *Le Roman de Troie* propose une image sensiblement différente d'Enéas et surtout d'Anchisés. Bien que chronologiquement postérieur d'une décennie, *Troie* se donne pour une archéologie de *l'Enéas* en ce qu'il livre les événements, les alliances et les trahisons qui conduisirent Troie à sa perte. Benoît accuse Anchisés de trahison. Membre, avec Enéas, d'un groupe qui veut rendre Eloine à son époux, Anchisés, prévenu de l'attentat préparé contre lui par Priam et un de ses fils, va progressivement passer à l'ennemi, livrer le Palladion, puis la tour Ylion, geste qui ouvre aux Grecs les portes de la cité si longtemps inexpugnable (v. 26132-26138). Les invectives (« Coilvers », « Satanas », « traïtors ») proférées par Ecube à destination d'Enéas englobent le père et le fils. Est-ce d'avoir ouvert à son fils la voie de la honte qu'Anchisés se voit si vigoureusement vilipendé par l'auteur de *Partonopeus de Blois* (« Anchisés ot nom li cuivers », v. 183)[5]. Honte absolue qui empêche le Troyen de nommer son père. Et le suspens, ou le retrait de ce nom, qui extrait le héros maudit de son lignage, nourrit le mensonge d'une filiation divine (v. 251-256). La honte déchire le lien établi par le passage d'une génération à l'autre et permet au personnage, pris dans la chaîne d'une continuité d'où il reçoit son nom, de se situer. Privé du droit de se nommer en nommant son propre père, Anchisés se voit retirer le droit à la paternité, de se dire père d'Enéas. Là où *l'Enéas*, en digne héritier de son modèle latin, s'efforce de redorer le blason du père, *le Partonopeus* sauve le fils de l'opprobre qui entache la mémoire d'Anchisés en désavouant une filiation trop lourde à porter. Une même tâche est assignée à l'écriture : en finir avec une faute dont la gravité, sans cesse alourdie au fil des textes, permet au père de supporter un meurtre pourtant éludé.

Débarrasser la mémoire d'Anchisés du moindre soupçon de forfaiture conduit l'auteur médiéval à simplifier son modèle, à passer sous silence les erreurs imputées à Anchise par Virgile. Ainsi au début du chant III de *l'Enéide*, Anchise interprète mal un oracle d'Apollon et commande aux rescapés de Troie de gagner l'*antiquam matrem*, la terre des ancêtres. Et Anchise d'égarer les Troyens en les conduisant en Crète, vers une terre « gaste » avant l'heure, une île où

5. Ed. J. Gildea, Villanova, 1967, 2 vol.

s'expatria Dardanus après le meurtre de son frère. L'errance ramène en un lieu où l'on tenta de réparer un premier meurtre ; en sceller l'oubli définitif impose de remonter toujours plus avant vers le lieu où une faute fut commise, de recommencer, autrement, ce qui, déjà une fois, fut accompli. Le dieu parlera à Enée, l'invitant à corriger la faute de son père et à regagner l'Hespérie, encore appelée Italie « du nom du roi ». En omettant ce passage, l'adaptateur médiéval débarrasse la mémoire d'Anchisés d'une erreur qui risquerait de réveiller le souvenir d'une faute bien plus grave, bien attestée par d'autres textes médiévaux. Faire l'économie de l'inutile voyage en Crète, n'est-ce pas non plus redorer le blason de l'ancêtre Dardanus, égaré sur une île « gaste » dont la stérilité fait souvenance d'un meurtre commis contre son propre frère, en lieu et place peut-être d'un père ?

L'auteur-traducteur médiéval n'a de cesse de débarrasser son texte de la présence encombrante d'Anchisés. Dès la seconde mention (v. 1195-1196), il en appelle déjà à sa mémoire. Pour Enéas, il n'est de père que mort, de père jouant son rôle dans l'après-coup d'une disparition qui organise son retour. Spectre paternel pour Hamlet, à la mesure d'une culpabilité qu'il ne se reconnaît pas, apparition nocturne pour Enéas. Apparition ou rêve ? Le glissement de l'une à l'autre image le passage de *l'Enéide* à *l'Enéas* ; il constitue une métaphore de l'acte d'écriture en « roman ». Chez Virgile, Anchise, le soir venu, apparaît à Enée, accablé par le spectacle de sa flotte détruite par les flammes : « Déjà la nuit noire, traînée dans son char à deux chevaux, parcourait la voûte céleste. L'image de son père Anchise lui sembla tout à coup descendre du ciel et prononça ses paroles... » (V, v. 721-723). Le texte médiéval apporte quelques précisions supplémentaires qui donnent à penser qu'Enéas rêve. L' « apparition » a lieu au plus profond de la nuit « quant (...) home, bestes sont an repos » (v. 2163) et s'achève avec le jour, Anchisés pressé par l'aurore doit regagner l'au-delà. De plus — détail ajouté — Enéas est couché

(« an son lit jut »). Autant de signes concourant à transformer l'apparition virgilienne en un rêve appelé par les actes de la veille (« La nuit apres... ») : la cérémonie commémorative de la mort d'Anchisés. A quoi servit le triple appel sinon à capter l'attention du dormeur, à marquer l'irruption du désir investi dans une image et des paroles ? Désir d'un père. Désir de la parole paternelle donnant sens à la mort célébrée. Désir d'être nommé par le père. Le rêve d'Enéas traduit un désir de reconnaissance par le père, mais par un père qui ne soit que parole au-delà d'un corps dont la consistance viendrait toujours rappeler le fils à son désir de meurtre. Insistons sur cette nomination redoublée, ajoutée par l'auteur médiéval :

« troiz fois l'apele par son nom,
en aprés l'a mis a raison.
« Fiz Eneas, antant a moi » ».
(v. 2167-2169)

« il l'appelle trois fois par son nom et ensuite lui adresse la parole. « Fils Enéas, prête-moi attention » ».

Le triple écho du nom, grâce à l'équivoque par quoi se travestit le désir, rappelle au dormeur le souvenir de Troie, la ville d'où il vint avant que le père ne désigne le lieu où il lui faut se rendre (cf. v. 2171). D'entrée, le discours d'Anchisés lie la filiation au nom. Se reconnaître fils, c'est s'entendre nommer par le père : « Fiz Eneas. » Le rêve d'Enéas ne dit rien d'autre que le désir de cette parole autorisant la prophétie d'un avenir tumultueux, ordonné par une série de noms que le père ne prononce pas encore, les retenant pour plus tard, lors de la rencontre aux Chans Elisïens. Le suspens de ces noms est la marque même du désir de la parole paternelle. Seule est donnée, d'une manière anticipée, la butée signifiante qui en ordonne la série ; en nommant son fils, Anchisés accède à la paternité. D'une manière très significative, le discours d'Anchisés s'ouvrira dans l'Au-delà par les mêmes mots : « Fiz Eneas. » Auparavant, Enéas devra traverser les Enfers, le miroir des supplices où l'image prévaut au défaut de toute parole, remonter donc vers la source de la parole prononcée par le père mort (« t'estuet primes aler / parmi enfer a moi parler », v. 2191-2192). On n'a pas assez remarqué que le rêve d'Enéas — réductible au discours de son père — présentait les événements d'une manière inversée par rapport à leur déroulement lors de la catabase. Anchisés y commence par annoncer à son fils les événements qui feront le tissu de son existence, évoque ensuite la nécessaire traversée des Enfers, puis la Sibylle, avant de rappeler que cette traversée de l'Au-delà est bien la quête d'un, voire de plusieurs nom(s). Lors de son voyage infernal, Enéas rencontrera d'abord la Sibylle, traversera les Enfers en sa compagnie pour rejoindre Anchisés aux Elisïens Chans. Les deux épisodes se répondent et se redoublent, reflets inversés au miroir d'une fiction qui fait du second la réécriture du premier, une expansion se donnant pour son retournement ou sa traversée en un mouvement qui remonte vers la source de la parole. A quelle autre fin cette exigence ressentie d'un père que celle d'un triple nom(*n*) à destination de la mère Vénus, une et trine, comme le nom unique, mais trois fois répété avant que le dormeur ne s'entende appelé ? Réitérant l'ordre des dieux, Anchisés fait siennes les paroles prononcées une première fois par Vénus à l'aube du récit (cf. v. 32-41 et leur reprise v. 2169-2174). Les paroles maternelles sont annulées par la reprise qu'en fait le père, par les précisions apportées (« la contree » devient notamment la Lombardie). Il appartient au père seul de nommer la terre de l'ancêtre et le terme de l'errance. Et cette parole conquiert sa transcendance de s'appuyer sur l'autorité divine. Sommé d'advenir au lieu où se tient la figure paternelle dédoublée (« en Lombardie te commandent / que tu ailles », v. 2171-2172 ; « Mais or t'estuet (il te faut) primes aler / parmi enfer a moi parler », v. 2191-2192), Enéas désire dans son rêve se placer sous l'autorité d'une loi qui, pour être celle de son désir, n'en reste pas moins celle de la parole, de la parole reçue du père qui ouvre la voie du désir et de la rencontre avec la femme, en Lombardie, là d'où partit l'ancêtre, le père primitif.

Le voyage d'Enéas dans l'au-delà a souffert d'une double

comparaison : avec le modèle latin et avec *la Divine Comédie* de Dante. Moins disert que Virgile, moins visionnaire que Dante, l'adaptateur médiéval a simplifié la geste latine en ne conservant que la trame narrative ; ce qui est fidélité à l'essentiel et constitue le signe de la cohérence de son projet. De plus, la liberté et la nouveauté de l'épisode précourtois des amours d'Enéas et de Lavinia ont quelque peu occulté l'intérêt de ce voyage au royaume des morts. Cependant, la catabase d'Enéas met en perspective le roman tout entier et la signification de la quête d'eux-mêmes entreprise par les romans antiques à travers des fictions proliférantes. Ce voyage, on l'a dit, réduplique et rectifie le songe d'Enéas. Il met en scène le long et difficile cheminement du fils vers la parole paternelle. A l'errance maritime fait pendant le voyage sous terre orienté vers un but précis. C'est dire que la catabase d'Enéas est la quête d'un « sens » (dans la double acception du mot) donné par le père scellant ainsi l'oubli définitif de la mère. Si, hormis Lavinia, pas une femme n'est entrevue à la lumière céleste des Elisïens Chans (lieu hypermasculin), à l'inverse, la visite des Enfers et la quête du rameau qui y prélude sont placées sous l'égide d'une ou de plusieurs femmes. De Sebilla tout d'abord, dont la vue emplit d'horreur, de Vénus ensuite qui désigne à Enéas où se trouve le « ramet d'or » et refait, en inversant sa signification, le geste de Pâris lui donnant la pomme d'or. Aux portes de l'Enfer, la « scène primitive » du roman se trouve rédupliquée, prise dans cette compulsion à répéter qui fonde la loi du récit et celle de la transmission. Vénus, bénéficiaire de la pomme, la transmet à son fils, Enéas, sous la forme du « rains » (rameau) avant qu'il ne la donne à la reine des Enfers. Proserpine « en est deesse et raïne » comme Vénus fut « dame » et « deesse » de la « bataille d'amor ». Proserpine prend le relais de Vénus puisqu'au royaume des morts

« li dé del ciel n'i ont que faire,
lor poësté n'i monte gaire ».

(v. 2383-2384)

« les dieux du ciel n'y ont rien à faire ; leur pouvoir ne s'y exerce pas ».

Elle sera elle aussi comblée par l'or du rameau abandonné par Enéas, rameau qui, au titre de signifiant, fait chaîne avec la pomme. Pas plus que la pomme de Discorde, le rameau d'or ne fait en soi sens au regard de l'élection. Seul, celui qui pourra lui donner sa dimension de signifiant en l'arrachant, se trouvera élu, engagé dans une voie nouvelle, appelé à renaître, ou à naître, à la parole paternelle. L'élection s'effectue déjà au « nom du père » : Vénus la mère se contente de désigner le lieu où pousse le rameau ; la reconnaissance vient du maître des dieux Jupiter, figure éminemment paternelle. Combler la mère « au nom du père » et ainsi éviter de s'égarer pour mieux revenir sur ses pas, telle s'avère la signification de la quête du rameau d'or. Et il faut insister : le rameau ne commande pas tant l'entrée des Enfers que le retour sur terre :

« Mes se tu vels d'enfer passer
l'eve dous foiz et *retorner*
de cele tenebrose terre,
un ramet d'or t'estuet donc
[querre. »
(v. 2309-2312)

« Mais si tu veux passer deux fois l'eau de l'enfer et t'en retourner de cette ténébreuse terre, il te faut chercher un rameau d'or. »

Revenir sur terre, n'est-ce pas (re)naître après ce *regressus ad uterum* que constitue toute catabase, ce retour vers l'ombilic de la vie où règnerait l'horreur (les supplices), si la parole d'un père ne venait porter le fils à la vie en le nommant aux Chans Elisïens ? Descendre aux abîmes, c'est annuler le malheur d'être né, pour mieux renaître sous l'effet d'une parole, contempler dans l'horreur l'autre face des délices maternelles dont le château des Reines, où se perd à jamais Gauvain dans *le Conte du Graal* de Chrétien de Troyes, offrirait la plus belle illustration[6]. Là où Virgile se contentait d'évoquer « une caverne profonde qui s'ouvrait monstrueuse dans le rocher comme un vaste gouffre »

6. Cf. notre « Mereceval », *Littérature*, 40, Paris, 1980, p. 69-94.

(v. 237-238), l'adaptateur médiéval insiste sur la laideur de l' « anfernal antree » :

« La ot une fosse parfunde,
n'ot plus laide an tot le monde ;
granz et large estoit l'entree,
de bois estoit avironee
et d'une eve noire et fanjose. »
(v. 2351-2355)

« Là se trouvait une fosse profonde, il n'y en avait pas de plus laide dans tout le monde, l'entrée en était grande et large, elle était entourée de bois et d'une eau noire et fangeuse. »

Bouche d'ombre, ou sexe maternel, traversée à nouveau par Enéas comme pour annuler les maléfices d'une première fois par un mouvement homologue à celui effectué par les âmes qui, après avoir séjourné en Enfer, souffert les « maus et les tormenz », puis goûté la « grant dolçor » des Elisïens Chans, sont appelées à renaître. Plus tard, dans *le Chevalier de la Charrette* de Chrétien de Troyes, Lancelot, en franchissant le Pont de l'Epée cependant qu'au-delà s'agitent les fantasmagories de l'Autre-monde, emboîtera le pas d'Enéas, réalisant comme lui, mais autrement, l'impossible :

« ne por rien ne puet avenir,
(...)
ne que li hom porroit antrer
el vantre sa mere et renestre ».
(v. 3053-3057)[7]

« en aucun cas, il ne peut arriver qu'un homme puisse rentrer dans le ventre de sa mère puis renaisse ».

Tous deux se différencient d'Alexandre qui, si l'on en croit Thomas de Kent, préféra rester dans le ventre maternel plus longtemps que prévu afin d'attendre une meilleure conjonction astrale.

Aux Enfers d'essence maternelle, où règne l'image, s'opposent les Elisïens Chans, le lieu de la parole paternelle. Dans l'entre-deux ? Le rameau d'or « el forc des veies (...) fichié ». Limite assurant le passage entre le royaume de la mère et le verbe paternel, le « rains » d'or est le « rien » qui présente le sujet à la parole du père. Sa fonction

7. Ed. M. Roques, CFMA, Paris, 1970.

accomplie, le rameau peut choir dans les mains maternelles de Proserpine, comblée par les dons de tous les fils qui vinrent là. Un rameau d'or pour la reine des Enfers, à la place d'un fils prisonnier du ventre et du désir maternels, sauvé d'avoir su, grâce au désir exprimé dans son rêve, refuser de s'identifier à ce qu'il savait devoir combler la mère.

L'Enfer est, par excellence, le lieu de la représentation, le lieu de la faute devenue spectacle édifiant arraché à l'obscurité par la clarté fournie par l'épée de l'élu pétrifié d'horreur. Laissons la « laide gent », « les fantosmes » et les « mançonges » qui peuplent le vestibule, l'horrible Caro (v. 2441-2450), Cerberus endormi (v. 2563-2586), le peuple des morts par amour (v. 2621-2662), celui des guerriers (v. 2663-2698), pour nous enfoncer au cœur même de la « mestre cité d'enfer », là où précisément le spectacle défaille devant l'intensité des supplices et n'en livre plus que la douloureuse musique. Une question d'Enéas obligera Sebilla à faire le récit des supplices qu'on y inflige et la langue du roman à transformer en spectacle les bruits de la souffrance. Au fond de « cel donjon », sous la férule de Radamantus, sont tourmentés les Géants :

« la sont tormenté li jaan qui par orgoil et par boban voltrent par force el ciel monter et toz les deus deseriter ». (v. 2733-2736)	« là sont suppliciés les Géants qui par orgueil et forfanterie voulurent monter au ciel et déshériter par la force tous les dieux ».

Fils maudits d'avoir porté atteinte à la personne du père incarnée par les dieux. L'adaptateur médiéval rapporte brièvement l'histoire de Ticïus aux entrailles déchirées par un vautour (v. 2737-2744) à cause d'une tentative de viol de Diane. Entrailles qui repoussent comme le rameau d'or pour un nouveau morcellement du corps. Celui qui voulut porter à l'intégrité d'un corps de femme, le forcer, se voit à jamais condamné à la dispersion de son propre corps. Mais le désir de ce forfait, en l'attente de sa perpétration effective, ne fut possible qu'à cause d'un premier crime : la menace de mort adressée à Jupiter par ce Géant qu'est Ticïus. Suit immédiatement l'évocation du supplice de Tantalus (Virgile ne mentionnait pas Tantale), la figure même du désir, du « talant » qu'écrit la texture anagrammatique de son nom, tenté par des « rains », des branches qui font écho au « rains d'or », chargées de pommes renvoyant à la pomme de Discorde... Pommes et branches se trouvent ici rapprochées, elles constituent la double représentation d'un même signifiant organisant la venue du désir, réduit à la dimension du besoin (faim, soif) pour mieux frapper l'imagination de l'auditoire :

« Enmi une eve est Tantalus,
jusqu'a la gole de desus
li depandent chargié li rain ;
de soif se desve et de fain,
ne de l'eve ne puet goster,
ne des pome une adeser. »

(v. 2747-2752)

« Tantale est plongé dans l'eau, des branches chargées lui pendent juste au-dessus de la gueule ; il est fou de soif et de faim, car il ne peut pas goûter l'eau ni atteindre une des pommes. »

Les deux faces de la même question se trouvent ainsi rapprochées : le forfait contre le père et la faute sexuelle commise contre une femme interdite (Diane est déesse de la chasteté) soulignant la nature du désir expié par Tantalus. Et ceux qui furent les victimes de cette structure vivent leurs exemplaires et éternels tourments sous le regard de Thesiphone, que l'auteur médiéval, reculant peut-être devant l'horreur de son modèle, s'est contenté de nommer alors que Virgile en faisant une véritable représentation de la castration (cf. « sa robe sanglante relevée », VI, 555). En l'attente de la parole porteuse de vie, (re)naître, et plus tard naître au désir débarrassé de l'hypothèque incestueuse, supposent que les divers aspects de la faute aient été l'objet d'une re-présentation, d'un spectacle, d'un récit qui l'articule au meurtre du père ouvrant la voie d'un corps interdit, ou d'un désir marqué du sceau de l'impossible. Pour qu'aux Elisïens Chans la parole puisse faire sens, il fallait qu'aux

Enfers l'horreur du meurtre qui l'autorise soit traversée et rebroussé le chemin de la naissance à travers le corps maternel. Corps infernal s'il en est.

Le second volet du diptyque qui supporte l'imagination infernale représente les Elisïens Chans, le lieu du père, le lieu de la parole. Le lieu du père, n'est-ce pas avant tout le père comme lieu ? comme terme de l'errance ? Chez Virgile, la mort d'Anchise est évoquée à la fin du long récit commencé au chant I et achevé au chant III. Parvenu sur les côtes de Sicile, Enée a la douleur de perdre Anchise dont la dépouille restera à Drépane (III, 708 et sq.). L'adaptateur médiéval ignore le nom de Drépane et ne mentionne pas la Sicile ; il se contente de rappeler à plusieurs reprises qu'Anchisés fut ensevelli à « Sichans porz » (cf. v. 1195-1196, 2153-2154 et 2863) :

« pres a d'un an qu'as Sichans [porz fu Anchisés mes pere morz ». (v. 1195-1196)	« il y a près d'un an qu'au port de Sichan mourut mon père ».

Le lieu et le père mort sont indissolublement liés par la rime. De plus, le tissu anagrammatique du nom de ce lieu écrit le nom du père mort :

A N C H I S e s
S I C H A N s porz

comme si les lettres qui lui donnent substance l'avaient voué à venir mourir en ce lieu. La mort ne serait-elle que le refoulé du nom ? sa vérité appelée à faire retour dans un jeu de lettres ? Mort, le père attend Enéas dans un autre lieu : les Elisïens Chans, nom dont les lettres redistribuent autrement le nom du père :

C H A N S E l I S ï e n s
C H A N S E I S
A N C H I S E S

Non seulement les Chans Elisïens sont le lieu par excellence du père, mais ils sont le père réduit à la substance d'un nom de lieu. Après avoir traversé dans la langue le corps maternel et l'horreur de la castration qui y est appendue, Enéas rencontre aux Chans Elisïens la joie et la félicité (« grant joie i a et grand deduit », v. 2799). Est-il d'autre paradis (ce qui en tient lieu à l'époque païenne), d'autres lieux de « joie » et de « delit » que le nom du père évoquant en ses lettres un lieu et devenant le but de l'errance, l'objet d'une quête dont le défaut rendrait impossible la rencontre amoureuse avec Lavinia ? En ce lieu de félicité, qui met en fiction les potentialités signifiantes d'un nom, les contraires s'annulent :

« An icel champ avoit clarté
et grant repos et grant biauté,
soloil et lune i avoient,
an grant dolçor iluec estoient. »
(v. 2795-2798)

« Dans cette plaine régnaient la lumière, un grand calme et une grande beauté ; soleil et lune y brillaient, les bienheureux vivaient dans une grande douceur. »

Le monde s'y résume ; un nom enclôt le monde. Réapparaît pour nous (mais s'anticipe dans le récit) cette nostalgie de l' « un » que nous avons vu s'incarner en Camille. Somme de deux inconciliables (soleil/lune), le « un » trouve ici sa dimension symbolique dans un nom (Anchisés) qui est aussi un lieu (Chans Elisïens), alors qu'avec Camille il prenait (prendra) corps de femme, devenait (deviendra) image, glissait du côté de la pomme et du rameau d'or, du côté de la mère et de l'impossibilité frappant la sexualité et le désir. Le lieu est mise en fiction du « un », l'étroitesse de son rapport avec le nom implique que le « un » et le nom du père s'équivalent. Ce nom ne peut offrir au fils la butée signifiante dont il a besoin pour se nommer et se compter dans la chaîne de la parenté que si le père le soutient d'une parole, d'un long discours rédupliquant celui prononcé par Anchisés à l'oreille d'Enéas rêvant. Car aux Elisïens Chans le père n'est que parole ; son âme revêt la « semblance » d'une image délestée du poids du corps. Ce support ténu de la parole n'a d'autre fonction que de la localiser. En voulant embrasser son père, Enéas, au comble de l'émotion, n'étreint que le vide donnant relief à la parole (v. 2867-2872). Grâce au discours paternel, Enéas se découvre fils, appelé à prendre place dans la lignée entrevue dès son arrivée. La découverte de la filiation s'accompagne d'une nomination : chaque articulation du discours d'Anchisés est scandée par le syntagme « Fiz Eneas » (v. 2839, 2879, 2889 et « Fiz » au v. 2851). Du père, le fils reçoit avant tout son nom, un nom auparavant improférable : Dido s'évanouit avant de le prononcer et Lavinia sera contrainte de l'épeler. La rencontre d'Anchisés aux Chans Elisïens constitue le point nodal d'une transmission s'effectuant au sein de la parenté. Reconnu fils, Enéas découvre sa future paternité, l'horizon d'une lignée prestigieuse. Qu'est-ce que les fils et les descendants à naître sinon une série de noms ?

« Fiz Eneas, voil te mostrer
la ligniee et toz nomer
çaus qui a nestre sont de toi. »
(v. 2879-2881)

« Fils Enéas, je veux te montrer ton lignage et te dire les noms de ceux qui naîtront de toi. »

La nomination se double d'un dénombrement, puis d'un classement dans la série où le nom prend sens et appelle à l'être celui qui est ainsi nommé :

« cil ira *primes* de ceüs (...)
et Silvïus a nom avra ;
(...)
Enprés cestui *quarz* estera
cil qui forment te portraira ».
(v. 2935-2944)

« celui-là ira le premier de tous et s'appellera Silvius (...). Après celui-là un quatrième viendra qui te ressemblera beaucoup ».

Anchisés est l'homme du nombre entrevu par Enéas en pleine activité : « il *anombrot* ses nevoz » (v. 2819). Il est le « un », un « nom », un père, à partir duquel peut s'écrire et se déployer la série des noms et des nombres, le « nom-bre » premier ordonnant, servant de matrice au futur, à l'Histoire et à la « somme » des écrits et des faits héroïques dont sont virtuellement porteurs ces noms. Pour ce faire, il se tient hors la série des « nom-bres » qu'il prétend épuiser par son discours (« de *toz* li a fermez les noms », v. 297). Il occupe la place du « un en moins », de l'élément hors ensemble permettant de le saturer, d'écrire son « tout ». Que les éléments nommés soient exclusivement des fils laisse entrevoir la nature, voire le sexe, de ce « tout » à écrire et à mettre en fiction à la place du « sorplus » qu'incarne la femme faisant obstacle à la rencontre sexuelle. Anchisés est l' « un en moins » permettant que le « tout » des fils s'écrive comme image au sein de la fiction de la féminité appelée à s'incarner dans Lavinia.

Les Chans Elisïens sont aussi le lieu où le père nomme au fils l'objet de son désir. L'évocation des fils à naître implique que la femme qui leur donnera le jour soit elle-même nommée et, par là, désignée au désir :

« Cel damoisel ki cele lance
tient an sa main par conoissance,
(...)
Lavinia l'avra de toi,
qui est fille Latin lo roi. »
(v. 2933-2938)

« Ce jeune homme qui tient en sa main une lance en signe de reconnaissance (...) Lavinia, qui est la fille du roi Latin, l'aura de toi. »

Femme elle-même inscrite dans une parenté, dotée d'un père au nom (LA-v-I-N-i-a/LA-t-IN) duquel, tout comme Enéas, elle va pouvoir désirer et aimer. Ainsi prend sens le double suspens de ces noms dans le rêve d'Enéas où Anchisés se contentait d'annoncer qu'il « la fille al roi prandra(s) a fenne » (v. 2887). Il fallait d'abord qu'Enéas rencontrât son père, s'entendît nommer par ce père, afin que l'errance de son désir s'incarnât en un objet situé au-delà des Enfers, de ce corps maternel (re)traversé par et dans la langue. En finir avec la mère, avec ce qui de la mère insiste dans la langue, avec l'horreur médusante de la castration, désirer au nom du père, tel s'avère être le « sens » de la catabase d'Enéas. L'acte de nomination de Lavinia au désir encore insu d'Enéas efface définitivement le souvenir de Dido et de l'idylle carthaginoise qui un temps détournèrent Enéas de la voie du père. Au nom de quoi, de qui, Enéas aurait-il pu la désirer et l'aimer sinon de Vénus, sa mère, qui les enflamma d'amour par un stratagème, non afin que dans la dépossession de soi Enéas s'ouvre à l'autre, mais à l'inverse de le protéger, de le faire adhérer toujours plus à l'objet de son propre désir tant que des Chans Elisïens le père n'aura pas fait retentir un non(m) ?

A la différence des autres romans antiques, et tout particulièrement du *Roman de Thèbes*, *l'Enéas* se veut le roman de la mise en fiction de la nécessaire articulation de la fonction paternelle, de l'innocence recouvrée du père. Le père est bien sûr le père mort, mais non une absence comme dans *Thèbes*, qui livre le fils à la mère, l'Histoire au malheur et le roman à la répétition. Il est le lieu de la parole, du nom et du dénombrement des noms qui constituent le tissu de la filiation, le lien entre Enéas et Lavinia. Avec *l'Enéas*, le roman naissant cesse d'être hanté par le souvenir d'un meurtre impossible à contourner, infiniment répété.

CHAPITRE V

Dido et Lavinia

La catabase d'Enéas aux Enfers constitue le pivot du roman médiéval, mais un pivot décentré, qui ne délimite pas, comme dans la geste virgilienne, un « avant » et un « après » d'égale grandeur, condition d'un équilibre se voulant source d'harmonie. L'auteur condense les cinq premiers chants de *l'Enéide* en deux mille deux cents vers, suit Enéas dans l'autre monde pendant les huit cents vers suivants (v. 2200-3020, équivalent du chant VI de *l'Enéide*) et décrit en sept mille vers la difficile installation des Troyens en Lombardie, la rencontre longtemps éludée avec Lavinia nommée aux Chans Elisïens par Anchisés. Le voyage dans l'au-delà — moment décisif où s'articule pour le héros le nom du père — donne au roman une structure ternaire[1] et constitue une séquence narrative qui

1. Nous ne saurions suivre G. Angelli lorsqu'elle affirme : « La materia della narrazione é nettamente divisa in due parti ; una breve, di circa 2 000 versi, e l'altra piu lunga, di circa 8 000 versi » (*op. cit.*, p. 106). Découpage binaire repris par D. Poirion qui, s'il a très justement repéré la ligne de partage passant au vers 3021 (sortie des Chans Elisïens), a mésestimé la fonction structurale de la catabase d'Enéas : « L'auteur de *l'Enéas* a sans doute été sensible à cette opposition entre les deux parties de l'épopée latine, mais il en a tiré une autre signification, les six premiers chants de Virgile sont traités en trois mille vers, l'effort créateur portant sur la deuxième partie (v. 3021-10156), avec amplification de la geste virgilienne, alors nourrie de lectures ovidiennes. (...). On peut donc reconnaître dans *l'Enéas* la structure démonstrative de tout récit mythique, structure commune au *Tristan* de Béroul comme aux romans de Chrétien de Troyes, et opposant une erreur à une rectification, contenu inversé au

vient en tiers refléter rétroactivement la partie initiale et prospectivement la partie finale. Hormis les deux cent soixante-neuf premiers vers rappelant la chute de Troie, la première séquence narrative est consacrée à l'arrivée à Carthage et aux amours malheureuses de Dido à nouveau rencontrée aux Enfers (v. 2625-2662) ; la troisième séquence, la plus importante, est certes pleine du bruit des combats entre les Troyens et les Latins, mais elle rapporte les vicissitudes de l'amour né entre Enéas et Lavinia (v. 7856-10156), nommée par Anchisés aux Chans Elisïens (v. 2937). Ces remarques peuvent se représenter schématiquement comme suit (fig. 2).

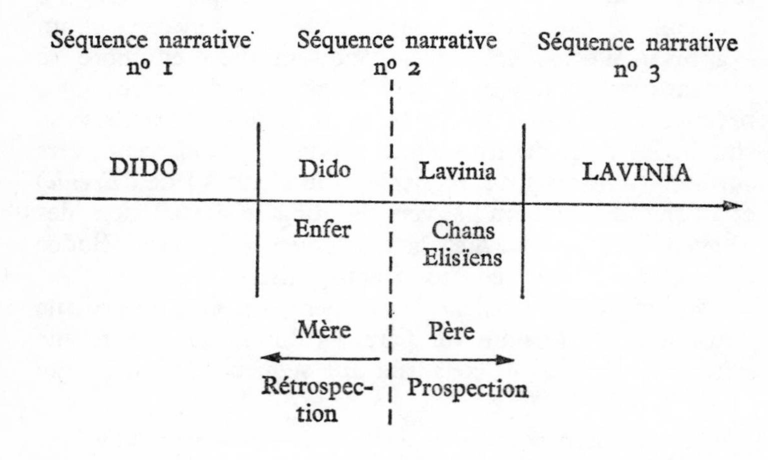

FIG. 2

contenu posé : conjointure qui donne son sens à l'action du héros. » « De *l'Enéide* à *l'Enéas* : mythologie et moralisation, art. cité, p. 226. Le découpage triparti (1-2144, 2145-7724, 7725-10156) proposé par Raymond J. Cormier (*One heart, One Mind : The Rebirth of Virgil's Hero in Medieval French Romance*, Mississipi University, 1973) est plus convaincant, même s'il fait aller la seconde partie de la descente aux Enfers aux obsèques de Camille.

La première et la troisième séquences narratives se reflètent dans le miroir que constitue la seconde, elle-même partagée en deux par un axe imaginaire délimitant les Enfers et les Chans Elisïens représenté par le rameau d'or « el forc des veies (...) fichié » (v. 2786). De plus, comme l'a remarqué R. Bezzola[2], l'évocation des amours de Dido et d'Enéas (laissons de côté l'arrivée à Carthage et la description de la ville) occupe environ mille quatre cents vers, celle de la rencontre et du mariage avec Lavinia mille deux cents vers, soit approximativement le même nombre de vers. D'une extrémité à l'autre du roman, les deux séquences et les deux femmes qui y apparaissent se répondent ; seule la séquence médiane articule leur différence en tant qu'un père y est appelé, d'une parole, à soutenir la fonction symbolique appartie à son nom : poser le « rien » (une parole) à partir duquel s'éploie le désir et la fiction s'arrache à une rétrospection indéfinie pour s'engager dans la voie d'une prospection et trouver, lorsque le héros entrera en possession de Lavinia, sa propre langue dans le silence de l' « explicit » où rayonne la gloire des chérubins et des séraphins :

« listoire faut il ni a plus
qua metre force (?) en memoire
or nous doinst diex du ciel la [gloire
ou cerubim ou serafin
ce est li romans a sa fin ».
(fin du Ms. D.)

« l'histoire manque, il n'y a plus qu'à se forcer à se la mettre en mémoire. Que dieu nous donne la gloire éternelle des chérubins et des séraphins ; le roman est à sa fin ».

Paradis qui n'est pas sans rappeler les Chans Elisïens, lieu paternel s'il en fut. L'approche des deux personnages féminins ne pourra donc s'effectuer qu'à partir de la question du père dont la présence, ou l'absence, informe le désir et la réussite amoureuse des personnages.

2. *Les Origines et la formation de la littérature courtoise en Occident*, Paris, 1944-1963, t. 2, p. 283.

DIDO

A l'instar de Camille, dont elle anticipe maints caractères, Dido occupe, dans la première partie du récit consacré à ses malheurs, une place masculine. Cet égarement, ce trouble, de la répartition sociale des rôles sexués s'explique par l'absence du terme fondateur que le père viendra incarner. La fiction ne va pas cesser d'essayer de défaire cette identification à un modèle viril, de faire apparaître la femme sous l'homme, d'assigner Dido à son sexe et de mettre à jour la faiblesse cosubstantielle pour le Moyen Age à la nature féminine.

A l'horreur de Troie dévastée est venue s'ajouter pour Enéas la peur d'une errance que Juno rend plus dangereuse en déchaînant la tempête (v. 188-262). Le calme revenu, une terre s'offre à la vue comme surgie des eaux dans un poudroiement de lumière (« lis solaus lieve ») qui incendie les côtes libyennes d'un feu dont elles brûleront encore, allumé cette fois par le bûcher où se consumera Dido, cependant qu'Enéas s'efforcera de gagner, sans se retourner (v. 2146), la haute mer. Havre de paix désigné par Juno, ou terme de l'errance commandée par Vénus dans les ruines de Troie ? La sauvagerie de la côte (« Lo païs trovent molt salvage », v. 280), réveillerait-elle un bref instant le souvenir de la terre « gaste », se pare bientôt des charmes (« mes que que soit, formant lor plaist », v. 283) préfigurant ceux de l'orgueilleuse cité qui s'y dresse et de celle qui la gouverne. La description de l'inexpugnable Carthage (« Li mur erent espes et halt / qui ne criement negun asalt », v. 441-442) ne déploie ses fastes que pour souligner une puissance, une richesse (cf. v. 407-548) contrastant avec la féminité de son seigneur. Enéas, s'enquérant auprès de ses messagers de ce qu'ils ont trouvé au-delà du rivage, s'étonne de ne pas voir un roi à la tête de Carthage (v. 645-650).

Comment pourra s'oublier Troie, dévastée à cause d'une

femme, si la cité qui s'offre pour la remplacer est elle-même aux mains d'une femme ? Et le récit ne semble insister sur le pouvoir de Dido :

Dame Dido tint le païs ; miaus nel tenist quens ne [marchis ; unc ne fu mais par une feme mielz maintenu enor ne regne. » (v. 377-380)	« Dame Didon a tenu le pays, ni comte ni marquis ne l'aurait mieux dirigé ; jamais on ne vit une femme mieux diriger un fief et un royaume. »

que pour mieux se réserver le droit de souligner l'ampleur des effets néfastes d'une anomalie qui, en contradiction avec la coutume féodale la plus courante, livre le « regne » à une femme. Le secret du pouvoir reste bien gardé jusqu'au moment où le désir, dans l'embrassement du fils d'Enéas, désigne la femme sous l'identification virile et révèle le mépris dans lequel elle tint ses barons dont l'aréopage vigilant eût souhaité lui donner un époux en conformité avec le droit féodal (cf. les propos d'Anna, v. 1357-1364). Que surgisse l'amour et le pouvoir défaille. La femme, rendue à elle-même, réapparaît dans son inaptitude à gouverner, à maintenir une terre et à endiguer la menace de guerre. Toute à la flamme qui la dévore, elle ne se sait pas cause d'un retour de l'horreur de la terre/ville « gaste » :

« Amors il a fait oblïer terre a tenir et a garder. Si enemi *gastent* sa terre, el ne prise plus pais que guerre, de nule rien mes ne li chalt, ne mes d'amor qui molt l'asalt. » (v. 1413-1418)	« Amour lui a fait oublier de défendre et de protéger la terre ; ses ennemis dévastent sa terre elle ne préfère ni la paix ni la guerre, tout l'indiffère hormis l'amour qui l'assaille. »

Tombé en quenouille, le royaume s'en va à vau-l'eau (« A nonchaloir a mis lo regne », v. 1427). Amour, à qui personne ne résiste (« Vos ne poëz ancontre Amor » rappelle Anna à sa sœur, v. 1373), a porté au jour la *mollitia* inhérente à la féminité et souligné, si besoin était, que ce n'est pas dans le champ du pouvoir qu'une femme est autorisée à « faire l'homme ». Le pouvoir lui échouerait-il qu'il lui faudrait s'en dessaisir dans les mains d'un homme pris « a segnor ». Lavinia, femme d'entrée, saura s'en souvenir. Amour ne la forcera à avouer sa faiblesse native que pour mieux la lier à celui qui, pour avoir vu défaillir sa « virtus » sous les flèches d'Amour, saura défendre le « regne » et procréer des descendants qui fonderont Rome, future héritière d'une souveraineté que Juno et Dido eussent voulu être l'apanage de la seule Carthage (v. 520-544).

Dido ne cessera jamais de montrer qu'elle refuse de s'assujettir à la loi féodale, à cette loi qui fait lien social d'une parole engageant un vassal vis-à-vis de son seigneur, une femme vis-à-vis de son époux, seigneur et maître. Dans ses mains, le pouvoir est séduction, fruit d'une usurpation liée à un « engin » (une ruse) où la parole s'avère trompeuse. Il convient de souligner la manière dont l'auteur a amplifié et infléchi la signification de ce qui n'était chez Virgile qu'un détail dépourvu de connotations misogynes. L'*Enéide* se contente d'indiquer que, arrivée sur les côtes libyennes, Didon acheta une parcelle de terre dont la superficie pouvait être circonscrite :

> « Ils arrivèrent dans ce pays où tu verras aujourd'hui surgir d'énormes remparts de la citadelle d'une nouvelle ville, Carthage. Ils achetèrent tout le sol qu'on pouvait entourer avec la peau d'un taureau, d'où son nom Byrsa » (I, 365-368).

Implicite, l'idée de ruse ne vient à l'esprit que par comparaison entre le caractère imposant des murs de la ville et l'étroitesse de la peau de taureau. L'auteur de *l'Enéas* a enrichit son adaptation en empruntant au *Brut* de Wace l'idée de la ruse (v. 6901-6915), l'idée du découpage de la peau en fines courroies ; il a, par là même, déplié le mécanisme d'une usurpation territoriale sans laquelle jamais Carthage n'eût pu tomber aux mains d'une femme :

« An cel païs est arivee ;
au prince vint de la contree,

« Lorsqu'en ce pays elle est arrivée, elle se rendit auprès du

par grant angin n'ala querre cu'il li vandist tant de sa terre com porpendroit un cuir de tor, doné l'an a argent et or ; et li princes li otroia, qui de l'engin ne se garda. Dido trancha par correetes lo cuir, qui molt furent [grelletes ; de celes a tant terre prise c'une cité i a asise. » (v. 391-402)	prince de la région et par une grande ruse lui demanda de lui vendre une portion de sa terre équivalente à la superficie d'une peau de taureau ; le prince, qui ne se méfiait pas de la ruse, lui accorda. Dido trancha alors la peau en fines courroies, ainsi elle a obtenu tant de terre qu'elle a pu y asseoir une ville. »

Dans une bouche féminine, la parole n'est pas sûre ; la vérité ne saurait toute s'y enclore, un surplus de sens, ou de malice, ne peut, ne veut pas se dire. Mettre à jour le fonctionnement de l' « engin », c'est déplier les courroies de cuir pour tenter de cerner l'incertaine cartographie de ce « sorplus » qu'est la féminité perceptible, mais trop tard, dans le non-dit. Le prince a conclu là un marché de dupes qui n'est pas sans rappeler celui par lequel Pâris a acquis Eloine. Recevoir de l'or, ou une femme, n'est-ce pas toujours perdre quelque chose, quand le marché est traité avec une femme ? Le prince, pas plus que Pâris autrefois, n'a, en cette affaire, la part belle ; il n'a pas deviné que pour une femme demander peu, c'est vouloir tout, trop pour l'homme de toute façon puisque c'est demander ce qu'il ne peut donner. Vouloir trop, ou trop demander à Enéas dans le champ de l'amour, n'est-ce pas ce qui fera le malheur de Dido ? La vérité déborde le propos qui prétendait l'enclore, ce surplus est la marque d'une carence affligeant le langage et l'homme qui s'y laisse prendre. Excès qui spécifie la féminité et que la langue, comme l'homme, s'épuise à nommer, mais que la fiction déplie en une image obligeant le roman à épouser ce surplus, à être lui-même en excès, en excroissance, par rapport à son modèle, à être non le genre littéraire où la féminité trouve sa voix, mais le genre où la langue nouvelle (le « roman ») tend jusqu'à cette limite où le surplus se résorbe dans la plénitude du roman. L'inégalité foncière du prince et de Dido dans ce marché laisse entrevoir les raisons de l'inflexion misogyne donnée au modèle et à l'emprunt à Wace ; la haine qui y affleure n'est jamais qu'une façon de se protéger d'une carence que l'autre est supposé incarner, carence dressant les coordonnées d'une impasse qui, pour être celle du langage, n'en affecte pas moins ultérieurement les rapports de Dido et d'Enéas. A l'origine de Carthage donc une parole mensongère. Le langage et le lien social qu'il trame s'en trouvent radicalement compromis. Le mouvement de la séquence consistera à porter au jour les conséquences néfastes de cette séduction de l'homme par une parole féminine et à dénouer le lien social fallacieux.

Faut-il s'étonner que cette utilisation de la faille logique pouvant affecter le langage dans son rapport à la vérité conduise Dido au mensonge pur et simple, puis à la transgression de la foi jurée, à la négation d'une parole à laquelle la mort a donné force de loi ? Après la scène où elle se donne à Enéas (v. 1518-1529), elle ne cesse pas de compromettre le langage en dissimulant sa « faute » par une parole mensongère qui noue fallacieusement un lien destiné à remplacer une promesse antérieure (« ele disoit qu'ele ert s'espose, / ensi covroit sa felenie », v. 1534-1535). Parole mensongère, en trop donc, qui vise à recouvrir et à justifier la lubricité, cet excès du corps qui la fait femme pour un auditoire médiéval. Pire s'avère le manquement à la parole donnée en ce qu'il livre le langage, privé de tout référent, à la dérive. La parole n'engage plus l'avenir et le sujet qui y a appendu son existence. La possibilité d'établissement d'un lien social par un échange de paroles (l'hommage ou le mariage) s'en trouve invalidée. Dido avait promis fidélité à son mari, promesse ayant d'autant plus de force qu'elle fut faite à un mort. Promesse qui érigeait la parole en loi, en loi du désir appuyée au souvenir d'un mort, détournant vers le pouvoir et la gestion féodale celle qui crut en finir avec le désir en éternisant son deuil. Cette promesse restait dans l'attente d'une transgression sur laquelle l'auteur insiste (« or est mantie la fïence », v. 1597) pour mieux la verser au passif de la femme. Que la femme vienne à manquer à sa parole et le royaume s'abîme en « nonchaloir », le héros voit se fermer la voie du père et se refuse à être sujet de la parole des dieux. L'ordre de quitter Carthage rappellera Enéas à sa mission et redonnera à la parole la fonction d'articulation de la loi. Mésuser du langage, ou compromettre la parole, peut-il rester impuni ? *L'Enéas* ne saurait, comme *le Tristan* de Béroul quelques décennies plus tard, mettre en fiction une perversion généralisée du langage et des valeurs ; il s'agit, à l'inverse, d'une rectification, d'une correction de la faute préalablement exposée par la représentation de la tension vers le père, vers un terme fondateur appelé à restituer la fonction subjectivement et socialement structurante du langage. L'Enfer, c'est le silence. Dido y est privée de la parole, elle y a retrouvé son époux, renoué (du moins partiellement) le lien brisé en se sentant à nouveau engagée par sa première parole (v. 2651-2660). La honte et la culpabilité, fruit de la transgression, redonnent force à la promesse initiale, et la parole, au-delà de ce qui la compromit, recouvre grâce au silence son tranchant et sa fonction d'articulation de la loi, partant du désir. Ce moment décisif, structuralement nécessaire, prélude à l'énonciation de la parole paternelle aux Chans Elisïens.

Ailleurs, à Tire, Dido, l'usurpatrice de territoire, a été spoliée, puis chassée, par un frère qui tua son époux, Sicheüs :

« D'icel païs n'ert mie nee, ainz ert de Tire la contree ; Sicheüs ot a non ses sire, un suens frere lo fist occire, en essil chaça sa seror, por ce qu'il volt avoir l'enor. Cele s'an est par mer foïe. » (v. 381-387)	« Elle n'était pas née dans ce pays, mais venait de la région de Tire ; son époux s'appelait Sichée ; un frère de Didon le fit tuer, puis chassa sa sœur en exil parce qu'il voulait avoir le fief, elle prit la mer et s'enfuit. »

Un frère, une sœur mariée, un fief apporté en héritage à l'époux : trois éléments qui pourraient renvoyer à la réalité sociale médiévale, aux luttes pour la possession des fiefs.

Une attention plus grande portée aux vers 383-386, cités plus haut, conduit à distinguer le meurtre de Sicheüs de l'exil de Dido, chassée par son frère pour s'approprier la terre. La spoliation de la sœur — ce qui fait écho à la coutume qui voulait que l'on évinçât les femmes de la possession des biens-fonds — nous semble venir là comme déguisement, comme refoulement, de la véritable nature du meurtre. On sera, une fois de plus, frappé par l'extraordinaire concision de l'évocation du passé de Dido, résumant en dix vers les vingt-cinq vers consacrés par *l'Enéide* à ses malheurs (I, 340-364), et ne retenant que deux noms : celui de la contrée d'où vint Dido (Tire) et celui de l'époux (Sicheüs), là où Virgile mentionnait notamment le nom du frère (Pygmalion, I, 346-347). La condensation extrême de l'adaptation médiévale continue le cryptage d'une vérité informulable de la « légende » initiale déjà entrepris par Virgile que sape cependant le jeu des associations signifiantes opérées à partir des noms et révèle un « lapsus graphique » du scribe du manuscrit F (BN f. frs. 1416), où l'on peut lire au vers 382 « Tebes » à la place de « Tire ». Se réimpose, par effraction, le souvenir du *Roman de Thèbes*, du meurtre d'un père par le fils dont les enfants, frères ennemis, s'empressent de répéter à leur tour l'infamie en piétinant les yeux d'Edyppus. Sicheüs n'a-t-il pas été tué à la place d'un père déjà mort, trop tôt absent pour supporter le meurtre qui, dans les romans antiques, image l'articulation de la fonction paternelle ? En tuant Sicheüs, le frère innommé acquiert Dido, possédée fantasmatiquement dans la terre, « objet » équivalent à la femme dans la littérature médiévale du XIIe siècle. Grâce à l'expulsion de la sœur, il refoule la nature incestueuse d'un désir qui perdure cependant, grâce à l'objet substitutif, et se trouve ainsi éternisé par le simple jeu du glissement métonymique. Que l'époux de la sœur soit pour le frère un père à tuer n'implique-t-il pas, en cette grammaire retorse du fantasme dont le texte se fait le support, que Sicheüs entre en tant que père dans le désir de Dido ? Le meurtre devient pour elle la sanction de son propre désir pour le père, et la scène se fige en un symptôme qui fait retour dans le récit d'une manière décalée, sous la forme de l'usurpation de la terre libyenne. Ne répond-elle pas là au frère en répétant, avec moins de violence, l'usurpation commise par lui ? En refusant d'épouser un « baron libien », Dido ne respecte pas tant la promesse faite aux cendres de Sicheüs qu'elle ne clame sa fidélité à son désir pour le père. Fidélité qui, sous le contenu manifeste du texte, ne se dément jamais, mais au contraire s'affiche dans la scène où Enéas, l'inscrivant dans la réalité, devrait la faire taire. Les noms et leurs associations signifiantes permettent d'entrevoir la nature du désir de Dido. Le nom de l'époux, Sicheüs, fait lien, et par là assigne sa fonction à celui qui le porte, avec celui de la localité (inventé par l'adaptateur médiéval) où est enterré le père d'Enéas, Sichans porz. SI-cheüs, SI-chans, proximité troublante du nom du mari et du lieu de la tombe d'un père mort dont le fils est aimé par Dido... Et ce nom de l'époux ne fait-il pas résonner l'écho d'une « chute » (Si-cheüs, « ainsi tomba »), chute du corps d'un père frappé à mort par le frère ? De plus, la représentation des deux noms est équivalente : trois occurrences de chaque dans le manuscrit A (Sicheüs : v. 383, 1292 et 2655 ; Sichans porz : v. 1195, v. 2153 et 2863). L'apparition d'Enéas dans le champ du désir de Dido peut sembler, à première lecture, apporter un démenti à l'idée que l'objet visé par la reine est le père. Il convient de relire avec le plus grand soin la scène d'énamoration de Dido, scène placée directement sous l'autorité de Vénus. Echo incertain de celle où fut jetée la pomme de Discorde, dans laquelle l'auteur médiéval prend à nouveau quelque liberté avec son modèle. La déesse d'amour, craignant que les Libyens ne mettent à mal les Troyens après avoir feint de les bien accueillir décide, afin de pallier un éventuel malheur, de lier Enéas et Dido par l'amour. L'amour naîtra alors de l'embrassement d'Ascanius, fils d'Enéas né d'un autre lit :

« Ele ot d'amor la poësté ; quant vit que son fil ot mandé,	« Vénus avait tout pouvoir sur l'amour ; quand elle vit

soëf antre ses braz lo prent, molt lo baisa estroiment ; an cel baisier li a doné, de faire amer grant poësté : qui anprés li lo baisera del feu d'amor espris sera. A cels quil meinent dist Venus qu'ons ne fame nel baisast plus, fors la raïne et Eneas. » (v. 769-779)	qu'Enéas avait fait appeler son fils, elle prit ce dernier dans ses bras et l'embrassa très fort. Dans ce baiser elle lui a donné le redoutable pouvoir de faire naître l'amour : qui, après elle, lui donnera un baiser sera saisi par l'amour. A ceux qui l'emmènent Vénus recommande de ne pas l'embrasser sauf la reine et Enéas. »

Dido, en embrassant l'enfant, s'ouvre brutalement à la brûlure de l'amour, et c'est là folie, au dire même du texte puisque la « flamme » née de cet « embras(s)ement » préfigure celles qui la dévoreront sur le bûcher après qu'Enéas l'aura abandonnée. Enéas est saisi par la même « folie », mais avec moins d'intensité toutefois (« C'est Dido qui plus fole estoit », v. 820), différence quantitative qui vient peut-être indexer un désir de nature différente et préluder au futur départ du Troyen. La « rage » de Dido n'image pas tant l'excès de son désir que le fourvoiement d'un désir tourné vers un mauvais objet. Car Enéas n'entre dans le désir de Dido qu'en tant que père de ce fils qu'elle embrasse, signifiant tiers qui les lie l'un à l'autre. Dans *l'Enéide*, Vénus fait appel à Cupidon, frère d'Enée, et l'invite à prendre la place de Iule (Ascanius) pour mieux embraser Dido d'amour (I, 677-688). Un frère, à la place d'un fils... Le remaniement opéré par l'adaptateur n'est pas tant le fait d'une volonté, tant de fois soulignée par la critique, de gommer les interventions divines dans le cours du récit en diminuant le nombre des scènes mythologiques que la mise à nu de la nature incestueuse du désir de Dido en remontant d'un degré dans la parenté. Si, chez Virgile, Didon, sans le savoir, pouvait goûter dans les baisers donnés au frère d'Enée les lèvres de son propre frère, dans l'adaptation médiévale, faute d'une mention de la substitution, elle s'embrase pour son père, objet véritable d'un désir qui n'élit Enéas qu'après l'avoir vu promu au titre de père par la présence d'Ascanius. L'impossibilité de prononcer le nom de l'aimé constitue aussi un aveu déguisé de la nature incestueuse du désir qui pousse Dido vers Enéas. A sa sœur qui lui demande le nom de l'homme aimé, la reine ne peut rien dire ; les mots lui manquent, et le corps lui-même ne peut soutenir cette impossibilité à dire. L'évanouissement vient heureusement suspendre l'angoisse surgie de la proximité d'un nom ouvrant directement sur le désir interdit :

« nel puis celer, ge aim — E qui ? — Gel te dirai ; par foi, celui... et quant ele lo dut nomer, si se pasma, ne pot parler ». (v. 1275-1278)	« je ne puis le cacher, j'aime. — Qui ? — Je vais te le dire, sur ma foi, c'est... et lorsqu'elle dut le nommer elle s'évanouit et ne put parler ».

Ce détail, en apparence purement anecdotique, n'existe pas chez Virgile, sa présence est d'autant plus significative de l'inflexion donnée au modèle et, surtout, l'indice d'une cohérence exemplaire du roman, qui ne peut penser les rapports amoureux sans les référer à la question du père et à l'inceste que son non(m) interdit. E. Faral a depuis longtemps souligné l'origine de cet ajout emprunté au chant X des *Métamorphoses* d'Ovide, à l'histoire de la malheureuse Myrrha qui, dans un douloureux dialogue intérieur, avoue l' « ardeur criminelle » qui la ronge :

« Seras-tu à la fois la rivale de ta mère et la maîtresse de ton père ? Porteras-tu le nom de sœur de ton fils et de mère de ton frère ? » (X, 347-348).

Amour et désir pour le père (Cinyras), qui se rêve partagé et qui conduira la fille, au terme d'un égarement dont la nourrice est l'instrument, dans la couche paternelle. De ces amours, naîtra Adonis, « fruit de la faute », cependant que Myrrha, transformée en arbre, donnera ses larmes (la myrrhe) au monde pour tenter d'expier son crime. Comme Dido s'évanouissant pour ne pas nommer l'objet de son désir, Myrrha tente de fuir l'insupportable dans la mort, avant d'être sauvée par la nourrice hâtant un aveu si difficile à faire qu'elle ne peut elle-même pas nommer, à la place de Myrrha, celui qu'elle uniera pourtant à sa fille :

> « Vis donc, dit la nourrice, jouis de la possession de ton... » et n'osant dire « de ton père », elle se tut ; et elle jura par les dieux de tenir sa promesse » (X, 429-430).

Dans le roman médiéval, à la place de la désignation de la parenté : un nom, dont l'impossible profération renvoie au désir qu'il cache, à une source littéraire qui « inter-dit » ce qui dans le récit Enéas est innommable pour Dido, parce que le nommer serait découvrir que le désir s'avère par nature incestueux et que tout objet se donne pour le substitut d'un objet interdit dont il garde les charmes. D'une manière tout à fait significative, Dido ne parviendra à nommer Enéas qu'après avoir, dans un long monologue (v. 1281-1322), reconstitué la vie du Troyen. Chaque élément biographique, chaque trait particulier, trace un portrait dont la singularité s'efforce d'oublier ce qui, en lui, pourrait renvoyer au père. Différencié de l'époux (v. 1291-1300), Enéas doit acquérir une altérité absolue afin d'occuper dans la conscience la place d'un objet de désir neuf, débarrassé de l'hypothèque incestueuse. Au terme du processus qui l'extranéise, Enéas peut être enfin nommé (v. 1323), mais l'évanouissement consécutif à cette nomination ramène Dido au point de départ et souligne la nature indestructible d'un désir égaré du côté du père. La pamoison évitait de prononcer le nom « inter-dit », le nom émis, la pamoison rappelle qu'il était imprononçable.

L'indestructibilité du désir de Dido fait résonner d'une manière toute particulière ce qui se voudrait preuve d'amour ou adhésion à l'idéologie matrimoniale : la naissance d'un enfant. Anna, complice d'un désir qui se cherche et s'égare, souligne que Sicheüs mort ne peut plus occuper la place du père du fantasme donneur d'enfant. Abandonnée, Dido réclamera à Enéas un enfant (« De j'aüsse de vos anfant », v. 1739) qui, dans l'absence, maintiendra définitivement le Troyen dans la position paternelle que lui assigne le désir. En somme, il lui faut un enfant double de son père (« qui vos sanblast ne tant ne quant », v. 1740), un enfant rappelant sans cesse au regard son père et la scène d'énamoration, où le désir, croyant naître en même temps que l'amour, revenait en fait d'une autre scène et prenait pour cible un homme à la place d'un père dans l'illusion absolue d'un commencement. Jusque dans la scène déchirante l'opposant à Enéas, inflexible et obéissant à l'ordre des dieux, Dido ne cesse de clamer, sur un mode dénégatif, son impuissance à assigner au père sa vraie place, à assumer le meurtre qui, par la culpabilité, la délivrerait d'un désir l'acheminant vers la mort. Une question étrange, et en apparence complètement dénuée de fondement, voire de sens, revient dans les propos de Dido :

« Detruis ge Troie ? — Nenil, [Greus. — Fu ce par moi ? — Mes par [les deus. — *Ai ge vos vostre pere ocis ?* » (v. 1753-1755)	« Ai-je détruit Troie ? — Non, ce sont les Grecs. — Fut-ce à cause de moi ? — De par la volonté des dieux. Ai-je tué votre père ? »

comme si elle cherchait à nommer la cause d'une désunion imputable aux dieux. Ce faisant, elle définit la passe obligée d'un désir dégagé de l'hypothèque incestueuse : le meurtre du père. La réponse négative d'Enéas la renvoie à une innocence fallacieuse, autre nom de la carence de ce procès d'exclusion d'un signifiant par lequel le père se trouve mis à l'écart du circuit du désir.

Reste à saisir du côté de l'amour l'étendue de l'impasse creusée par l'égarement du désir du côté du père et de la souffrance dont le « bavardage » va fonder pour la littérature romanesque le discours sur l'amour. Aussi faut-il revenir au nom de l'aimé, au nom aux syllabes ultérieurement disjointes : E-NE-AS. Nommer Enéas ne serait-ce pas découvrir qu'il ne « l'a pas » et ne saurait, à la place du père, le lui donner ? Découverte à laquelle elle se refuse ; le nom proféré, elle s'évanouit, préférant s'annuler en tant que sujet afin de maintenir la fiction d'un amant-père porteur de l'objet du manque. L'enfant embrassé par Dido obture la béance qui s'entend dans le nom et empêche la révélation par laquelle l'amant, comme le père, s'avère manquant. Un enfant, s'il avait été le fruit d'autres amours, aurait pu venir incarner le lien sexuel, mais Dido fut plus fortement transie et l'excès qui la fait femme dressa l'obstacle à leur union.

La même logique régit l'ordonnancement de la scène où Dido s'abandonne à Enéas dans la grotte où les conduisit l'orage. Acte et non rapport sexuel, là gît précisément le scandale d'une liaison lue par tous comme une faute. Sous la plume de l'adaptateur médiéval, la scène a perdu son caractère pudiquement et poétiquement allusif pour devenir plus suggestive et sexuellement évocatrice :

« Estes les vos andos ansanble,
il fait de li ce que li sanble,
ne li fait mie trop grant force,
ne la raïne ne s'estorce,
tot li consent sa volenté ;
pieça qu'el l'avoit desirré. »
(v. 1521-1526)

« Les voici tous les deux, il fait d'elle ce que bon lui semble sans avoir à la forcer, la reine ne se refuse pas mais se soumet à son désir car elle en avait elle-même envie depuis longtemps. »

Ne pas se refuser (« ne s'estorce ») ne signifie pas se donner, faire « un » avec le partenaire. L'abandon de Dido est en même temps retenue, réserve, chasteté paradoxalement maintenue dans ce qui est lu par l'auteur médiéval comme pure lubricité. Seul le cadre cynégétique dans lequel s'éploie cette brève scène amoureuse permet de rendre compte de ce paradoxe. Pour échapper aux affres de l'amour, Dido, en parfaite conformité avec les conseils des *Remedia amoris*, a décidé d'aller chasser. Déjà la ville bruit des préparatifs d'une chasse dont le gibier ne sera pas celui qu'on avait cru, cependant que la reine revêt des atours et arme sa main d'un « arc d'albor » et de « cent saietes » d' « ormier » qui l'eussent faite double de Cupido, si la fiction, épousant le regard d'Enéas, ne la voyait ressembler à Diane :

« quant vit la dame Tirïene, ce li fu vis que fust Dïene : molt i ot bele veneresse, del tot resenblot bien deesse. » (v. 1485-1488)	« Quand il vit la dame tyrienne, il lui sembla que c'était Diane ; elle était en chasseresse et ressemblait parfaitement à une déesse. »

Cette comparaison, absente de l'original latin, fut peut-être appelée par l'homophonie de la syllabe initiale des deux noms : DI-do, DI-ene ; elle est d'autant plus significative qu'elle déplace radicalement la signification de l'acte sexuel. Diane, c'est la déesse intouchable, l'inexorable, qu'on atteint que du regard, d'un regard dérobé souillant le corps qu'il livre sans jamais en percer le mystère. Diane à qui, chez Virgile, Camille fut vouée dès sa plus tendre enfance. Etrangement, Dido n'est pas sans ressembler à Camille, la vierge farouche, qu'elle annonce jusque dans son vêtement (cf. 1466-1474 et 4008-4029). L'une et l'autre sont, grâce à la beauté resplendissante de leurs atours, théophanie du corps, mais d'un corps paré, dissimulé sous les signes dont la profusion invite à déposer le regard, à le laisser s'abuser de ces leurres. La Diane antique offrait au regard son corps nu paré par une nudité qui faisait voile, Dido dérobe le sien dans l'excès de luxe des vêtements. Manière infiniment plus subtile (ou perverse) d'exhiber un corps qui n'est pas le sien, d'être et de ne pas être dans l'acte sexuel désiré, abandonnée à une violence d'autant plus dérisoire qu'elle ne se heurte à un bref refus que pour mieux dissimuler l'excès dont elle rêve. Qui Enéas tient-il dans ses bras ? Dido, Dïene ? L'une et l'autre ? Ou plus exactement l'une à la place de l'autre ?... Serait-ce dire, par le biais d'une évocation de la déesse antique, que la femme n'entre pour l'homme dans l'acte sexuel qu'à la place d'une autre ?

Diane, dans *le Brut* de Wace, rapprochée du diable et des enchanteurs, trompe et tente d'égarer :

« L'imagë ert d'une devesse, Diane, une divineresse : Diables esteit, ki la gent deceveit par enchantement ; Semblance de feme perneit Par quei lo pople deceveit. Diane se fesait numer E devesse de bois clamer.»	« La statue représentait la déesse Diane, une devineresse, une diablesse, qui trompait le monde par ses enchantements. Elle prenait l'aspect d'une femme grâce auquel elle trompait les gens. Elle se faisait appeler Diane et proclamer déesse des bois. »
(v. 635-642)	

La « semblance de feme » est l'illusion dont s'amuse le désir croyant là se satisfaire, cependant que la femme, par « nicromance », dérobe ce qu'elle y avait mis et l'homme s'avère convié à occuper la place du « pople » trompé. L'homme médiéval s'accouplerait-il toujours, à l'instar du héros de *Là bas* de J. K. Huysmans, avec quelque démone incube ? Façon de dire que la sexualité ne suffit pas à faire rapport entre l'homme et la femme, façon surtout de verser ce défaut au passif de la femme et de l'excès qu'elle incarne. Si Dido s'absente derrière Dïene, ne vient-elle pas très exactement occuper la place que lui assigne Enéas : celle d'une déesse (« del tot resemblot deesse »), déesse qui, métonymiquement, n'est pas tant celle de la chasse que celle de l'amour, Vénus, sa mère. Dans *l'Enéide*, Vénus n'apparaissait-elle pas à son fils sous les traits d'une chasseresse (I, 314-337) pour présenter Didon comme sa sœur (I, 321) ? Enéas réalise ce que ne put faire Actéon : jouir de Diane, d'une déesse au corps interdit où, au fil des substitutions, se souvient celui de sa mère. En cette grammaire subtile et complexe du fantasme que soutient le texte et où le sujet et l'objet du désir, pour être présents, ne sont jamais là où on les attend, Enéas se veut Actéon, sans être le cerf, la bête traquée, vaincue et démembrée par Diane. Il veut jouir sans culpabilité, sans péché, d'une déesse, comme il passera plus tard, lors de son périple aux Enfers, sans voir celui « qui voulut coucher avec Diane et la violer », sans savoir qu'il se rapproche ainsi des Géants qui tentèrent de faire du parricide une réalité. Pris pour objet d'un désir qui s'égare, le père ne saurait venir au titre de son nom occuper la place de l' « un » organisant le circuit du désir, de la parole et la distribution de la jouissance. Cette carence inscrit en impasse les amours de Dido et d'Enéas et les condamne à occuper dans le *scenario* où est pris leur désir des places où ils ne se reconnaissent pas et qui commandent au plaisir au titre d'un(e) autre. Et c'est au cœur de ce défaut que prend sens la condamnation explicite de l'auteur dénonçant la légèreté de Dido (v. 1589-1600). En enfreignant la parole donnée à l'époux mort, elle annule le code symbolique de la féodalité qui rend impossible la mise à jour de cette impasse. Faute bien plus grave qu'un simple oubli de la chasteté. Le scandale de la sexualité pour l'homme médiéval n'est pas que la sexualité existe, mais qu'on ne puisse rien en faire en deçà du secours rédimant de la procréation, pas même le fondement d'une union dont la littérature naissante, après la théologie, découvre la problématique impossibilité. Au grand dam de l'auteur, Dido désigne l'impasse sexuelle pour la recouvrir d'un semblant : « ele disoit qu'ele ert s'espose, / einsi covroit sa felenie » (v. 1534-1535) ; d'une parole fallacieuse, elle reconstitue des fragments du code symbolique au prix du mensonge. Mais le clerc ne se veut pas dupe de ce simulacre de voilement-dévoilement d'une vérité bonne à taire et déplace sur la femme une faute qui est fait de structure, faute dont l'annonce court par la contrée et vient chez Enéas sceller l'oubli de sa mission divine.

L'égarement du désir du côté du père force Dido à transformer en spectacle l'excès qui la définit, à faire signe d'une souffrance pléthorique à l'auditeur-lecteur afin que son sacrifice final prenne valeur d'*exemplum* et éclaire la voie du dépassement de ces souffrances ouverte par Lavinia. La nuit terrible de Dido (v. 1219-1272) constitue sans doute la première scène dans la littérature romane où se donnent à voir, plus qu'à entendre et à lire, dans un corps de femme les ravages du désir et de l'amour confondus. La souffrance (« molt se demeine et travaille, / tranble, fremist et si tressalt », v. 1232-1233) est parole de chair, signe de la croix du désir aux prises avec l'absolu d'un manque bientôt radicalisé par l'ordre des Dieux et par la fiction qui leur prête sa voix. Dans la solitude de la nuit et en l'absence de réponse de l'autre, le corps de Dido — comme dans la scène finale du suicide — est tout entier spectacle, théâtre de l'amour douloureux dont il nous faut rapidement indiquer la scénographie.

A tout théâtre son décor : ici la chambre, lieu de solitude pour une représentation édifiante des méfaits de l'amour. Le premier acte (v. 1223-1227) tente de combler dans l'imaginaire le désert du manque, de donner consistance à l'objet du désir en lui construisant la « semblance » d'un corps. La mémoire pallie la réalité défaillante, elle réimpose le souvenir d'un visage, d'un corps, d'une allure, puis d'une parole, d'actes.

Belle ordonnance qui, en conformité avec la rhétorique du portrait, évoque le visage avant le reste du corps, les particularités physiques avant les traits moraux ou les exploits guerriers. Dans le réel de la fiction, ou dans l'imaginaire du personnage, il convient toujours d'approcher l'intégralité d'un être, de l'individualiser afin de l'arracher aux jeux des ressemblances et des leurres auxquels le convie le désir. Le premier acte est aussi le moment où Dido tente de s'assurer de l'identité de l'objet de son désir, de briser la chaîne métonymique dans laquelle il est pris.

Dans le second « acte », le corps exhibe la souffrance ; l'amour y devient symptôme, symptôme féminin cliniquement examiné par l'auteur grâce à une langue scalpel qui espère explorer la totalité du registre de la souffrance :

« Ne fust por rien qu'ele [dormist ;
tornot et retornot sovant,
ele se pasme et s'estant,
sofle, sospire et baaille,

« Elle ne put à aucun prix trouver le sommeil ; elle tournait et se retournait souvent, s'évanouissait et revenait à elle, soufflait, soupirait, bâillait, se déme-

molt se demeine et travaille, tranble, fremist et si tressalt, li cuers li mant et se li falt. » (v. 1228-1234)	nait beaucoup, se faisait souffrir, tremblait, frémissait, tressaillait, le cœur lui manquait... »

Grâce à la multiplication des verbes, la langue du roman épouse le symptôme, et le texte lui-même devient corps souffrant, la langue même de l'amour en proie à la souffrance des mots parvenue au point où l'excès la conduit à manquer (cf. « mant », « se li falt »).

Le troisième « acte » est le temps de l'égarement du personnage et du récit rendant compte de ses souffrances, le temps du fantasme, du théâtre dans le théâtre, où s'impose un scénario fictif à l'intérieur d'un espace lui-même fictionnel :

« Ne set s'amor covrir ne [foindre ; ele acole son covertor, confort n'i trove ne amor ; mile foiz baise son oreillier, anpor l'amor au chevalier, cuide que cil qui ert absenz anz an son lit fust presenz. » (v. 1240-1246)	« Elle ne sait pas feindre et dissimuler son amour ; elle étreint sa couverture, mais n'y trouve ni amour ni réconfort ; elle baise mille fois son oreiller pour l'amour du chevalier ; elle pense que celui qui est absent gît dans son lit. »

Seule une intervention de l'auteur (« n'an i a mie, aillors estoit »), désignant les effets leurrant des actes de Dido, empêche le récit de choir dans le délire de l'héroïne. Et cette scène, qui insiste curieusement sur la présence au cœur de l'absence, s'offre à la lecture comme le négatif (la vérité ?) de celle où, le fantasme devenant réalité dans la grotte, Dido se donne et se dérobe à Enéas, découvrant ainsi l'autre versant de l'impasse : l'absence au cœur de la présence et d'une intimité qui n'arrive pas à enclore l'excès qu'est la femme pour le partenaire masculin.

LAVINIA

Lavinia restait chez Virgile une ombre ténue ; quelques brèves allusions ne suffisaient pas à la faire vivre, à lui donner la dimension d'un personnage littéraire à part entière. Il en est tout autrement dans *l'Enéas*. Nommée pour la première fois par Anchisés au vers 2937, son ombre ne cesse de planer jusqu'à la fin du texte où elle épousera Enéas, soit sur plus de sept mille vers. Même si Lavinia n'est, jusqu'au vers 7856, qu'un nom et le support d'un enjeu qui la dépasse, elle conquiert son autonomie romanesque dans le dialogue avec sa mère (v. 7856-8020), où elle s'initie à l'amour et à ses souffrances. Cette leçon profitable lui permettra, sans qu'elle en soit dispensée, de reconnaître ses maux. Tous les commentateurs se rejoignent pour constater que l'épisode des amours de Lavinia et d'Enéas est un des épisodes les plus importants du roman, celui où l'adaptateur a montré la plus grande liberté vis-à-vis de son modèle. Bref, l'épisode le plus original et le plus typiquement médiéval. Et ce constat d'entraîner, le plus souvent, l'encensement d'une liberté ou d'une originalité qui sont autant de signes d'une personnalité s'affirmant par l'écriture.

C'était oublier un peu vite que la *translatio*, le transfert historique et le décentrement linguistique, culturel, social et politique métaphorisés par l'acte même de traduire appelaient un ré-équilibrage de l'œuvre héritée et un travail sur la trame narrative dont Lavinia est le support et le nom. Car le resserrement du récit impliqué par la réduction considérable des références mythologiques, la suppression presque totale de l'intervention des dieux dans le destin des personnages appelaient un étoffement corrélatif du récit qui, évitant un appauvrissement trop grand de la fiction, soulignât en contrepartie l'humanité des héros, moins proies d'une destinée édictée par les dieux que victimes très chrétiennes d'un péché innommé pouvant être rédimé. L'égarement du désir de Dido et l'étiolement des structures féodales qui l'accompagne appelaient une correction dont Lavinia est l'occasion après la rencontre avec le père aux Chans Elisïens. Aussi Lavinia ne ressemble-t-elle à Dido que pour s'en différencier, ne répète-t-elle les actions, les erreurs de la reine de Carthage que pour les faire oublier ou les rectifier. Superposables, comme peuvent l'être de part et d'autre du zéro deux chiffres marqués du signe moins et du signe plus, les deux femmes se répondent et la ligne qui les fait se rejoindre image la traversée par le héros de la négativité, de l'ombre maternelle, infernale, vers la lumière d'un amour autorisé par le père. Lavinia représente le moment où le récit se reprend pour se dépasser, le moment où le roman traverse sa propre négativité, ce qui en lui répète l'épopée virgilienne, afin d'affirmer son originalité, sa positivité absolue, à partir du déploiement narratif des silences de son modèle. Image même du procès grâce à quoi la vie d'une œuvre nouvelle est engendrée à partir d'un meurtre du père, du modèle, et le roman à partir de l'épopée.

Lavinia vient illustrer la façon dont la féodalité compte en finir avec le potentiel de négativité et de destruction du lien social dont la femme est porteuse dans l'imaginaire médiéval. Les vers permettant le rapprochement d'Enéas et de Pâris (v. 10109-10112) autorisent aussi celui de Lavinia et d'Eloine. Il y a là plus qu'une simple comparaison chargée de magnifier la joie amoureuse à l'instant de triomphe du mariage ; Lavinia, aimée puis épousée par Enéas, future mère d'une descendance appelée au plus glorieux avenir, fait oublier le malheur de Troie détruite à cause d'Eloine (v. 1-4). Par sa folie, l'amour de Pâris et d'Eloine, dont Dido relança les effets dévastateurs, occasionna la ruine de l'antique cité, celui d'Enéas pour Lavinia s'enclora des murs tout neufs d'Albe afin que s'oublie le souvenir du sang qui coula des murs écroulés de Troie :

« Eneas ot le mialz d'Itaire,
une cité comence a faire,
bons murs i fist et fort donjon.
Albe mist a sa cite non ;
molt par fu riche, molt fu granz,
ses anpires dura molt anz. »

(v. 10131-10136)

« Enéas obtint ce qu'il y avait de mieux en Italie ; il commença à construire une ville, entourée de bons murs et dominée par un donjon fortifié. Il appela la cité Albe ; elle était grande, riche et puissante et le resta longtemps. »

Albe, elle-même promesse de l'érection prochaine d'une ville encore plus belle : Rome, construite par les hoirs d'Enéas (v. 10154-10156), Rome dont le triomphe sur Carthage fut annoncé lors même que le récit se faisait le chantre de la magnificence de la cité libyenne. Au début du roman, une femme était cause de la destruction d'une ville, dans sa première partie une autre femme réimposait l'initiale menace de destruction, à son terme une dernière femme scelle l'émergence du bonheur et la fondation de la plus belle ville du monde. Grâce à Lavinia, la négativité qui est l'essence même du féminin se trouve conjurée, dialectiquement retournée en positivité : la femme ne menace plus le lien féodal en conduisant la ville ou l' « enor » à sa perte, elle est à l'origine d'une ville nouvelle, d'une extension de la féodalité rêvant d'épouser les frontières de l'ancienne *Romania*. Même si, un temps, les flammes qui détruisirent Troie incendient Laurente, lieu où se tient Lavinia, c'est moins pour ramener le récit à son point de départ que pour métaphoriser la flamme allumée par le Troyen dans le cœur de la jeune femme. Turnus ne s'y trompe d'ailleurs pas ; le spectacle de l'incendie métaphorique lui fait découvrir un amour qui l'exclut et l'incite à vider la querelle par un combat singulier où il va rencontrer la mort. Il n'est pas de femmes dans le roman qui ne soient associées à une ville : Eloine et Creüsa à Troie, Dido à Carthage, Lavinia à Laurente, Albe et Rome ; pas de ville dont le destin n'incarne une certaine conception de la féminité. Les trois villes liées, d'une manière ou d'une autre, à Lavinia constituent une série où chaque unité vient représenter une étape d'un parcours, d'une transmission dont la structure est homologue à celle de la transmission des biens par la femme. Prendre Laurente, et pour ce tuer Turnus, permet d'épouser Lavinia ; le mariage apporte une partie du royaume du roi Latin sur laquelle va s'ériger Albe, l'autre partie, acquise à la mort du vieux roi, restaurera l'intégrité de l' « enor » pour, au fil des générations, voir naître Rome. Rome sortira de Laurente, comme Romulus des descendants de Lavinia. La ville, comme la terre, est femme. Wace, résumant au début de son *Brut* la geste des Troyens, fixe, plus sûrement que l'auteur de *l'Enéas*, dans le nom de la première ville érigée par Enéas cette identité :

« Puis k'Eneas Lavine out prise E la terre tute conquise, Vesqui il quatre anz e regna E a un chastel k'il ferma De Lavine posa le nun, Si l'apela Lavinium. » (v. 67-72)	« Après qu'Enéas eut pris Lavine pour épouse et conquis toute la terre, il vécut quatre ans dans son royaume et dans un château qu'il fortifia ; il lui donna le nom de Lavine et l'appela Lavinium. »

Le trajet, spatial et temporel, d'une ville à l'autre conduit d'une femme à l'autre, à une femme faisant oublier les autres et métaphorise la translation des biens, de la culture, dont la femme et le moyen à l'intérieur de la structure féodale.

Reconduire une structure sociale, c'est aussi faire que de nouveaux sujets soient appelés à y vivre et à y donner la vie. La transmission passe aussi par le corps de la femme. Le voyage du désir s'achève avec le mariage, commence alors celui de la maternité. Le mariage est le lieu où le social se noue au corps, où les rapports de production deviennent des rapports de reproduction sociale et sexuelle. Pour une femme, l'état conjugal implique la maternité ; Isidore de Séville en trouve la preuve dans la langue : « matrimonium quasi matris munium »[3], et cette vérité, truquée par la langue, n'en a pas moins force de loi en ce qu'elle trace une voie que la femme se doit d'emprunter. Dans *l'Enéas*, par deux fois, la parole du père fixe le destin de Lavinia : être mère. Appelée par Anchisés, ou par le désir d'Enéas rêvant, elle est, dès sa première apparition dans le récit, évoquée avec sa descendance :

« la fille al roi prandras a fenne, puis ne sera fin de ton renne : de toi naistra real ligniee, par tot lo mont ert essauciee. » (v. 2187-2190)	« Tu prendras la fille du roi pour épouse, puis ton règne prendra fin ; de toi naîtra une lignée royale glorifiée dans tout le monde. »

3. Cité par D. D. Berkvam, *Enfance et maternité dans la littérature française des XIIe et XIIIe siècles*, Paris, 1981, p. 14.

Aux Elisïens Chans, Anchisés apporte des précisions qui, loin de briser le lien féminité-maternité, le conforte en faisant résonner le nom qui le supporte :

« Lavinia l'avra de toi, qui est fille Latin lo roi ; an une selve cil naistra et Silvïus a nom avra ; il sera rois et de rois peres. » (v. 2937-2941)	« Lavinia, qui est fille du roi Latin, aura ce fils de toi ; il naîtra dans une forêt et portera le nom de Silvius ; il sera roi et père de rois. »

Autant de noms que de rois ; ces noms en chaîne, ou cette chaîne de noms, figurent la chaîne de la transmission dont la jeune femme est le carrefour, le support corporel et nominal. Si la syllabe initiale de son nom répercute l'écho de celle qui ouvre le nom de son père (LA-vinia, LA-tin), la négativité de la finale (Lavi-NIA) ne se « marie-t-elle » pas phonétiquement au « creux néant musicien » résonnant dans celui d'E-NE-AS ? Le nom devient corps, un lieu de passage, de transmission du « regne » circulant du roi Latin à Enéas, le lieu même de la *translatio*. Au cœur de ce nom de femme bat une syllabe /VI/ — la « vie » même, appelée à prendre corps pour assurer la transmission entre le roi Latin et Enéas en un fils Sil-VI-us, présent dans la fiction par son seul nom. La femme féodale, que Lavinia représente au plus près, ne peut être que vouée à la maternité car un fils est le lien (le « fil », grâce à une équivoque qu'aime à entretenir la graphie médiévale) entre les générations, le moyen de la transmission des biens et du nom au sein du lignage. Mariée, Lavinia disparaît brutalement de la fiction, le roman s'achève par une rapide évocation de la descendance d'Enéas inscrivant dans la réalité et dans l'Histoire de la vérité contenue dans la parole paternelle (« et puis fu si com Anchisés / a Eneas ot raconté », v. 10142-10143). Mais point n'est besoin au demeurant de mentionner la naissance de Silvïus entrevue au Chans Elisïens ; il restera un nom, le nœud d'une transmission qui fait se conjoindre et se perpétuer les générations et les noms. La littérature médiévale est moins ici le miroir où se fige et meurt un reflet de la réalité, ou la radiographie des structures sociales, qu'un univers où la langue fait circuler les mots et les noms et fixe, à l'intérieur de ces noms, les lois d'une circulation informant le réel. Pour tout lignage, un fils c'est un nom, le nom transmis en attente d'une terre, d'un héritage, d'une femme grosse déjà d'autres noms, d'autres fictions dans lesquelles s'entendra le premier...

Même escamotée par une fin de roman trop rapide, la maternité de Lavinia s'oppose à la stérilité de Dido. Et il n'est pas indifférent que dans le rêve d'Enéas la parole prêtée au père engrosse Lavinia sitôt Dido morte. A une passion entière occupée par la luxure, « an putage » et « an deport », mais stérile (l'union avec Sicheüs n'a pas non plus donné de fruit), vient s'ajouter, en contrepoint, l'image d'un amour rédimé par la promesse d'un enfant à naître. Ainsi se compose le diptyque où s'enclôt la conception médiévale de la femme, le roman épousant ici la structure du discours théologique. Par « le mors de la pume », Eve fit choir l'homme dans le péché — et il n'est pas interdit de croire avec le psalmiste que ce péché fut de nature sexuelle (Psaume LI) —, une autre femme le rachètera d'un fils. Déjà saint Paul, prenant acte de cette rédemption, entamait une réhabilitation de la femme en l'enfermant dans la maternité : « Elle sera néanmoins sauvée en devenant mère, si elle persévère avec modestie dans la foi, dans la charité et dans la sainteté » (Paul I, Thimothée 2, 15). L'important est là encore que le Moyen Age ait fixé ce renversement dans la langue par un jeu de lettres :

« Tels lettres en son nom Eve a,
D'AVE puet on EVA bien dire.
Pour EVA fu li mons plains [d'ire,
Mais AVE joie nous raporte :
Pour AVE ovri Dius la porte
De paradis... »[4].

« Telles lettres en son nom Eve a, d'AVE on peut écrire EVA. A cause d'EVA, le monde fut plein de colère, mais AVE nous rend la joie. Grâce à AVE, Dieu a ouvert la porte du paradis... »

4. Huon le Roi, *Li AVE MARIA en roumans*, éd. A. Långfors, Paris, CFMA, 2e éd., 1925, v. 42-47.

Ce sont les jeux de la langue, les associations de mots autour du nom du fils, Silvïus, qui assurent, hors l'emprise du sens manifeste du récit, le passage entre Dido et Lavinia comme renversement et correction par la seconde de ce qu'incarnait la première. Qu'on se souvienne de la scène où Dido s'abandonna à Enéas (v. 1518-1529), de cette « forest » qui d'une grotte leur fit une chambre. Ne s'associe-t-elle pas sémantiquement à la « selve » où Silvïus verra le jour et dont son nom conservera l'empreinte ? A l'une sera donné le fils qui manqua à l'autre. A l'intérieur du récit, seul le nom du fils peut combler la mère (Sil-VI-us, La-VI-nia). Ce nom oppose et lie non seulement les deux femmes, mais les deux séquences du roman qu'elles supportent, en ravivant le souvenir d'une « forest » où l'une s'abandonna à la faute pour que l'autre vînt l'effacer de sa souffrance de parturiente. La « création » du personnage de Lavinia rééquilibre le récit profane hérité de l'épopée latine de manière à le rendre structuralement homologue au discours théologique qui, autour notamment du développement du culte marial vers le milieu du XIIe siècle, modèle la représentation de la femme. Les romans antiques, et tout particulièrement *l'Enéas*, sont presque contemporains de l'apparition de la statuaire de la dévotion à Notre-Dame et de l'extension populaire de *l'Ave Maria*, prière très vivement recommandée par le synode de Paris en 1198. Il y a là une manifestation de la volonté d'homogénéiser la structure profonde des œuvres profanes avec celle du discours théologique, de rationaliser le monde par une refonte des écrits reçus de la tradition antique.

L'existence romanesque de Lavinia est le produit d'un travail littéraire voisin, mais plus radical, de celui utilisé par les romans allégoriques du XIIIe siècle : la mise en fiction, la transformation en personnages et l'inscription dans une trame narrative d'abstractions. L'ombre ténue de l'épopée virgilienne s'est transformée en « allégorie » de l'amour. Mais tout se passe comme si le processus allégorique avait été poussé jusqu'à l'extrême, l'abstraction prenant corps, parole et nom, pour mieux dissimuler le mouvement qui la porta au jour en gommant les marques formelles de l'allégorie. Réservons au chapitre suivant le soin de mettre en lumière la signification de l'héritage ovidien. Il est toutefois impossible de ne pas constater que Lavinia est tout amour, qu'elle est l'amour parlant par sa bouche. Resurgit dès lors l'ombre portée par les flammes du bûcher de Carthage et le souvenir de Dido, de ses égarements et de ses symptômes où, dans la souffrance, la parole se noue au corps. Chez Lavinia les affres du désir sont tout aussi prégnantes que chez Dido, les nuits aussi fébriles et agitées de souffrance têtue (cf. v. 8406-8410). L'auteur n'a pas craint de rallumer en elle la flamme qui dévora Dido et la conduisit jusqu'au bûcher final donnant sens à la métaphore (« dedanz le cors une ardor sent », v. 8087). Serait-ce là répétition de ce qui, une fois déjà, conduisit au malheur ? Non, si l'on veut bien se reporter aux prémices de cet amour, à la conversation qui prélude à sa naissance. Produit d'une ruse de Vénus, d'un embras(s)ement, l'amour de Dido ne cessait pas d'étaler les conséquences de l'artifice qui le fit naître. A l'inverse, l'amour de Lavinia naît d'un discours, d'un enseignement qui, pour être un temps fallacieux (il désigne Turnus à l'amour de Lavinia), n'en est pas moins une parole initiatrice en l'attente d'une rencontre avec le réel. Cette parole, avec moins d'efficacité que celle d'un père, n'en trace pas moins une voie où Lavinia va s'engager et pouvoir reconnaître ses maux grâce aux mots d'un autre. Les deux scènes sont d'ailleurs parfaitement symétriques. A Vénus, « la mere Eneas », répond la mère de Lavinia, que Virgile appelait Amata, mais que le scribe du manuscrit A n'a pas nommée. Mais, au baiser qui enflamma Dido et Enéas (v. 813-814) et à la proximité des corps, s'opposent la parole insidieusement initiatrice et le regard (v. 8047-8057) qui maintient dans l'absolu la disjonction des corps et une absence génératrice de maux et de mots grâce à laquelle l'amour devient roman. La symétrie des deux scènes s'avère donc fallacieuse ; le récit feint de se répéter pour échapper au cycle de la répétition et transformer en opposition ce qui faillit n'être que la réitération d'une erreur initiale.

Qu'une parole ou un discours, et non un baiser ou un « engin » maternel, soit à l'origine de l'amour de Lavinia permet qu'elle trouve les mots pour l'avouer et en nommer l'objet à une mère hostile là où Dido s'évanouissait. Ed. Faral a montré que l'épellation du nom d'Enéas provenait des *Métamorphoses* d'Ovide (chant IX), du récit des amours de Byblis pour son frère Caunus. Amours incestueuses qui, en mettant le stylet à la main de Byblis, fournissent probablement l'origine de la volonté de Lavinia d'écrire à Enéas pour lui déclarer son amour, renvoient à celles de Myrrha pour son père sources de l'impuissance de Dido à avouer le nom de l'homme désiré. Myrrha et Byblis ne peuvent, ou hésitent, à dire le degré de parenté qui les lie à l'objet d'amour ; Dido et Lavinia butent sur un nom, et cette différence est le signe d'un travail de réécriture effectué sur l'emprunt dont il faut prendre la mesure. Parler d'épellation à propos de Byblis ne convient d'ailleurs pas. La réticence suspend la parole, juste avant la prononciation du mot « frère », et se contente de disjoindre le déterminant possessif du substantif relégué au vers suivant :

> « Porte ces tablettes, ô toi qui as toute ma confiance, dit-elle, à mon... », et, après une longue pause, elle ajouta « frère » » (IX, 569-570).

L'épellation du nom est une trouvaille de l'adaptateur médiéval, motivée par le récit ; la mère voulant à tout prix que Lavinia aime Turnus, cette dernière ne peut lui avouer son amour pour un autre homme ; pressée de toutes parts, elle retarde les invectives maternelles en fractionnant le nom interdit :

« — Donc n'a non Turnus tes [amis ? — Nenil, dame, gel vos plevis.	« Celui que tu aimes a donc pour nom Turnus ? — Non, madame, je vous l'assure. —

— Et comant donc ? — Il a non E... »
puis sospira, se redist : « ne... »,
d'iluec a piece noma : « as... »,
tot en tranblant lo dist en bas.
La raïne se porpensa
et les sillebes asanbla.
« Tu me dis « E » puis « ne » et « as » ;
ces letres sonent « Eneas ».
— Voire, dame, par foi, c'est il. »
(v. 8551-8561)

Comment s'appelle-t-il donc ? Il se nomme « E... » puis soupira et dit « ne... » et un moment après nomma à voix basse en tremblant « as... ». La reine réfléchit et assembla les syllabes : « Tu me dis « E », puis « ne » et « as » ; ces lettres font « Enéas ». — C'est vrai, Madame, c'est bien lui. »

La disjonction des syllabes fait retentir l' « inanité sonore » du nom qu'elles composent. Dans ce vide s'entend, subrepticement, la position du partenaire au regard du désir et d'un objet dont il s'avère manquant. L'épellation du nom désigne la faille qui transforme l'autre en Autre, la marque d'une altérité absolue qui est le défaut sur lequel vient buter le désir et d'où pourtant il tire son origine. Le nom de l'autre assigne l'Autre pour horizon au désir et dresse simultanément les coordonnées d'une impasse où se fourvoie le désir en le contraignant à devenir demande de ce que l'Autre n'a pas. L'impasse s'avérerait indépassable si la femme n'entendait dans le nom du partenaire le manque dont le sien est porteur : LA-(vi)-N-I-A, « là il n'y a (pas) », ajoutons « non plus ». Pas plus que l'homme, la femme n'est pourvue de ce qui cause le désir ; tout comme l'homme, elle pâtit du manque. Cette égalité vis-à-vis du manque d'un terme qui le signifie, et dont la pomme de Discorde fut une image, n'annule pas la différence entre les deux partenaires, différence que l'auteur va d'ailleurs essayer d'articuler en distinguant nettement les deux façons de vivre le manque, l'absence de l'autre qui, à l'intérieur d'une fiction littéraire, peut seule en donner un équivalent. Là où Lavinia s'efforce d'avouer son amour (cf. le « bref »), Enéas s'emploie à celer ses sentiments à travers une tirade qui, pour être empreinte d'une misogynie toute cléricale, n'en tente pas moins de faire sentir une manière différente de vivre le désir et l'amour :

« — Homme se doit molt bien [covrir ;
ne doit pas tot son cuer mostrer
a feme, qui la velt amer ;
un po se face vers li fier,
que de l'amor ai lo dongier,
car se la famme lo faisoit,
qu'el fust desor, il s'en [plaindroit. »
(v. 9078-9084)

« — L'homme doit savoir dissimuler, ne pas dévoiler ses sentiments et montrer à une femme qu'il veut l'aimer ; il doit se montrer fier et conserver sa supériorité car si la femme venait à prendre le dessus, il aurait à s'en plaindre. »

Cette « différence dans l'égalité » face au manque devient dissymétrie dans la façon de vivre l'amour, décalage temporel entre les deux processus d'énamoration. Et lui, ensuite, d'affirmer la singularité d'un amour par la mise en avant de la « fiereté » par quoi l'homme médiéval croit maîtriser ce qui le dépasse. A l'inverse, Dido et Enéas étaient saisis simultanément par l'amour (v. 815-817), la différence s'inscrivant seulement au plan de l'intensité (« C'est Dido qui plus fole estoit », v. 820). L'amour naquit en même temps chez Dido et Enéas, mais de manière inégale, avec une même intensité chez Lavinia et Enéas après que la jeune femme eut entraîné le Troyen dans sa folie. Deux manières d'affronter la même structure. La seconde permet toutefois d'assister au spectacle de la mue de la parole paternelle en parole d'amour sous la pression d'une femme, l'autre ne pouvant que laisser œuvrer jusqu'à la mort la négativité qui hypostasie le manque.

La mère ne veut pas entendre le vide résonnant dans le nom ; en témoigne le travail d'assemblage des syllabes (v. 8557-8560). Reparcourant à l'envers le chemin effectué par Lavinia, elle conjoint les sons pour oublier le manque découvert par l'épellation. Désavouer le manque, n'est-ce pas du même coup exclure Enéas du champ du désir en le désignant comme incapable de désirer et en tenir pour preuve irréfragable le malheur de Dido (« N'as-tu oï comfaitement / il mena Dido malement ? », v. 8579-8580) ou le faire choir dans la perversion ? Car, à défaut de l' « avoir », il pourrait bien l' « être » dans les jeux de l'amour, c'est-à-dire occuper une position féminine, la position du sodomite véhémentement dénoncée par la reine :

« il priseroit mialz un garçon
que toi ne altre acoler ;
o feme ne set il joër,
ne parlerast pas a guichet ;
amolt aime fraise de vallet. »
(v. 8572-8576)

« Il préfère un garçon qu'étreindre une femme, toi ou une autre ; il ne sait pas jouer avec les femmes ; il n'aimerait pas s'adresser à une fente, il aime trop la fraise d'un garçon. »

Et l'invective se déploie en un long plaidoyer (quarante et un vers) contre l'homosexualité, vice des Troyens, qui synthétise en ce point du récit des remarques éparpillées dans le poème virgilien et fait écho à une préoccupation à l'œuvre dans les milieux savants contemporains de *l'Enéas*, notamment chez Hildebert de Lavardin, Jean de Salisbury, puis un peu plus tard chez Alain de Lille et Gilles de Corbeil. L'intérêt de cette diatribe réside moins dans l'amplification de la geste virgilienne à partir d'interrogations contemporaines, dans la reprise en langue vernaculaire d'une réflexion conduite en latin, que dans la liaison étroite établie entre la reconstitution du nom effaçant le manque que son épellation s'employait à faire résonner et le développement violemment cru sur l'homosexualité. La suture du manque où s'enracine le désir trouble l'articulation de la différence sexuelle et égare l'homme du côté de la passivité (« bien lo lairoit sor toi monter », v. 8593) et de la féminité. Meurt aussi l'écho des deux noms, fragments d'union dans la langue, et se défait « la natural cople », cependant que resurgit l'ombre de l'impasse déjà évoquée, en l'espèce de l'absence d'enfant. La fragile parité dans le manque, supportée par les noms, constitue le trait d'une union à quoi le récit et les surprises de l'amour vont s'employer à donner consistance. Le trait de cette union est le pas à franchir vers l'autre. Un trait, soit une flèche pour Lavinia, par où elle s'oblige à sortir d'une réserve à laquelle la voue sa féminité. Ce pas vers une position virile l'achemine vers Enéas acceptant de son côté la féminité que l'amour découvre en lui par la venue de symptômes identiques à ceux de l'aimée. L'amour ? Le partage d'un même symptôme annulant l'excès dont la femme, avec Dido, était l'incarnation. Ou le signe d'un même désir grâce auquel la différence sexuelle s'avère transcendée dans la souffrance et le plaisir. L'écho sonore ténu des noms devient chant d'amour, où s'oublie le manque que pourtant il faisait retentir.

Il n'est d'union qu'au nom du père. Quand le roi Latin saisit Enéas et Lavinia l'un de l'autre (« Quant li reis l'ot de li saisi / et ele de lui... », v. 10120-10121), la parole (le discours) prononcée par le père mort aux Chans Elisïens conquiert enfin sa vérité et prend par là force de loi pour mieux informer un avenir que l'on sait maintenant devoir être prestigieux, identique à celui entrevu à la lumière céleste. Reste d'un autre corps, d'un autre nom dans le récit, à supporter la dimension symbolique de la parole paternelle et d'un fils, Silvïus, à légitimer l'union des parents. La syllabe centrale (/VI/) du nom du fils éveille l'écho de celle qui partage celui de la mère (La-VI-nia), et le nom tout entier s'associera dans l'avenir à celui du père, Enéas, pour baptiser un descendant (Silvïus Enéas, v. 2947), cependant que la syllabe initiale, en amont des générations, assonne avec celle qui ouvre le nom du lieu où est enterré le grand-père mort, Si-chans porz, nom qui, rappelons-le, anagrammatise Anchisés. Le nom du fils inscrit dans la langue l'union des parents en la rattachant à la fonction paternelle ; il est le trait d'union avec l'Histoire, l'incarnation d'un surplus qui impose silence au « sorplus » qu'est la femme tout en le subsumant. Plus que jamais, un fils, c'est un nom permettant de lever l'impasse où la différence sexuelle conduit l'homme et la femme. Et ce fils eût pu sauver Dido du bûcher si un père, au-delà de la mort, l'avait appelé à l'existence.

Emanciper un personnage de son modèle, lui donner

une autonomie romanesque, conduit à le doter d'une psychologie. Même si, loin d'être hantée par la mimésis, l'expression des sentiments obéit au Moyen Age à une rhétorique rigoureusement codée, même si le travail de la lettre et des associations signifiantes rend incertaine et risquée toute approche psychologique, le personnage de Lavinia constitue une indéniable réussite, une création où se reflète et se rêve une certaine psychologie féminine largement mise à profit par les lecteurs courtois de *l'Enéas*. Les héroïnes du *Roman de Thèbes* restaient dépourvues de profondeur psychologique et de ces incertitudes du cœur et de l'esprit dont le récit crée artificiellement l'idée d'une temporalité, l'illusion d'une évolution qui serait le battement même de la vie. Les filles d'Adrastus, Argÿa et Deïphilé, ne sont que timidité et réserve (« celes vindrent les chiés enclins », *Thèbes*, v. 951), un objet d'échange et de reproduction sociale aux mains d'un père et d'un récit qui ne brise même pas leur gémelléité en les individualisant par la parole. Plus typées, Anthigoné et Ysmaine échappent plus ou moins à l'identification totale et à la dissolution dans l'autre qu'implique la création de personnages par doublet spéculaire[5]. Anthigoné n'agrée le désir de Parthonopieus que pour ensuite retomber dans la réserve appartie à son sexe et à sa jeunesse. Et si Ysmaine, à la vue d'Athes, sous la poussée brutale du désir, parle en homme :

« Ou face bien ou ge foloi, coucherai moi o lui, ce croi, car feux n'esprent si en requoi com fet l'amor que j'ai o moi. » (v. 4691-4694)	« Je coucherai avec lui, j'en suis sûre, que ce soit bien ou folie, car le feu ne prend pas aussi secrètement que ne le fait l'amour en moi. »

n'est-ce pas, pour plus tard, s'abîmer en femme dans le deuil ? Sa déploration de la mort d'Athes (v. 6073-6134) n'est pleine que du regret de ce qui n'eut pas lieu. Douleur

5. Que chaque personnage, et tout particulièrement les personnages féminins, soit le double d'un autre est le fruit d'une « poétique de la spécularité », traduction formelle de la division guettant toute fiction en l'absence de la dimension tierce incarnée par le père.

pléthorique dont la brutalité sidère la « meschine » frappée de catalepsie et occulte le travail de deuil dont Chrétien de Troyes retracera les mues dans *le Chevalier au Lion*, donnant ainsi au personnage de Laudine une dimension psychologique tout à fait singulière.

A la différence de ses sœurs thébaines, Lavinia évolue, et cette évolution rythme la troisième partie du récit et permet ainsi d'assister à une maturation qui est aussi accès à la maturité grâce à l'amour. Son premier entretien avec la reine (v. 7857-8024) la présente comme une jeune fille pleine de candeur naïve, d'innocence farouche, dotée cependant d'un solide bon sens qui se heurte aux subtilités de la casuistique dont sa mère lui révèle les arguties. Nombre de ses répliques ne manquent d'ailleurs pas d'(im)pertinence. Son refus véhément des souffrances de l'amour dépeintes par le discours maternel la rapproche de Camille et vise à prolonger cette innocence, cette équanimité où l'enfance se prolonge et se tient à l'abri du réel et du surgissement inopiné de l'amour. Cette cire vierge, que la parole maternelle a sans le savoir déjà modelée, va prendre corps et âme de femme sous l'impulsion du désir et de l'amour. Sans revenir sur les symptômes par lesquels le corps devient la langue du désir, soulignons que leur reconnaissance grâce au savoir légué est l'occasion d'une recherche, d'une quête de soi où l'être ne se découvre autre qu'après identification à son symptôme :

« « Lasse », fait elle, que ai gié ?
Qui m'a sorprise, que est cié ?
(...)
dedanz le cors une ardor sent,
mais ne sai pro qui si m'esprent,
(...)
se ce ne est cuivers maus
dont ma mere m'aconta ier
(...)
Ge quit, mien escient, ge ain ;
des or vanrai bien au reclaim ;
ge sent les maus et la dolor
que ma mere me dist d'Amor. »

(v. 8083-8100)

« Malheureuse, fait-elle, qu'ai-je, qu'est-ce qui m'a ainsi surprise ? (...), je sens une brûlure à l'intérieur du corps mais je ne sais pas ce qui m'enflamme (...). C'est ce mal félon dont me parla l'autre jour ma mère (...). Je crois que j'aime ; il faut désormais que j'en vienne au rappel ; je sens les maux et la douleur d'Amour dont ma mère m'entretint. »

Se reconnaître amoureuse, c'est se découvrir autre qu'on fut ; autrefois véhémente dans le refus d'amour, aujourd'hui jeune née sous la poussée du désir. Le désir reconnu, et soi reconnu par le désir, conduit à entrer dans l'aire du mensonge afin de préserver un secret qui devient le chiffre même de l'être et de la vie (« Lo Troïen m'estuet amer, / mais molt lo me covient celer », v. 8127-8128). Aimer invite à déplacer le mensonge, à cesser de se mentir en affirmant qu'on peut échapper à l'amour, à accepter en soi la violence de la blessure et à l'enclore dans le for intérieur puisque, simultanément, a été découvert que le désir c'est ce qui ne peut, ou ne sait, pas encore se dire. Alors commencent les menus mensonges, fruits de l'enseignement d'Amour, qui font vivre le personnage au gré d'une parole dont les réticences sont autant d'aveux, avant que le nom de l'aimé provoque les foudres maternelles. Le second entretien de Lavinia avec sa mère (v. 8445-8662) constitue le moment où, grâce à un tiers, le récit prend acte de la transformation du personnage, où le mensonge (même découvert) laisse entrevoir une duplicité qui confère à Lavinia une profondeur jusqu'alors inégalée dans la littérature romane. La fin du roman est scandée par des accès d'enthousiasme, puis de doute, lorsque les paroles de la mère concernant l'homosexualité des Troyens reviennent hanter la mémoire, par des prurits de colère nés de l'orgueil blessé par la non-réponse de l'autre, immédiatement suivis par le repentir où s'avoue, inentamé, l'amour accru par la souffrance (cf. v. 9208-9212).

C'est donc avec Lavinia que l'adaptateur médiéval a le plus nettement innové, au point qu'il est possible d'affirmer qu'il a « créé » le personnage, doté le nom hérité de Virgile d'un corps et surtout d'une psychologie qui le rend vivant, crédible au-delà du temps et des modes littéraires. Profondément différente de Dido et de Camille, Lavinia servira de modèle aux héroïnes de Chrétien de Troyes, Sordamor et Fenice notamment.

Lavinia incarne à elle seule la « part romanesque » de *l'Enéas*. Elle est l'occasion d'une innovation telle que le texte

« roman » s'émancipe radicalement de son modèle latin et se met à vivre après avoir conquis son autonomie. Lavinia est le signe de la différence entre l'épopée latine et son adaptation en roman, la marque d'un excès (d'un « sorplus ») qui parasite l'épopée et infléchit son sens. Cette « cauda » du texte incarnée par Lavinia est développée d'une manière importante, en toute liberté ; elle compense les réductions et synthèses drastiques du début (les six premiers chants de *l'Enéide* sont réumés en à peine trois mille vers) et rééquilibre le récit en permettant l'opposition de deux types de femmes rencontrés tour à tour par le héros. Le sens de l'œuvre surgit de la confrontation-rectification, autorisée par un troisième terme, de la première par la seconde.

Etrangement, cette « part romanesque » du roman n'est pas invention, création pure de l'auteur, mais mise en fiction d'une réflexion théorique. Lavinia est tout amour ; elle n'est qu'un discours sur l'amour, le développement narratif de *l'Ars Amatoria* d'Ovide. En elle, et par elle, l'épopée (genre guerrier et « politique ») se double d'un art d'aimer et l'œuvre latine accueille un autre discours qui l'informe et la décentre, une glose transformée en fiction incluse dans le mouvement même du récit. Lavinia est le nom d'une lecture de Virgile effectuée à partir d'Ovide, le lieu où l'œuvre s'autocommente, le lieu d'une réflexivité de l'œuvre qui se donne aussi pour celui de son engendrement véritable, le lieu du « théorique » parasitant l'épopée pour produire du nouveau, du roman en « roman ». Elle est la réflexivité faite personnage grâce à laquelle le roman regarde sa propre naissance dans un autre discours qu'il s'est approprié. Lavinia incarne à la fois la « part romanesque » et la « part réflexive » de l'œuvre, le « romanesque » comme « fiction théorique » de l'œuvre en train de se faire. Et si le roman, avec *l'Enéas*, invente la femme dans la littérature en langue d'oïl, c'est moins qu'il lui permet d'être personnage à part entière dans une histoire où viendrait se refléter une amélioration de sa condition sociale qu'il ne s'invente, à partir de la femme, une histoire et donne à voir sa propre naissance dans le spectacle de la rencontre d'une femme. Avançons l'hypothèse que les romans antiques parlent moins de la femme qu'ils ne parlent à partir de la femme et ne s'engendrent à partir de l'altérité que supportent les personnages féminins. Autrement, il paraît bien difficile de comprendre pourquoi la littérature a pu être à ce point préoccupée, au milieu du XIIe siècle, par la femme alors que les auteurs (tous clercs formés par la patristique) restaient profondément marqués par la misogynie et que la féodalité triomphante, loin d'avoir amélioré sa condition, l'a enfermée dans la cellule conjugale.

Lavinia figure le point nodal de la fiction. Sa première apparition (dans le rêve d'Enéas) partage le récit en deux : en un avant et un après d'inégale grandeur transformant l' « avant » en un long « pré-texte » dont la signification doit être corrigée, inversée par le texte. Elle est le centre décentré du roman. Pendant près de cinq mille vers (de sa première apparition, v. 2187, au v. 7886, où elle prend la parole), Lavinia n'est qu'un nom identifié à une terre, un « objet » indifférencié, enjeu d'une lutte contre hommes et support d'un désir mal défini, non encore véritablement dégagé des besoins économiques et sociaux. Et cet « objet » manque dans le récit, on en parle (ou on parle en son nom), mais il n'apparaît pas ; il n'en reste pas moins le moteur du récit, sa cause absente. Lavinia est ce après quoi le(s) héros coure(nt) avant même de le savoir ; le récit s'efforce d'épouser les aléas de cette errance et s'achève dès lors que l' « objet » a été atteint. Lorsque, au vers 7888, le nom prend corps de femme, se met à vivre et à parler, n'est-ce pas le principe même du récit qui est porté au jour ? Sous la poussée de la réflexivité introduite par la référence ovidienne, le récit accouche de sa cause ; il exhibe le principe de son engendrement en suturant d'un personnage féminin le manque qui le fondait et l'animait. Lavinia est une absence que recouvre un nom, jusqu'au moment où ce nom produit un personnage et anime le dégagement du nouveau à partir de l'ancien, du « roman » à partir du latin, du roman à partir de l'épopée.

Et ce nom engendre à son tour un autre nom (Silvïus), du nouveau, de l'autre (« SIL-vïus » assonne à l'initiale avec « cil », l'autre), de nouvelles fictions centrées peut-être sur les noms rappelés à la fin du texte. Lavinia ? L'incarnation de l'absence dont s'autorise tout récit, toute écriture.

CHAPITRE VI

La naissance de l'amour

Avec *l'Enéas*, selon la formule de D. Poirion, « l'épopée virgilienne se double d'un art d'aimer ovidien »[1]. Le roman se donne alors pour un creuset où, grâce à l'instance tierce d'une langue littéraire nouvelle (le « roman »), se conjoignent deux sources hétérogènes, se fondent le texte tuteur et sa glose, lecture et écriture, dans un nouveau texte. Désintriquer ce qui appartient à Virgile, à Ovide, ou à la *translatio*, relève d'une étude des sources entreprise depuis longtemps par la critique dont la prise en compte s'avère toujours indispensable en ce qu'elle déplie ce que l'écriture a noué.

Il est une autre façon d'envisager ce nœud de langues et d'écrits antérieurs qu'est tout texte : mettre à plat la logique du nouement, ce que cache ou dit le geste même de nouer, décrire non les fils (les sources) mais le nœud lui-même avec les yeux de qui regarde à partir de ce qui suit, la tradition qu'il inaugure. En langue d'oïl, l'amour naît avec *l'Enéas*, ou plus exactement la littérature s'ouvre à l'amour, accueille le chant des souffrances et du plaisir sous l'influence conjuguée de Virgile et d'Ovide. Tout entier consacré à une apologie de la monarchie Plantagenêt dont il tente d'asseoir la légitimité en remontant le temps, *le Brut* de Wace ignore le sentiment amoureux. Les héros de Wace répondent à l'appel d'une sexualité encore prédatrice ; confinés dans la sphère du besoin, ils ne s'ouvrent pas à cette douce violence

1. « De *l'Enéide* à *l'Enéas*... », art. cité, p. 224.

du désir, à ces tressaillements de la chair et de la conscience grâce à quoi la plaie du manque devient blessure d'amour ; la femme n'y est jamais l'occasion de ces menues défaites de l'orgueil qui consacrent les grandes victoires de l'amour, le moyen d'une découverte de soi à travers la dépossession impliquée par la soumission au désir de l'autre. Moins émancipé de son modèle que *l'Enéas*, plus marqué formellement par l'influence de la chanson de geste, *le Roman de Thèbes* n'accorde pas non plus une grande place à l'amour. La prégnance de la dimension incestueuse et de l'itération condamne le récit à se reprendre sans cesse ; l'absence de figure de la Loi empêche d'ailleurs son déploiement. Indépendamment de toute influence de la « fin'amors » des troubadours, *l'Enéas* introduit la première réflexion sur l'amour qu'il nous soit donné de lire en « roman » grâce à une redécouverte de *l'Ars amatoria* et à la double *translatio* qu'impliquent le passage du latin au « roman » et le glissement de la « théorie » à la fiction. A la différence de poèmes ovidiens comme *Piramus et Tisbé*, ou *le lai de Narcisse*, *l'Enéas* n'adapte pas en « roman » des histoires empruntées aux *Métamorphoses*, mais transforme en fiction un discours sur l'amour, ce qui suppose une tout autre maîtrise du modèle et implique un décentrement beaucoup plus radical et par là générateur d'une œuvre nouvelle originale. Par la bouche de Lavinia et d'Enéas en proie à l'amour, Ovide parle et pourtant ce n'est plus Ovide ni Virgile, mais déjà une autre conception de l'amour, proche et lointaine de *l'Ars amatoria*, déjà riche des lectures qu'en feront Benoît de Sainte-Maure et Chrétien de Troyes.

Tout discours théorique, eût-il pour objet l'amour, vise à la maîtrise de cet objet qu'il rêve d'apprivoiser et de vaincre. Ovide intervient dans notre roman au titre de « remède à l'amour », de cet amour vénusien qui égare et réveille la tentation incestueuse dont la langue maternelle reste le véhicule enchanteur et neuf. Et si les références ovidiennes ne sont pas étrangères à l'épisode consacré à Dido, l'influence de *l'Ars amatoria* se fait surtout sentir dans la troisième partie du roman qui relate les amours de Lavinia et d'Enéas. Enéas s'est mis à l'école d'Amour, et le roman à celle d'Ovide. Mais de quelle angoisse délivre la référence ovidienne qui guérit et rééquilibre l'œuvre en substituant « la loi d'Erôs-Cupidon à celle de Vénus », pour reprendre une remarque de D. Poirion ?[2].

L'AMOUR : UNE AFFAIRE DE FEMME ?

Dans *l'Enéas*, le mot amour ne cesse de décliner sa féminité. Serait-ce là, dès lors qu'un dieu (Cupido) tient la flèche et un homme la plume, conséquence de la « *mollitia* » à quoi se résume la féminité pour le clerc et qui convie celle qui en est affligée à la confidence d'une souffrance qui ne peut être qu'aveu de faiblesse ? Chez Ovide un homme parle et donne respectivement des armes aux hommes et aux femmes dans la joute amoureuse. Dans *l'Enéas*, le discours amoureux s'énonce au féminin ; Dido évoque l'intensité de sa passion et ses souffrances, la mère de Lavinia dépeint à sa fille les affres de l'amour avant que celle-ci n'en fasse l'expérience et permette à l'auditeur-lecteur d'assister à l'énamoration ; Enéas sera touché le dernier. C'est là un singulier décentrement par rapport au modèle ovidien, dont on n'a pas toujours senti l'importance. L'adaptateur médiéval s'oblige à franchir, grâce à sa fiction, la différence des sexes pour parler d'une place qu'il imagine être celle de l'Autre-sexe. A l'instar d'Enéas qui se féminise en parlant de son amour, l'auteur tient son discours au féminin, comme si l'amour était le signe d'une altérité absolue dont la femme, seule, pourrait être l'interprète. Que l'amour se donne pour une parole de femme ne signifie nullement que la condition féminine se fût améliorée, mais désigne une tentative pour cerner l' « inquiétante étrangeté » de l'amour, de cette altérité qui dessaisit de soi, occupe l'esprit et le corps des héros et du roman. Par l'amour (confondu le plus souvent avec le

2. Art. cité, p. 229.

désir), l'Autre parle ; il est la voix de l'Autre, de l'Autre-sexe, de l'Autre-langue, de l'Autre-genre, la voix de l'irréductibilité de l'altérité, la marque d'un parasitage inscrivant dans l'épopée virgilienne la part du nouveau, du roman.

Le discours sur l'amour, tout entier incarné par Lavinia, est un discours arraché à la mère ; il scelle la faillite du savoir maternel sur l'amour. L'amour : l'au-delà de ce que la mère prétend, peut ou sait en dire. Aussi naît (n'est)-il d'amour qu'au nom du père ; Erôs-Cupidon vient à la place de Vénus, Lavinia à celle de Dido, mais ce jeu de substitutions n'épuise pas la signification de cette découverte de l'amour comme au-delà du maternel.

La mère se trompe et trompe. Sans doute est-ce la raison pour laquelle le copiste de A a omis de nommer la mère de Lavinia, refusant de faire de celle que son nom (Amata) chez Virgile identifiait à l'amour l'incarnation de la vérité. Dresser le paradigme des erreurs maternelles est déjà entrevoir les caractéristiques de l'amour. L'amour serait-il, comme le veut la mère, fruit de la volonté ? tension de l'être vers un objet clairement identifiable ?

« Lui ne *doiz* tu de rien amer,
mais ton coraige en *doiz* torner,
et covoitier que Turnus t'ait,
(...)
Tu t'i *doiz* traire *volantiers*,
envers celui formant t'aimme ;
celui qui a force te claimme,
de tot ton cuer le *doiz* haïr,
car ton seignor te velt tolir.
Turnuz est proz, sel *doiz* amer. »
(v. 7871-7887)

« Tu ne dois pas aimer Enéas mais détourner ton cœur de lui et désirer que Turnus t'obtienne. Tu dois te tourner vers celui qui t'aime sérieusement ; l'autre qui te réclame par la force, tu dois le haïr de tout ton cœur car il veut te prendre à ton maître. Turnus est preux, tu dois l'aimer. »

Les occurrences nombreuses du verbe « devoir » ne fixent une obligation que pour mieux appeler une transgression qui va consacrer la faillite de la volonté tout en soulignant le caractère dérisoire de la prétention à maîtriser les surprises de l'amour. Seul l'objet interdit peut être élu, suivant une logique qui est l'envers même du « vouloir » ou du

« devoir », l'impensable du désir et du discours maternels. Découvrant qu'elle aime Enéas, Lavinia fait l'expérience d'une volonté autrement plus implacable que la sienne, marque dans la langue du suspens de toute volonté (« Lo Troïen m'estuet amer, / mais molt lo me covient celer », v. 8127-8128). Aimer, c'est faire l'expérience du pouvoir d'Amour, partant de la dépossession :

« Qui me puet fere droit d'amor ?
Soz cui maint il ? An quel
[jostise ?
Ge ne sai pas sa manantise.
Sor lui n'a seignor en nul leu. »
(v. 8196-8199)

« Qui peut me faire droit d'amour ? Sous quel couvert dirige-t-il ? Dans quel tribunal ? Je ne connais pas son pouvoir, il n'a pas de maître. »

Il faut donc découvrir que la mère se trompe et ment, entrer soi-même dans le mensonge (« Bien sot la mere qu'el mentoit, / altrement ert que ne disoit, », v. 8451-8452) et faire dans son propre discours la part du discours d'Amour dont on a été saisi.

Le véritable objet d'amour se tient au-delà de l'interdit maternel et des mots qui l'interdisent. Il est l'incarnation même du « ne doiz » (v. 7881), la négation même du discours maternel, la part du père, la positivité surgie de la négativité.

L'amour échappe au langage ; il n'est pas de mots suffisants pour le dire. Seule l'expérience, en deçà de la parole, peut en faire connaître la nature :

« ... — Dites lo moi,
que est amors ? Ge ne sai coi.
— Ge nel te puis noiant
[descrire.
— Qu'en savrai donc, se ne l'oi
[dire ?
— Tes cuers t'aprendra a amer.
— Se n'an orrai autre parler ?
— *Tu nel savras ja par parolle.*
(...)
— Comance, asez en savras
[puis. »
(v. 7889-7899)

« Dites moi ce qu'est l'amour, je ne le sais pas. — Je ne peux pas te le décrire. — Qu'en saurai-je si on ne me le dit pas ? — Ton cœur te renseignera. — Quelqu'un d'autre m'en parlera-t-il ? — Aucune parole ne te l'apprendra. (...) Aime et tu sauras. »

Rien dans la langue ne répond de son essence. L'opposition qui, en toute langue, régit le rapport entre les mots ne permet même pas de le situer différentiellement, entre deux vocables : l'amour n'est ni une « anferté » (une maladie, une blessure) ni une « fievre agüe », ni même entre les deux ; il se situe en deçà du premier et au-delà du second :

« Se avoies une anferté, mialz savroies la vérité des angoisses qu'en santiroies et des dolors que tu avroies ; (...) — Oïl, mialz lo diroie asez ; est donc amors anfermetez ? (...) une fievre quartaine valt. Pire est amors que fievre agüe. » (v. 7907-7910)	« Si tu avais une blessure, tu saurais mieux la vérité des douleurs que tu ressentirais, des maux que tu aurais ; (...) Oui, je le dirais beaucoup mieux, l'amour est-il une maladie ? — Non, mais peu s'en faut, il vaut une fièvre quarte. Il est pire qu'une fièvre aiguë. »

Figure a-topique dans la langue maternelle, l'amour image le point où elle vient et doit manquer pour que quelque chose puisse s'en dire.

Paradoxalement, ce trou dans la langue, cette impuissance à dire, ne peuvent se combler que par excès de langage, une pléthore de verbes qui, en décrivant les symptômes engendrés par l'amour, substituent au substantif unique qui lui assignerait une essence fixe un acte équivalant dans la langue à l'expérience sur laquelle insistait précédemment la mère (cf. v. 7889-7899) :

« d'amor estuet sovant süer et refroidir, fremir, tranbler et sospirer et baaillier, et perdre tot boivre et mangier et degiter et tressaillir, müer color et espalir, giendre, plaindre, palir, penser et sanglotir, veillier, plorer » (v. 7921-7928)	« à cause d'amour, il faut souvent transpirer, avoir froid, frémir, trembler, soupirer, désirer, perdre le boire et le manger, s'affaiblir, tressaillir, changer de couleur, pâlir, geindre, se plaindre, s'abîmer dans ses pensées, sangloter, veiller et pleurer »

Toute description de sa symptomatologie s'avère insuffisante et parcellaire en ce que l'ordonnance la régissant oblige à commencer par une de ses caractéristiques (« Ge te dirai de ses dolors », v. 7902) et à laisser choir ou filer sous la langue le caractère contraire. Le discours maternel a beau décrire les douleurs de l'amour (v. 7902-7934), puis ses joies (v. 7957-7968), tenter un dépassement dialectique des deux séries (« fresche color vient de palir », v. 7966), il s'épuise en vain. Comment la langue pourrait-elle dire simultanément une chose et son contraire ? Y parvenir équivaut à franchir l'écran de la langue maternelle grâce à une instance tierce sur laquelle nous reviendrons, trouver le mot juste, le trait d'union des contraires et l'enclore en un « bref », c'est-à-dire le fixer en écrit, en roman. La mère demeure impuissante à dire ce qu'est l'amour parce qu'elle aima sans pouvoir dire ce qu'était son amour ; l'expérience précède la symbolisation, les mots ensuite ne peuvent qu'échouer à la fixer dans la langue :

« a poine an puet dire noiant
qui n'a amé ou qui n'en sent ».
(v. 7905-7906)

« même celui qui a aimé et senti l'amour ne peut rien en dire ».

L'expérience reste ineffable. A l'inverse, les mots reçus de la mère informent l'expérience de Lavinia ; les maux sont reconnus grâce aux mots, ils s'y enclosent et s'y résument, sans au-delà. Aimer, c'est certes recevoir la flèche décochée par le regard de l'autre (cf. v. 8047-8057), c'est aussi entrer dans le langage de l'amour, le reconnaître et s'y reconnaître pour pouvoir le dire. A Lavinia les mots ne manquent pas, plus, ils viennent dans le « bref » (la lettre) soumettre justement l'expérience à l'ordre de la langue afin de pouvoir la rendre. Ils disent ce qui échappait au discours maternel, son « sorplus » désormais soumis à la langue, coulé dans les mots qui disent l'amour. Sans fard. Sans perte :

« Tot li descovri son talant
et a el parchemin bien point
que molt l'angoisse et la [destroint
l'amour de lui... »
(v. 8786-8789)

« Elle lui avoua sans fard son désir et lui décrit parfaitement dans le parchemin les souffrances et les angoisses qu'a fait naître l'amour qu'elle lui porte. »

L'amour est avant tout souffrance ; il se reconnaît à la souffrance qu'il génère. Dido en fit la terrible expérience, la mère de Lavinia le dit, la jeune fille, à son corps défendant, le confirme. Au point que le discours sur l'amour hérité d'Ovide se transforme en une taxinomie de symptômes. L'amour médiéval est avant tout une symptomatologie et le discours qui en rend compte un discours médical. Le registre métaphorique permettant de saisir sa nature oscille entre la brûlure, le poison, la rage, l'ivresse mortelle. Métaphores qui, toutes, connotent la mort et conduisent le personnage à la lisière entre vie et mort, là où la différence n'a plus cours dans la mesure où il vit l'une et l'autre simultanément et entrevoit sa mort dans cet excès de vie. La mère de Lavinia, en faisant se déplacer son approche de l'amour entre l' « anferté » (la maladie), la « fievre quartaine » et la « fievre agüe », se situe dans le même registre ; Enéas, de son côté, ne cesse de se dire « navré » (blessé) par Amour (v. 8953, 8962, 8968, 8977). Si l'amour est blessure et souffrance, n'est-ce pas que le dieu qui l'allégorise est, depuis Ovide (*Métamorphoses*, I, 472 et sq.), un dieu belliqueux, un archer frappant de ses traits ?

« Amors...
et tient dous darz en sa main [destre
et une boiste an la senestre :
...
Navre Amour et point sovant. »
(v. 7976-7982)

« Amour tient deux traits dans sa main droite et une boîte dans la gauche (...) Amour blesse et frappe souvent. »

La gamme métaphorique, qui va de la blessure à la rage, qui dit l'amour et la vie avec les mots de la guerre et de la mort, vise à mettre en garde et espère, en suscitant la peur, écarter l'homme d'un tel égarement. Elle est le fruit de la peur de l'homme médiéval, du clerc, dont la culture est un mixte de la tradition antique et de la patristique et qui est maintenu à l'écart du commerce amoureux. Au-delà, la métaphore tente de fixer l'altérité qui dépossède de soi.

Faire s'équivaloir discours sur l'amour et discours médical revient à ramener l'inconnu au connu, à enfermer l'altérité dans une nosographie qui tente de la maîtriser.

On a en général peu remarqué que l'impuissance à dire l'amour était singulièrement bavarde. L'indicible devient logorrhée, non par simple prétérition, mais parce qu'il trouve, dans une autre langue, le moyen de se dire, le discours de sa propre réflexivité et de sa maîtrise. Le discours médical, réduit à l'épure d'une chaîne métaphorique, fournit à l'amour le discours qui lui manquait. Nommer les symptômes, c'est décliner le paradigme des formes composant la langue de l'amour. L'insomnie, la veille, l'agitation fébrile constituent les maux et les mots grâce auxquels Amour parle et fait parler le corps dans une langue qui l'exproprie de lui-même. Le corps de l'amant(e) est tout entier parasité par le langage ; il devient le signe lisible du triomphe d'Amour :

« Bien sot la mere qu'el mentoit,
altrement ert que ne disoit ;
ele la vit primes tranbler
et donc aneslopas süer
et sospirer et baaillier,
taindre, nercir, color changier :
bien sot qu'amors l'avoit saisie,
qu'il la tenoit an sa baillie. »
(v. 8451-8458)

« La mère comprit qu'elle mentait, qu'il en était tout autrement ; elle vit Lavinia commencer à trembler, puis aussitôt suer, ouvrir la bouche et aspirer, blêmir, s'empourprer, changer de couleurs ; elle sut alors parfaitement que l'amour l'avait saisie et la tenait en son pouvoir. »

Le signe qu'au travers du corps Amour parle une autre langue (« altrement ert qui ne disoit »), que la langue du roman s'efforce de traduire dans le temps où elle est inventée par cette tentative d'écriture-traduction.

Aux métaphores médicales tentant d'approcher le travail de taraudage de l'altérité, il faudrait ajouter celle de la « baillie », de la domination, du pouvoir, mise à profit par *le Roman de la Rose* au XIIIe siècle. Elle réinscrit l'amour dans le code féodal, elle le pense et l'énonce en termes de féodalité. Amour, plus encore dans *l'Enéas* que chez Ovide, est un dieu belliqueux, armé, qui soumet les corps et les âmes à son pouvoir, un dieu viril dominant de sa *virtus* les femmes, avant de faire plier Enéas qui s'en trouve ainsi féminisé. L'image de la « baillie » approche le processus de dépossession caractérisant l'amour ; elle assure le triomphe de l'Autre et de sa langue. Soi s'est perdu dans l'Autre, n'est plus que l'Autre dont il reçoit la langue qui le porte à l'être. Se soumettre à Amour, c'est s'identifier à lui, le laisser parler en soi, être — comme Lavinia — la langue même de l'Amour, la langue du roman, le « roman » identifié à la langue d'Amour.

Dépeindre l'amour comme une maladie revient à croire qu'on peut en guérir, en appeler, dans un même mouvement, à l' « Amour-médecin », « mire » de la blessure par lui portée. La présentation « allégorique », héritée d'Ovide, que la mère de Lavinia fait d'Amour adjoint une boîte d'onguent aux dards :

« li darz mostre qu'il puet navrer
et la boiste qu'il sait saner ;
sor lui n'estuet mire venir
a la plaie qu'il fet garir ;
il tient la mort et la santé,
il resane quant a navré ».

(v. 7985-7990)

« les dards montrent qu'il peut blesser et la boîte qu'il sait guérir ; point n'est besoin qu'un médecin vienne après lui ; il détient le secret de la mort et de la santé, il soigne là où il a blessé. »

La blessure et la souffrance ouvrent la voie de la guérison et du plaisir à celui qui a su se soumettre à la « baillie » d'Amour par un renversement dialectique dont la boîte est la méditation :

« Soëf trait mal qui l'acostume ;
se il i a un pou de mal,
li biens s'en suist tot par igal.
Ris et joie vient de plorer,
grant deport vienent de pasmer,
baisier vienent de baaillier,
anbracemenz vient de veillier,
grant leece vient de sospir,
fresche color vient de palir. »

(v. 7958-7966)

« Amour ôte doucement le mal ; une petite douleur est suivie d'un bien équivalent. Rire et joie viennent de pleurer, un grand plaisir de l'évanouissement, le désir amène le baiser, la veille l'étreinte, les soupirs une grande joie, la pâleur de fraîches couleurs. »

Grâce à l'Amour, toute chose peut engendrer son contraire (son autre) : la souffrance le plaisir, l'absence et le manque la présence, la langue du symptôme celle du bonheur. Les vers 7960 à 7966 ont tous la même structure et pivotent autour du verbe « venir » ; ils inversent le processus de la génération afin de mettre en avant, dans la partie initiale du vers, ce qui en est issu. La « granz dolçors », « qui tost seinne (soigne) les maus d'Amors », n'est rien d'autre que le produit d'un renversement des mots dans les vers, un effet de la rhétorique, un pur effet de langue. Promesse déçue jusqu'à l'extrême fin du récit, les amants ne trouvent cette « dolçors » qu'au-delà du mariage, au point où la fiction s'abolit et où la langue du roman vient à manquer et peut, dans ce suspens, s'identifier pleinement à la « grant dolçors » des mots, à la langue d'Amour produite par elle. *L'Enéas* est donc moins un art d'aimer de facture ovidienne, dans lequel la tradition postérieure pourra puiser, qu'une rhétorique, qu'un art de « trouver » la langue même de l'amour, de transformer l'amour en chant au-delà du silence à quoi, dans un premier temps, doit consentir celui qui se met en sa « baillie ». Un art d'aimer la langue, ou l'amour de la langue, qui guérit d'aimer.

L'ÉNAMORATION

L'Ars amatoria d'Ovide est un art du libertinage et de la frivolité amoureuse ; il suppose la distance amusée et induit une stratégie qui rêve de maîtrise. Il socialise l'amour en le coulant dans une rhétorique des comportements amoureux dont il tente de prescrire les règles. C'est un art de la gestion sociale de l'amour qui, paradoxalement, ne dit rien, ou peu, de sa nature. A l'inverse, les romans antiques, et tout particulièrement *l'Enéas,* sont empreints du sérieux qui caractérise les commencements ; ils s'intéressent davantage au saisissement marquant la naissance de l'amour, à ses causes, qu'à l'apprivoisement de ses effets. Une image prélude à la naissance de l'amour : visage ou corps qui emplit le regard. L'amour est toujours rencontre de la beauté. Dans *le Roman de Troie*, Medea reste saisie par la beauté de Jason. Et la plume de Benoît de Sainte-Maure d'épouser le regard de la magicienne pour composer l'image du héros dans laquelle elle va se perdre. L'auteur de *l'Enéas*, avant même d'indiquer de quelle manière Lavinia a été frappée par l'amour, prend la peine d'insister sur la beauté d'Enéas. Beauté rehaussée par la splendeur du cortège des Troyens qui l'entourent et louée par tout un chacun. De son côté, Enéas succombe à la beauté de Lavinia et enclôt en lui l'image de l'aimée (« Tot ot noté an son corage (son cœur) / et son senblant et son visage », v. 8919-8920). La « semblance » de l'autre prend possession du sujet amoureux s'abîmant dans l'image qui l'habite. S'abolit alors la distance supportée par un regard où le « je » parvient encore à soutenir son altérité face à l'autre qui n'est déjà plus qu'image, qu' « ombre de sei », dit Benoît, fin lecteur de l'histoire de Narcisse. D'entrée, Achillés entrevoit, dans *le Roman de Troie*, sa mort dans l' « escriture » du visage de l'aimée à l'intérieur du cœur. En se comparant à Narcisse, il perçoit la dimension mortifère de l'amour qu'un père ne vient pas soutenir d'une parole quand l'objet d'amour devient « ombre de sei » et que s'annulent toutes les différences (dehors/dedans, soi/l'autre). Si Lavinia, puis Enéas parvinrent à échapper à la fascination mortifère de la beauté et à la dissolution dans l'image, n'est-ce pas que le montage de la fiction réussit à maintenir l'autre à distance ainsi que la distinction du regardant et du regardé ? que leur amour, avant même de naître, fut délivré de cette dimension spéculaire, où chacun s'enchante de sa propre image sur le visage de l'autre, par la parole d'un père nommant aux Chans Elisïens celle que les dieux, par sa bouche, ont élue ? La beauté et l'image sont les appeaux du regard ; elles l'appellent et le piègent en un temps qui, en dépit de sa brièveté, soutient le processus d'énamoration. La nouveauté de *l'Enéas* réside dans l'approche de la fonction du regard à l'intérieur du champ du désir et de l'amour. L'auteur ne se contente pas de souligner que l'amour naît d'un regard, il décompose la trajectoire de ce regard et scande ainsi les divers temps constituant le processus d'énamoration :

« Lavine fu an la tor sus,
d'une fenestre *garda* jus,
vit Eneam qui fu desoz,
forment l'*a esgardé* sor toz.
Molt li sanbla et bel et gent,
bien a *oï* comfaitement
lo *loënt* tuit par la cité,
et de proëce et de bialté ;
bien lo nota an son corage
la ou al fu an son estage.
Amors l'a de son dart ferue ; »

(v. 8047-8057)

« Lavine se trouvait dans la tour et regardait vers le bas lorsqu'elle vit Enéas qui se tenait en dessous ; elle l'a longuement regardé entre tous. Il lui semblait beau et avenant ; elle a bien entendu de quelle manière tout le monde dans la ville loue sa vaillance et sa beauté. Elle a conservé en son cœur le souvenir de ces louanges parvenues à sa hauteur. Amour l'a blessée de son trait ; »

Quatre temps sont ainsi supposés : le temps du regard proprement dit et de son envoi (« garda », « vit », « l'a esgardé »), un temps de suspens, où le regard se fige dans la contemplation de la beauté, suivi du retour du regard vers sa source, retour qu'étrangement l'auteur évoque dans le registre de la voix et de l'ouïe (v. 8052-8053) afin de pouvoir théoriser dans un autre champ cette dimension du retour qu'il pressent sans parvenir à la dire tout à fait ; dernier temps : l'inscription en soi du regard retourné. Le vers « Amors l'a de son dart ferue » résume la clôture du circuit : celle qui décocha le regard s'en trouve blessée, mais le regard retourné n'est pas le regard envoyé ; Lavinia regarde et se trouve regardée, la transformation de son regard en flèche tirée par Amour image l'altérité du regard retourné. Le regard, dans la boucle de son retour, s'avère la marque qui exproprie de lui-même celui ou celle qui regarde. Amour est une flèche :

« por lui l'a molt Amors navree ;
la saiete li est colee
desi qu'el cuer soz la memelle ».

(v. 8065-8067)

« à cause de lui Amour l'a blessée ; il lui a fiché une flèche en plein cœur, juste sous le sein ».

Le regard aussi. Cest dire qu'une flèche peut venir matérialiser la trajectoire du regard comme celle qui porte le « bref » (la lettre) où Lavinia déclare son amour au Troyen ; Enéas lit le bref et dans le même temps s'ouvre à l'amour (v. 8863-8878). Lire le « bref » équivaut à soutenir le regard qui l'accompagne, à le renvoyer en acceptant de parcourir des yeux ce qu'il contient, à se voir regardant dans les yeux de l'autre posés sur soi. Cette structure est rédupliquée par le miroir des yeux de l'autre : Lavinia voit Enéas en train de la regarder, comme il la vit le regardant par la lecture du « bref ». La « meschine » remercie d'un baiser le retour du regard ; ce baiser emprunte le circuit suivant lequel ce qui est envoyé à l'autre par chacun revient sous une forme inversée comme discours ou regard autre.

Dans *l'Enéas*, un regard n'est jamais évoqué seul ; il est pris dans un dispositif, réglé par la fiction, qui le dédouble et grâce auquel chaque sujet regardant est sujet vu, aliéné par le retour de son propre regard. Lavinia, blessée d'amour par le regard posé sur Enéas, prend place dans un espace dont les coordonnées sont fixées par une série de regards croisés. Poussé par la curiosité, Enéas est allé regarder Laurente, cependant que les habitants montent aux créneaux pour regarder les Troyens (v. 8031-8033). Le regard de Lavinia relaie celui des habitants de Laurente et renvoie à Enéas son propre regard avant de voir revenir celui-ci. La scène aurait pu se répéter indéfiniment sans que le regard sortît de la structure, sans qu'il cessât de revenir vers sa source et fût renvoyé par celui qui l'avait adressé. Pressé par le regard de Lavinia, Enéas ne dérobe le sien un temps que pour mieux le retourner : « Quant il voloit esgarder / si se tornot de l'altre part » (v. 8892-8893). Pour la voir, il lui faut regarder ailleurs, là où elle ne se tient pas, et buter sur un point aveugle qui renvoie le regard. Le regard conquiert sa réflexivité d'être surpris :

« Eneas *garda* cele part	« Enéas regarda de ce côté
et *aperçut* qu'el *l'esgardot*	et s'aperçut qu'elle le regar-

(...) Tuit li baron, qui l'on *veü*, s'an sont molt *aperceü* ; » (v. 9230-9234)	dait (...) Tous les barons qui l'ont vu s'en sont aperçus ; »

et dirigé par les barons invitant Enéas à contempler la beauté de la fenêtre, là où, précisément, il n'y a rien à voir. Car regarder n'est pas voir, et le regard est à distinguer de l'œil. Que l'amour soit appendu au regard le verse tout entier du côté de l'illusion et du voile parant le réel pour qu'il ne soit pas, plus, à voir. Chrétien de Troyes développera, dans *Cligés*, cette distinction de l'œil et du regard pressentie par l'auteur de *l'Enéas* qui, là encore, inaugure un topique appelé à la fortune, en cherchant à savoir comment le dard d'Amour a pu pénétrer jusqu'au cœur sans laisser voir de plaie (cf. v. 650-696).

Dans *l'Enéas*, Lavinia, du haut de sa tour, regarde ce qui ne peut se voir, la place vide que seul, dans un texte littéraire, peut symboliser le nom : Eneam (v. 8049). Son regard est tout entier appendu au manque que connote ce nom renvoyé en écho par les louanges qui retentissent autour d'elle. La voix soutient et désigne le « rien » visé par le regard, le « rien » qu'est le regard grâce à sa réflexivité, un « rien » qui est encore quelque chose et peut traverser sans dommage l'écran des yeux et le « mereors au cuer ». S'opère pourtant une singulière conversion qu'un changement de lettres marque dans la langue du roman. « E-NE-AS », le nom déclinait son inanité afin de faire résonner le manque dont s'autorise le désir ; en devenant « E-NE-AM (« et il n'aime (pas) »), il assure le passage du désir à l'amour, même si ce dernier est encore dénié. Le récit démentira d'ailleurs ultérieurement ce refus comme il le fit déjà pour Lavinia. Aimer rend aveugle puisque l'image de l'autre vient occuper la place du manque visé par le regard, mais aussi sourd au vide résonnant dans le nom. L'amour est bien médecin en ce qu'il guérit de la blessure du manque et tisse l'illusion d'un dépassement de l'image en obturant le manque qui en dresse les coordonnées.

Dans le champ de l'amour, le regard a pour fonction de transformer le manque en distance maintenue entre les partenaires et de transformer un fait de structure en produit de la volonté des amants et de l'auteur. Le regard empêche chaque amant de s'abîmer dans l'image de l'autre ; il instaure une dimension tierce, certes ténue, mais suspend toutefois l'aliénation dans l'attente de la parole échangée qui fera entrer chacun dans l'état de mariage.

« AIMER, C'EST DONNER CE QU'ON N'A PAS »[3]

Approcher la nature du discours sur l'amour qui se met en place avec les romans antiques oblige à remonter en deçà de l'émergence de toute référence ovidienne, à la scène de la pomme de Discorde où Vénus, dans *l'Enéas*, fut élue, et à réinterroger le geste de Pâris. En allouant la pomme à Vénus, il consacre sa beauté (la perfection d'une image corporelle) qu'il lie ainsi à l'amour. Simultanément, il l'extrait du panthéon des déesses. Dans le temps du mythe, qui constitue l'inconscient textuel du roman naissant, ce geste a valeur de reconnaissance de la nature même de l'amour identifié à la déesse qui le représente. Comment Vénus pourrait-elle se dire reine de beauté et déesse de l'amour si un homme, en répondant à sa demande, ne venait le lui signifier ? On l'a dit au chapitre II, Pâris ne possède pas la pomme ; il n'est que le détenteur provisoire de l' « objet » confié par les trois déesses. En le donnant, il donne ce qu'il ne possède pas et ce geste définit l'amour. Aimer, c'est donc donner ce qu'on n'a pas, combler dans l'imaginaire le manque du partenaire, ce qui le fait désirant, afin qu'il vienne adhérer (« être ») à l'objet du désir. Ce geste acquiert sa signification dans la réciprocité : Pâris reçoit Eloine, femme d'un autre, donnée par Vénus. Pâris comble Vénus et impose silence à l'excès de la demande qui retentit à ses oreilles. D'un « rien » (de la

3. La formule est de J. Lacan.

pomme) il consacre l'amour et La Femme à qui plus rien ne manque. Aimer, c'est croire que le manque est comblable.

La vérité contenue dans ce fragment mythique est éclairée par la répétition décalée qu'en donne l'épisode des amours d'Enéas et de Lavinia. Chaque partenaire donne ce qu'il n'a pas sous la forme du rien qu'il a. Enéas donne le rien qui retentit dans son nom, le « rien » qu'est le nom reçu par la « meschine » et difficilement décliné. Et Lavinia ? La flèche d'un regard, soit le « rien » symbolisant le vide qu'il embrasse, la flèche porteuse d'un « bref », d'un « escrit » au message retenu mais résumé par la fiction qui l'encadre, presque identique à l' « escrit en grezois » à quoi se réduit la pomme. En masculinisant l'amour par la substitution d'Erôs à Vénus, en passant du mythe au roman, la question de la femme à combler paraît perdre quelque peu de sa pertinence dans la mesure où l'épellation du nom du héros donne à entendre que le manque est plutôt à obturer chez l'homme. Elle n'est cependant pas invalidée, mais seulement déplacée, posée dans un autre registre, celui du nom d'un fils dont Lavinia est grosse. A la place de la pomme : un fils ; à la place de Vénus, Lavinia, le visage même de l'amour pour Enéas et pour le roman.

L'AMOUR ET L'IMPASSE SEXUELLE

L'amour ne délivre pas de la misogynie et de la peur de l'excès qu'est la femme, mais y ramène quand se lève le voile d'illusion qui parait l'objet d'amour. L'audace de Lavinia la rend un temps aimable :

« Molt li doi savoir bon gré qu'el m'a primes amor mandé » (v. 8993-8994)	« Je dois lui savoir gré de m'avoir requis d'amour la première »

avant de s'inverser en cette crainte de la femme qui ne cesse de tarauder l'homme médiéval. Crainte relancée d'une question : la même avance ne fut-elle pas aussi faite à un autre homme ? le rival n'est-il pas comblé d'une promesse identique que la naturelle lubricité féminine peut, sans défaillance, soutenir dans la réalité du commerce sexuel :

« — Et nequeden feme est molt [sage d'enginier mal an son corage ; il puet bien estre que Turnus a de s'amor ou tant ou plus, et qu'ele est a seür de lui ; parler püent ansanble andui, s'amor li a puet c'estre ofert. » (v. 8997-9003)	« Cependant, une femme est suffisamment avisée pour préparer en son cœur une ruse ; il n'est pas impossible que Turnus ait un peu de son amour d'une manière ou d'une autre et qu'elle, de son côté, soit sûre de lui, ils peuvent parler ensemble et elle lui a peut-être offert son amour comme elle l'a fait avec moi. »

Et Enéas de conclure l'inventaire de ses doutes : « femme est de molt male voisdie ». La tromperie (« voisdie »), la duplicité divisent la vérité et le langage qui la supporte ; ce qui est dit suppose un au-delà, un surplus, de la parole et de la vérité. La part de vérité non dite et la parole retenue entretiennent le mystère autour d'une lubricité parfaitement équivalente à la tromperie. L'illusion de l'amour, un court instant levée, s'entrevoit la vérité à laquelle le misogyne accroche sa haine, il voit en cet instant l'excès qu'est la féminité lui revenir comme l'image d'un trop peu concernant sa propre sexualité, sous la forme d'une blessure, par exemple, portée par la flèche tirée par un archer occupant, en ce point du récit, la place de celui qui envoya le « bref » déclarant l'amour. Se répète moins là ce qui une fois déjà eut lieu que n'appert, en creux, la signification de la blessure qui afflige le personnage. Le fer de la flèche est resté dans le bras gonflé (« li bras enfla, sanpres (aussitôt) fu gros », v. 9468). La plaie (l'image du manque) s'inverse en pléthore, en excès, et dessine l'urgence d'une médecine qui, guérissant la boursouflure, cicatrise en même temps la blessure et le manque (cf. v. 9552-9574). Sans doute le fer de cette flèche est-il plus près du plomb armant le trait d'Amour « qui fet amer diversement » et haïr que de l'or du second qui fait « amer ». Le fer porteur de la blessure par où l'homme se découvre carant allumerait-il la haine du misogyne en l'attente que l'or de l'amour et le baume de la boîte viennent faire oublier la brûlure ? La plaie du bras d'Enéas anticipe de quelques années la blessure « an la janbe » que le Tristan de Béroul vit se rouvrir au cœur du plaisir pris au corps de la reine (*Roman de Tristan*, v. 731-735), et plus sûrement encore l' « anferte » inventée par le héros de Thomas au soir de ses noces avec Iseut-aux-blanches-mains pour justifier son peu d'entrain à accomplir le devoir conjugal (*Roman de Tristan*, Fragment Sneyd 1, v. 630-638). Plaie ou blessure, blessure ou « enfermete », la marque corporelle qui afflige le héros métaphorise une carence dont Béroul, et surtout Thomas pointent la nature sexuelle. De cette carence, le misogyne espère guérir par la haine parée des oripeaux du savoir et de la maîtrise et Enéas par l'amour. Qui mieux que la femme elle-même a conscience de l'excès qu'elle est pour l'homme, lorsque Lavinia prononce par avance les propos qu'Enéas se reprochera d'avoir tenus ?

« l'un et l'autre deüsse atraire ; ainsi poïsse ge bien faire, se ges amasse andos issi ; donc ne faillisse a un ami ; li quels que fust morz ou [vencuz, l'un an aüsse de mes druz ». (v. 8273-8278)	« j'aurais dû fréquenter l'un et l'autre ; j'aurais bien agi si j'avais ainsi aimé les deux ; je n'aurais pas manqué d'amant ; l'un mort ou vaincu, j'aurais eu l'autre à ma disposition ».

Deux hommes, pour être sûre d'en avoir au moins un, et que la lubricité y trouve son compte. Les deux hommes font image au « sorplus », immédiatement dénié (« Fole Lavine, qu'as-tu dit ? ») et supportent une division inaugurant le règne du « deux » au cœur de l'unité supposant un tiers à exclure. Ne pas accepter d'être divisée en appartenant à deux hommes conduit à une impasse que Lavinia formule en ces termes :

« Qui fermement velt bien amer,
son compaignon ait et son per ;
del tierz aprés ne sai ge mie ;
puis sanble a marcheandie.
Rire puet l'an bien a plusors,
mais ne sont pas voires amors
dont l'an apaie dous ou trois ;
ne tient d'amor precepz ne lois
qui plus que un an velt amer :
ne si velt pas amor dobler.
(...)
... Ce ne ferai ge mie
que de m'amor face partie,
ne li voil pas d'amor boisier,
o lui ni avra parçonier. »
(v. 8289-8304)

« Que celle qui veut aimer sérieusement ait un ami et un égal ; du tiers je n'ai rien à dire mais cela me semble du commerce. On peut bien rire à plusieurs mais ce ne sont pas de vraies amours si l'on s'apaise avec deux ou trois. Celle qui veut en aimer plus d'un ne respecte pas les lois et les préceptes d'amour, pas plus que celle qui veut doubler l'amour. Je ne partagerai jamais mon amour, je ne veux pas le tromper, il n'aura pas de rival. »

Comment faire « un » de « deux » cœurs et de « deux » corps, quand d'entrée on est « trois » ? Seule, la nature complexe d'Amour permettra de montrer « Comant dui cuer a un se tiennent / Sans qu'ansanble ne parviennent » (Chrétien de Troyes) et d'assigner au tiers une place où il cessera de supporter la division de la femme. Comme le montre l'image des deux dards, la nature d'Amour est duelle, le dieu tient un dard d'or qui fait aimer et un dard de plomb qui « fet amer diversement ». L'auteur emprunte là au chant I des *Métamorphoses* où Ovide, contant la naissance de l'amour d'Apollon pour Daphné, met deux traits (de fer et d'or) dans les mains de Cupidon (I, v. 468-471). Du latin au « roman », l'éclat du fer a cédé devant la splendeur de l'or et la nature du matériau a pris le pas sur la forme du trait ; leur différence, en changeant de registre, s'est creusée ; les feux de l'or du trait « qui fet amer » peuvent ainsi se marier à ceux du « boldon » (trait) menaçant le « colon » qui transforme en merveille le tombeau de Camille (v. 7684-7724), à l'or de la blonde crinière de la jeune fille et à la pomme d'or « escrit(e) en grezois ». L'éclat de l'or se propage dans le texte grâce aux récurrences du mot, au tissu d'images dans lequel le métal précieux entre en composition. Insensiblement, au fil de ce parcours, l'or s'est féminisé pour venir incarner la « part femme » d'Amor, inscrite dans les lettres du mot « Am-OR » lors de la mise en écriture du texte. Cette féminisation par la langue et le tissu métaphorique du roman atténue la brutale virilisation de l'amour concrétisée par la substitution de Cupido à Vénus, du fils à la mère, et module le clivage trop net entre le masculin et le féminin. A l'or de la féminité du premier dard, fait pendant le dard de plomb, symbole de la virilité. Importe moins ici l'évidente symbolique sexuelle du dard plombé que la juxtaposition des deux principes au sein d'une même entité bisexuelle renvoyant à ce que le personnage de Camille tenta d'incarner. Cette représentation de la différence sexuelle s'inscrit dans un dispositif qui la reproduit et la transforme sensiblement. Les dards tenus de la main droite s'opposent à la boîte figurant dans la main gauche d'Amour (v. 7978). Outre, là encore, l'évidente symbolique sexuelle féminine de la boîte, la bilatéralité des éléments induit une bisexualité de la représentation ainsi formulable : boîte-gauche-féminité / *vs* / dards-droite-virilité. Ainsi Amour est par deux fois clivé (fig. 3) : l'opposition boîte-gauche-féminité / *vs* / dards-droite-virilité est doublée par le clivage du principe masculin en deux nouvelles entités juxtaposant féminité et virilité, l'or et le plomb.

Dès lors apparaît une possibilité de sortie de l'aporie dont les vers (cités) de Chrétien de Troyes fournissaient les termes : Amour, en adjoignant en lui virilité et féminité, permet qu'en son sein, ou que grâce à lui, l'homme et la femme se rencontrent et s'unissent, que la différence sexuelle cesse d'être une indépassable butée. De plus, chaque partenaire n'est-il pas, tout comme Amour, clivé dans ces faux dialogues intérieurs où il examine des arguments et des attitudes contradictoires, où il donne l'illusion d'accueillir en soi la voix de l'autre. Amour blesse les cœurs pour mieux guérir les amants de leur différence et entretenir la fiction

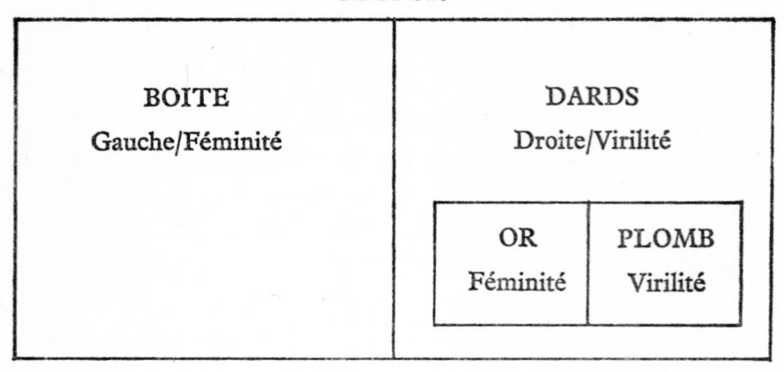

FIG. 3

de leur union. Grâce à un jeu subtil de permutations, autorisé par l'emprunt à Ovide et organisé par la fiction, la différence sexuelle cesse d'être un clivage rédhibitoire. Le « sorplus » de la féminité n'est plus l'apanage de la seule femme, il devient aussi celui de l'homme franchissant le pas qui le séparait de la femme. Ainsi le plomb masculin pourra se convertir en or de la féminité et Enéas, frappé dans un premier temps par le trait « qui fet amer diversement », sera ensuite blessé par la flèche porteuse du « bref ». Et c'est sous l'effet de ce second dard qu'en entrant dans l'amour il laisse parler une féminité dont les symptômes constituent le langage. L'amour féminise l'homme médiéval et l'oblige à éprouver une souffrance qu'antérieurement dans le récit la femme a déjà éprouvée. Dans cette souffrance, ils se rejoignent, par ces symptômes ils se conjoignent, leurs « dui cuer a un se tiennent / sans qu'ansanble ne parviennent ».

« Un » produit de « deux », Amour image aussi le « un » somme de « trois ». Amour règle la question du tiers, abolit la partition de la femme divisée par (entre) deux hommes dont l'auteur, hors l'emprise des romans de Tristan, eut l'intuition qu'elle faisait obstacle à l'union. Dans le champ de la mathématique formalisant la réalité du commerce sexuel, le tiers (le « parçonier ») incarne l'obstacle à lever, le « un en trop » dont l'exclusion conditionne la réunion du couple. Amour est une représentation non seulement duelle (or *vs* plomb...), mais trine : aux deux dards s'adjoint une « boiste » chargée de guérir la blessure portée par les dards (v. 7985-7990). Amour pare au malheur d'être deux, et la boîte vient en tiers guérir de la différence. Le tiers n'est plus cause de la faillite de l'union, il en est la condition ; il noue dans l'imaginaire (grâce à une image) ce que la mathématique montrait séparé dans le réel. Rien ne saurait donner une meilleure illustration de l'efficacité du tiers que l'épisode du médecin Iapis guérissant Enéas de sa blessure au bras à l'aide d'un baume (« ditan ») sorti d'une boîte (v. 9559-9565). Lié métonymiquement à la boîte, le dictame est un « tiers » qui conquiert son efficacité en s'annulant (« se l'a destrempé ») en un « boivre » chargé de guérir le feu d'un autre « boire », du « mortal poison » générateur de la « mortal ivrece » qui conduisit Dido au trépas. Au feu de la blessure, à l'amertume ou au fiel, le baume substitue la douceur (la « soatume »). Le dictame panse la blessure masculine, il la referme en extrayant la flèche qui l'avait ouverte, ce qui vint en « sorplus » s'y ficher. Le dictame (le tiers) abolit le « sorplus », flèche et enflure (envers fantasmé d'une carence ou d'une plaie), et suture la blessure ; il remet les sexes à égalité, face à face, hors l'emprise de la différence. Aimer, n'est-ce pas trouver, comme le pressent Lavinia (v. 8289-8290, cités), trouver son « per », son égal ? Avec la flèche s'envole le fer qui infectait la plaie ; disparaît, à l'instar du baume détrempé, le dard de plomb « qui fet amer diversement », ou « fet haïr », et creuse l'impasse. Ne reste plus que le dard d'or, identifié par Enéas à la flèche porteuse du « bref » rédigé par Lavinia :

« Tu m'as de ton dart d'or navré,
mal m'a li brés anpoisoné
qu'entor la saiete trovai. »

(v. 8953-8955)

« Amour tu m'as blessé de ton dard d'or ; la lettre que j'ai trouvée enroulée autour de la flèche m'a empoisonné gravement. »

Amour est la flèche qui va de Lavinia à Enéas et d'Enéas retourne à Lavinia sous la forme d'un regard, le « trait d'union » entre l'homme et la femme, le « un » issu, non de deux, mais de trois. Amour permet à l'homme, au clerc, de guérir de sa blessure (la castration) et du « sorplus » dont elle est l'envers fantasmé.

Quelle douceur émane du baume détrempé, de ce « rien » qu'est devenu le tiers aboli tirant le trait d'union entre Lavinia et Enéas, sinon celle du miel d'une parole, d'un dit pléthorique, d'un « di-tant », un « di(c)t-ame » (un dit d'amour) qu'appelle le nom de la « mecine » ? En l'attente que ce « dit » prenne consistance d'un « oui » lors du mariage, revient sur la scène de la mémoire la parole paternelle dénombrant les hoirs et saturant le récit des noms d'une lignée prometteuse. Musique des noms, musique de la voix paternelle distillant aux Chans Elisïens la douceur d'Amour, « musique du silence » grâce à laquelle s'endorment toutes les blessures : blessure de la naissance, de la différence sexuelle, de la castration... Musique et mystique de l'union, du « un » somme de « trois », recueillies par le roman prêtant sa langue toute neuve à ce qui « dit tant », coulées dans cette parole pour chanter l'amour, pour être la langue de l'amour. Le tiers évanoui, et pourtant présent de sa seule consistance de parole, le regard peut s'éblouir de l'or du dard restant, du trait d'union. Et son éclat, repris par la langue qui convertit l'image en son, devient musique, musique d'un nom évoquant un dard : DARD-anus, nom de l'ancêtre mythique, du père primitif, vers lequel il faut revenir pour rencontrer la femme. Saurait-il y avoir d'autre amour que d'amour du père, à entendre comme amour au nom du père ?

CHAPITRE VII

Le roman familial du roman

LE PROLOGUE ABSENT

Commencer : rien de plus difficile. Rien de plus douloureux que le suspens de la première parole, du premier mot, dont la pertinence contient déjà tous les bonheurs de l'œuvre à venir. Au commencement non le Verbe, mais le silence, auquel il faut s'arracher pour inscrire dans la langue la première marque, le premier trait signifiant. Matrice ou chrysalide d'un texte encore à l'état de promesse. D'où, peut-être, le goût prononcé de l'époque médiévale pour le rehaussement coloré des lettres initiales, historiées, surchargées parfois jusqu'à l'illisibilité. D'un même mouvement, le volume, l'éclat de l'or et des couleurs, les arborescences qui parasitent la lecture, tentent, pléthoriquement, de faire oublier l'incertitude de tout commencement et chantent en image les bonheurs de la « trouvaille » de la lettre qui donne corps à l'*initium*.

Le commencement peut être laissé à l'initiative du hasard, au surgissement inopiné de cette précipitation de langue qu'est la trouvaille ou, à l'inverse, réglé, encadré par une poétique délivrant ainsi par avance du silence, de l'angoisse du premier mot où un sujet se risque.

Plus qu'aucun autre texte, le texte médiéval est le produit d'une double série de contraintes, d'une double structure signifiante. Celle de la langue d'abord, peu importante ; le

« roman » conserve au XIIe siècle la souplesse syntaxique, l'instabilité morphologique et graphique, qui est source de lectures plurivoques, caractérisant les idiomes nouveaux ; celle de la tradition rhétorique ensuite, véhiculée par le *trivium*, plus rigide parce que codifiée de longue date et riche des illustrations fournies par l'Antiquité et des gloses infinies des commentateurs, ces pourvoyeurs d'un savoir sur la langue qui échappa au morcellement du politique et à la perte de mémoire.

En codifiant les règles du discours, la rhétorique ancienne avait distingué deux façons de commencer : suivant l'ordre naturel *(ordo naturalis)* ou suivant l'ordre artificiel *(ordo artificalis)* ; la première consiste à suivre l'ordre normal des parties : exorde, narration, division, confirmation, réfutation, conclusion ; la seconde modifie la succession des parties en fonction des circonstances ou d'un besoin d'expressivité.

L'*initium* des œuvres poético-narratives subit un traitement analogue, et *l'Enéide* permit à ses commentateurs d'affiner la distinction *ordo naturalis / ordo artificalis*. Au IVe siècle, Donat soulignait déjà, dans ses *Interpretationes vergilianae*, les libertés prises par Virgile avec la continuité diégétique. Très tôt, *l'Enéide* a fourni un modèle d'*ordo artificalis*, dans lequel Geoffroi de Vinsauf verra au XIIIe siècle, dans sa *Poetria nova*, l'expression même de la maîtrise littéraire, avant de décliner les huit manières possibles de débuter suivant l'*ordo artificalis* : on peut ainsi commencer : 1) par la fin ; 2) par le milieu ; 3) par des idées générales ou *proverbia* qui peuvent servir de commencement par le début, le milieu ou la fin (soit trois formes) ; 4) par des *exempla* qui, eux aussi, peuvent être utilisés pour commencer par le début, le milieu ou la fin[1]. Nul doute que les règles strictes de cette rhétorique de l'*initium* n'aient informé la production narrative en langue vernaculaire, fût-ce pour s'en jouer comme l'a montré R. Dragonetti[2].

1. Ed. citée, v. 87-202, p. 194-202.
2. *Op. cit.*

De ce travail de démarquage *l'Enéas* nous offre un parfait exemple. Le texte roman se libère de son modèle en renonçant à commencer suivant l'*ordo artificalis* dont *l'Enéide*, évoquant dès le chant I Didon avant de revenir ultérieurement sur ce qui conduisit Enée à Carthage, était le modèle. *L'Enéas* rétablit l'*ordo naturalis* en faisant coïncider l'ordre diégétique avec l'ordre chronologique des faits. L'adaptateur médiéval rappelle le sac de Troie et ses causes immédiates (v. 1-35), l'ordre d'aller quérir la terre des ancêtres donné par les dieux (v. 36-41), la fuite de Troie (v. 42-92), évoque les causes lointaines du malheur des Troyens (v. 93-182), puis l'errance douloureuse qui les conduit à Carthage (v. 183-272). Outre le fait que ce rétablissement partiel de la linéarité diégétique manifeste une volonté de rationalité, elle-même signe dans le temps de la réécriture d'un effort de maîtrise des causes du malheur, il permet au texte roman de conquérir une autonomie certaine par rapport à son modèle et à la rhétorique dont celui-ci était devenu le support. Moins d'artifice et plus de naturel, d'adéquation de la fiction aux *res gestae*, au référent qu'est supposé être la chronologie historique, tel serait, en apparence, le choix de *l'Enéas*. C'est là un choix de la « mimesis », à entendre avec A. Leupin comme « cet effet de nature par lequel l'espace littéraire contrefait une référence à des codes antérieurs à son propre travail d'écriture »[3]. A moins que le « naturel » ne soit donné comme le comble de l'artifice, dans la mesure où il est le produit d'un remaniement, d'un travail d'écriture, que la « mimesis » soit désignée comme un pur effet d'écriture dissolvant le simulacre, l'illusion de représentation d'un réel (des *res gestae*) qui lui préexisterait. Le « naturel » est le produit de l'artifice de l'écriture ; le réel et l'Histoire apparaissent comme des effets de discours, des effets de langue. Aucune *res gestae* ne préexiste à la langue et à l'utilisation qu'en fait un sujet, rien ne préexiste au texte

3. Les enfants de la Mimesis, *Vox Romanica*, 38, Berne, 1979, p. 110.

sinon de l'écriture, du langage où le réel s'est perdu. Indépassable nominalisme.

En perturbant la dichotomie rassurante *ordo naturalis vs ordo artificalis*, l'*initium* de *l'Enéas* réveille l'angoisse du commencement, il s'écrit à l'intérieur de la rhétorique exordiale pour transformer en faille le clivage qui l'organise afin d'en faire saillir le défaut. Il mine de l'intérieur le métalangage qu'est toute rhétorique. Travail de sape remarquable que ce retournement de la rhétorique contre elle-même ; elle ne s'éploie en respectant l'*ordo naturalis* (qu'elle corrompt d'ailleurs en introduisant la référence au jugement de Pâris) que pour mettre en valeur la dimension fictionnelle des *res gestae*, du réel, et souligner sa propre dimension d'écriture. Cette faillite ouvre au roman le champ d'une autre « poétique », où il serait moins le fruit d'une méta-théorie que convié à « trouver » en « roman », dans le temps où il s'écrit, la fiction qui le parle et la rhétorique qui l'informe. Au commencement du roman n'est que la théorie du commencement du roman comme théorie du roman, là où, précisément, la rhétorique de l'exorde, appliquée à la lettre, renvoie l'écho de son inanité.

Aux huit façons de commencer suivant l'*ordo artificalis*, Jean de Garlande, dans sa *Poetria* composée vers le milieu du XIIIe siècle, en ajoute une neuvième consistant à placer en tête de l'œuvre un prologue et un sommaire[4]. Si la remarque semble provenir de la comédie antique, elle paraît s'être appliquée très tôt aux genres narratifs et tout particulièrement au roman. Les tout premiers exemples du genre sont pourvus d'un prologue et d'un sommaire. La première laisse de *l'Alexandre* d'Albéric de Pisançon (vers 1130) sert de prologue (v. 1-8), la seconde (v. 9-18) de sommaire ; les trente-deux premiers vers du *Roman de Thèbes* condensent le prologue (v. 1-20) et le résumé (v. 21-32). Wace réduit le prologue de son *Brut* à huit vers et se dispense du sommaire. A l'inverse, Benoît de Sainte-Maure dote son

4. Ed. G. Mari, *Romanische Forschungen*, t. XIII, 1902, p. 905.

Roman de Troie d'un prologue (v. 1-144) à l'image de la démesure de l'œuvre, le sommaire, précis et détaillé, n'en occupe pas moins de cinq cent soixante-dix vers (v. 145-714). « Le prologue est un aspect de l'initialité de l'œuvre »[5] ; il est comme tel soumis aux règles du genre exordial, au partage de l'*ordo naturalis* ou *artificalis* et doit s'ouvrir par des *proverbia* (idées générales) ou des *exempla* (illustrations). Aussi Albéric commence-t-il son roman par une *sententia* empruntée à Salomon :

« Dit Salomon, al primier pas, Quant de son libre mot lo clas : « Est vanitatum vanitas Et universa vanitas » » (v. 1-4)[6]	« Salomon dit au premier pas, quand il fit résonner la voix de son livre : « Vanité des vanités, tout est vanité » »

Plus tard, l'auteur de *Thèbes* lui emboîtera le pas :

« Qui sages est nel doit celer, ainz doit por ce son senz [moutrer » (v. 1-2)	« Celui qui est sage ne doit pas le cacher, mais au contraire montrer son bon sens. »

Dans le concert des romans antiques, *l'Enéas* introduit une discordance. Il commence *in medias res* et entre brutalement en matière sans recourir au moindre prologue, fût-il des plus brefs :

« Quant Menelaus ot Troie [asise, onc n'en torna tresqu'il l'ot [prise » (v. 1-2)	« Lorsque Ménélas eut mis le siège devant Troie il ne s'en retourna pas avant de l'avoir prise »

L'Enéas reste une anomalie, à la fois dans le cycle des romans antiques et dans la production romanesque du

5. R. Dragonetti, *op. cit.*, p. 101.
6. Ed. A. Foulet, *The Medieval french Roman d'Alexandre*, Princeton, 1949-1955, vol. 3.

XIIᵉ siècle ; l'absence de prologue en témoigne et lui confère une originalité certaine. Elle est moins le fait d'une maladresse de l'auteur, ou d'une oubli du copiste, que le signe d'une volonté de s'affranchir, non seulement de son modèle latin, mais aussi de la rhétorique de l'exorde et de la « poétique » nouvelle dont les prologues, on va le voir, constituent une approche partielle.

Pas plus qu'il n'a exorde, *l'Enéas* n'a de « fin ». Le mariage célébré (v. 10120-10123), le temps et le rythme du récit s'accélèrent ; s'appuyant sur ce qui, par deux fois, fut dit (« et puis fu si com Anchisés / a Eneas ot aconté / an enfer... », v. 10142-10144), l'auteur évoque très rapidement les descendants du Troyen et la fondation de Rome, le roman s'achève en ce point aussi brutalement qu'il avait commencé, sans la moindre conclusion où l'œuvre se replierait sur soi pour livrer en ses derniers mots la signification ou la quintessence morale de son parcours. Car il existe aussi une rhétorique de la *conclusio* : on doit finir comme l'on a commencé, de trois manières : sur le sujet même, par un proverbe, ou par une idée générale[7]. L'auteur de *Thèbes* se plie à ses règles bien antérieures à la codification de G. de Vinsauf et tire en ces termes la leçon de la « geste » des deux fils d'Edyppus :

« Pour Dieu, seignor, prenez i [cure, ne faites rien contre Nature que n'en veingniez a itel fin come furent cil dont ci defin. » (v. 10559-10562)	« Pour l'amour de Dieu, prenez garde de ne rien faire contre Nature afin de ne pas connaître une fin identique à ces deux-là. »

Suit l'explicit : « Explicit li Roumanz de Thebes ». Dans *l'Enéas*, rien. Pas même un de ces vers par lesquels les auteurs se plaisent à marquer la fin de leur travail, le suspens de l'écriture qui autorise la profération d'un nom, une signa-

7. Cf. G. de Vinsauf, *Documentum de arte versificandi*, éd. E. Faral, *op. cit.*, p. 319.

ture revendiquant une identité construite de toutes pièces par l'écriture :

« Mestres Waces, qui fist cest [livre,
Ne volt plus dire de sa fin
Que fist li profetes Mellin. »
(*Brut*, v. 13281-13283)

« Maître Wace qui rédigea ce livre ne veut plus continuer à parler de la fin d'Arthur ni de ce que fit de lui le prophète Merlin. »

Avec *l'Enéas*, la fin correspond au début. Doublement. Un même mépris pour la rhétorique s'affiche dans la clausule et dans l'incipit. Seul le « sens » permet de savoir que le roman est achevé : Rome, dont la naissance est promise au dernier vers, viendra faire oublier Troie détruite dans les tout premiers vers (v. 1-4). Une ville à la place de l'autre. Entre les deux : les pérégrinations et les avatars d'une errance qui donnent sens à cette *translatio*. Au seul plan de la signification, la fin du récit paraît venir combler un défaut, suturer un manque ou panser une blessure faite à l'Histoire. Au plan rhétorique, une même imperfection afflige le début et la fin ; le roman semble flotter entre cette double image de soi que lui renvoient son début et sa fin tronqués. Bloc de langue et de sens, résistant à la rhétorique de l'ornementation, qui a ménagé l'arrachage du texte au silence, puis à la retombée du silence sitôt l'énonciation achevée. Le manuscrit D (BN f. fr. 60), il est vrai, conclut :

« listoire faut il ni a plus
qua metre force (?) en memoire
or nous doinst diex du ciel la [gloire
ou cerubim o serafin
cil est li romans a sa fin »

« l'histoire manque et il n'y a plus qu'à se forcer à la mettre dans sa mémoire. Que le Dieu du ciel nous donne la gloire des chérubins et des séraphins ; le roman est là parvenu à sa fin »

Mais il est le seul parmi les neuf manuscrits conservés, et constitue une lecture-réécriture de *l'Enéas* à partir de *l'Enéide*. Il s'éloigne d'ailleurs sensiblement à la fin (à partir du vers 9997), comme à maintes autres reprises, de la vulgate dont A est le plus sûr et le plus ancien témoin. Ces derniers vers, parfaite illustration de la rhétorique de la *conclusio*, sont le fruit d'un remaniement postérieur. Dans le manuscrit A, Rome tentera de faire oublier Troie détruite, la promesse d'un « plein » final, l'initial défaut, et la fiction une carence rhétorique ; ce faisant elle souligne davantage le vide qui inaugure le roman : l'absence de prologue.

Les arts poétiques médiévaux ne sont, on l'a souvent dit, que des recueils de recettes rédigées en latin, issus de la compilation des traités de rhétorique antiques et peu aptes à informer la narration en langue vulgaire. Saturés d'*exempla* empruntés à la tradition, ils n'offrent pas la moindre parcelle de réflexion sur l'activité créatrice et sur l'écriture. Appliquer ces recettes, n'était-ce pas, avant tout, prendre place dans une tradition et un genre bien établis ? Dès lors, la nouveauté ne put jaillir qu'au prix d'un décentrement radical où les recettes ne furent appliquées que pour mieux être gauchies ou autodésigner leur dimension scripturale. La véritable poétique du roman s'élabora en marge, ou au-delà des arts poétiques, dans le corps même de la fiction ou dans les prologues[8], par la mise en avant de ce qui autorise la parole romanesque et par l'exploration de la topologie changeante de ce nœud nouveau de désir et de langue qu'est le roman.

Il est devenu banal de rappeler la dimension orale de la littérature médiévale du XIIe siècle et de la diffusion des romans antiques faits pour être lus ou dits devant un auditoire dont l'extraordinaire faculté d'écoute ne laisse pas d'étonner. Ecrire, c'est encore parler ; réfléchir à la naissance du roman conduit à interroger la structure de la parole. Les vingt premiers vers du *Roman de Thèbes* reposent sur le déploiement d'une opposition « parler » *vs* « taire », sur l'articulation de la parole et du silence, doublée d'une autre opposition : « parler » *vs* « cacher ». Se taire, n'est-ce pas cacher et, à l'inverse, parler, raconter, livrer et délivrer

8. Cf. M. Zink, Une mutation de la conscience littéraire : le langage romanesque à travers les exemples français du XIIe siècle, *Cahiers de civilisation médiévale*, XXIV, Poitiers, 1981, p. 3-27.

(d')un secret, « chose digne a remenbrer » ? La parole (la narration) se déploie à partir du silence dont elle délivre :

« Pour ce n'en veul mon senz [*tesir*, ma sapïence retenir, ainz me delite a *raconter* chose digne por ramenbrer. » (v. 9-12)	« C'est pourquoi je ne veux pas imposer silence à mon intelligence et cacher ma sagesse, mais au contraire veux prendre plaisir à raconter une histoire digne d'être conservée en mémoire. »

En s'y risquant, l'auteur rencontre le plaisir (« me delite »). Parler, raconter, écrire, est source de jouissance. Mais la naissance de la parole et l'éclosion du plaisir qui y est appendue restent incertaines si elles ne sont pas bordées par le silence organisé par le partage social (« Or s'en tesent de cest mestier / se ne sont clerc ou chevalier », v. 13-14). La parole romanesque apparaît sur fond du silence auquel elle s'arrache, mais ce silence la garantit ; le silence, métaphorisé par l'exclusion sociale, s'avère la condition même de la parole. Toute parole suppose son autre, l'écoute, et un auditoire averti et attentif prenant la place des exclus frappés de surdité :

« Or s'en tesent de cest mestier, se ne sont clerc ou chevalier, car ausi pueent escouter conme il asnes a harper. » (v. 13-16)	« Que s'abstiennent (se taisent) de cet ouvrage tous ceux qui ne sont ni clercs ni chevaliers car ils s'entendent à écouter autant que les ânes à jouer de la harpe. »

La narration, réduite à l'épure de la parole, naît au sein d'un ternaire ainsi représentable :

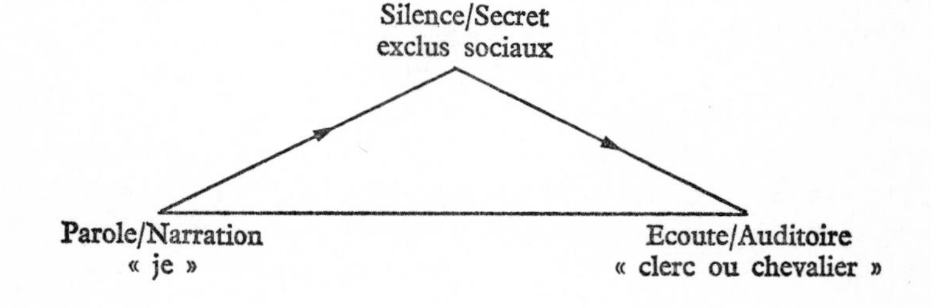

Ce ternaire vient immédiatement après se superposer à la structure familiale :

« Ne parlerai de peletiers ne de vilains ne de bouchiers, mes de *deux freres parleré* et leur geste raconteré. »	« Je ne parlerai pas de pelletier ni de paysans ni de bouchers, mais de deux frères et je raconterai leurs exploits. »

(v. 17-20)

La thématique, le sens véhiculé par la parole, va répéter autrement, en la transposant dans le cadre d'une « geste » familiale, la naissance de cette parole. Au plan du contenu (de la narration), la famille métaphorise l'espace balisant les coordonnées de sa propre venue au monde. L'histoire est déjà répétition, réduplication dans un autre registre, de ce qui lui préexiste. Les vers suivants précisent le cadre de cette naissance des fils grâce auxquels la narration (la parole romanesque) réfléchit la sienne :

« Li uns ot non Ethïoclés et li autres Pollinnicés ; rois Eduppus les engendra en la roïne Jocasta. De sa mere les ot a tort quant ot son pere le roi mort. »	« L'un s'appelait Etéocle et l'autre Polynice ; le roi Œdipe les engendra avec la reine Jocaste. Il les eut à tort avec sa mère après avoir tué son père le roi. »

(v. 21-26)

Déclinant les identités, ces vers n'égrainent que des noms, prélude à l'annonce d'une parenté (« mere », « pere », v. 25-26) : se dévoile enfin le secret d'une conception énigmatique et fautive (« les ot a tort ») : l'œuvre, comme l'histoire qu'elle raconte, est le fruit d'un double forfait : forfait du côté de la mère, de la langue, culpabilisant le « delit » du vers 13, un crime du côté du père mort et silencieux. Parler, raconter, écrire c'est jouir à tort de la langue maternelle (le « parlar maternal » de Dante) comme si elle était le corps de la mère, cependant que le père mort vient occuper la place des exclus, la place du silence autorisant le forfait. Grâce au mythe d'Œdipe, le roman naissant s'entrevoit monstrueux, fruits d'amours incestueuses et interdites avec la langue et d'un crime par où il répète indéfiniment sa douloureuse conquête sur le silence. La chaîne s'interrompt sur un manque et s'organise autour d'un défaut, de l'absence du nom du roi mort et silencieux. Nom relégué dans le « pré-texte » (« leur ayeul ot non Laÿus », v. 37). Cette absence organise d'ailleurs moins l'œuvre qu'elle ne la clive, la laissant travaillée entre ces deux frères, déchirée par une impossible unité et impuissante à se faire en échappant au cycle de la répétition, alors qu'elle entrevoit dès la fin du prologue sa propre mort (« destruit en furent lor voisin / et il ambedui en la fin », v. 31-32).

Le prologue du *Roman de Thèbes* dit donc, dans ses deux parties bien distinctes (v. 1-17 et 18-32), la même chose dans deux registres différents. La première, plus abstraite et plus théorique, tente de saisir le mécanisme de la création à travers la naissance de la parole ou d'une narration arrachée au silence ; la seconde résume l'œuvre à venir en l'enfermant dans le cadre d'une histoire de famille et en la transformant en un double forfait par lequel parler/raconter/écrire équivaut à commettre un inceste doublé d'un meurtre, à jouir de la langue après s'être séparé d'une autre langue, d'un autre écrit. Le résumé de la « geste » des deux frères met en abyme le récit tout entier et le convie à se donner pour le reflet de la réflexion théorique sur la parole et l'écriture à l'œuvre dans les dix-huit premiers vers du prologue. Le prologue n'est donc pas tant un cadre préformé par la rhétorique de l'exorde que le lieu d'une réflexion sophistiquée sur l'acte créatif et l'écriture du roman. Le roman, pris comme amplification du résumé donné dans la seconde partie du prologue, devient (au-delà de ce qu'il raconte) une exploration fictionnelle de l'acte créatif approché dans le prologue et de la « poétique » qui s'y cherche. *Thèbes* et *l'Enéas*, nous allons le voir, sont des fictions théoriques d'eux-mêmes, soit du roman naissant cherchant sa langue et sa spécificité au travers de son « roman familial ». La dichotomie « fiction *vs* théorie » n'est d'ailleurs mise en scène dans les tout premiers vers du prologue de *Thèbes* que pour être dépassée dans l'œuvre à venir :

« Se danz Omers et danz Platons
et Virgiles et Quicerons
leur sapïence celissant
ja n'en fust mes parlé avant
(...)
ainz me delite a raconter »

(v. 5-11)

« Si le seigneur Homère et le seigneur Platon, Virgile et Cicéron avaient dissimulé leur sagesse rien n'aurait été raconté (...) c'est pourquoi je prends plaisir à raconter »

Si les vers 5 et 6 instaurent une découpe dans la « matière antique » en distinguant nettement ce qui appartient à la culture grecque (« Omer » et « Platon ») des lettres latines (« Virgiles » et « Quicerons »), ils opposent surtout, à l'intérieur de chacun d'eux, le poète au théoricien du langage. Platon est pour le XIIe siècle moins un philosophe qu'un « grammairien » ; la connaissance qu'en eurent les clercs ne cessa jamais d'être médiatisée par le *trivium* et inscrite dans le cadre d'une réflexion sur le langage. Le roman en train de naître sous nos yeux va neutraliser cette opposition « poète *vs* théoricien », « fiction *vs* théorie » ; il se donne pour une « fiction théorique », une fiction déposant sur ses bords, prologue et épilogue, sa propre théorie qu'elle ne cesse d'illustrer par sa démarche. Le roman, en racontant des histoires, ne cesse de se raconter et de parler de lui-même.

Si le prologue constitue bien le lieu d'une réflexion de l'écriture et de la parole romanesque sur elle-même, le lieu où, au-delà de la rhétorique exordiale, s'élabore une « poétique » du roman, *l'Enéas*, de ne pas avoir de prologue, dévoile-t-il sa moindre perfection et son absence de réflexivité? Récit sans but, sans commencement, quasi sans fin, il paraît livré à la dérive d'une lecture-audition emportée par la vectorialité d'une narration épousant l'infini du temps à venir et de l'Histoire sans ce repli sur soi que ménagent un prologue et un épilogue. Dans la Bible même, l'acte créateur est mis en retrait du « créé » : « Berêshîth bârâ' Elohim », « Au commencement Dieu créa... » La création témoigne, après-coup, de l'efficience performative du Verbe, de la parole. Le corps de la fiction de *l'Enéas* ne renvoie qu'au vide qui lui préexiste. Si, comme on a tenté de le montrer avec le *Roman de Thèbes*, le prologue oblige la fiction à répéter autrement dans le mouvement de son déploiement ce qu'il énonce, pourquoi *l'Enéas* ne serait-il pas simplement la mise en fiction (en roman) du prologue en défaut ? Au lieu de rejeter sur sa « marche » initiale les fragments de théorie où il nomme ce qui l'engendre, *l'Enéas* les intégrerait à la trame narrative. La réflexivité nécessaire à tout texte, la part de théorie qu'il véhicule, ne serait plus reléguée sur les bords, mais portée par la fiction elle-même. Avec *l'Enéas*, la dimension réflexive devient intra-diégétique, et les conditions d'énonciation de la parole romanesque incluses au processus fictionnel. Plus qu'aucun autre roman antique, *l'Enéas* aurait conscience de lui-même. Ainsi, l'absence de prologue cesse d'être problématique ; elle désigne le vide préludant à l'émergence de toute parole, la métaphore creuse moins d'une absence que du manque dans lequel s'enracine le langage et qu'il suture sans cesser d'en faire résonner l'écho. L'absence de prologue équivaut dans *l'Enéas* au silence évoqué dans celui de *Thèbes*.

PROLOGUE ET « PRÉ-TEXTE »

D. Poirion a distingué dans *le Roman de Thèbes* le prologue proprement dit (v. 1-32) de ce qu'il appelle l' « avant-texte »[9], où l'auteur rapporte l'histoire d'Edyppus (v. 33-558). Rappel absent de *la Thébaïde* de Stace, effectué à partir d'emprunts au *Mythographus secundus*. L' « avant-texte », que nous préférons appeler le « pré-texte »[10], remonte le temps afin d'appréhender les causes du malheur ou des

9. « Edyppus et l'énigme du roman médiéval », art. cit., p. 287.
10. Dans le champ conceptuel de la poétique, l' « avant-texte » désigne les brouillons, les esquisses et projets divers d'un texte ; il appartient au « paratexte ». Cf. G. Genette, *op. cit.*, p. 9-12.

exploits rapportés par le texte. Le « pré-texte » tente de saisir une origine, de la mettre en fiction et de saisir ce qui en elle reste énigmatique ou innommable ; il se donne toujours pour l'explication d'un forfait. Le corps du *Roman de Thèbes* raconte la haine inexpiable des frères ennemis et en mesure les conséquences catastrophiques ; le « pré-texte » rapporte la série de leurs méfaits à un forfait initial (le piétinement des yeux arrachés d'Edyppus), découlant lui-même de la faute antérieure de leur père qui « De sa mere les ot a tort / quant ot son pere le roi mort » (v. 25-26). La faute du père est aussi prise dans des coordonnées que le « pré-texte » se donne pour mission de préciser. Avant même d'avoir commencé le récit se replie sur soi dans le « pré-texte » et quête ce qui lui préexiste et l'autorise ; de cette manière il double (ou dédouble) sur le mode narratif, le prologue tentant, lui, d'appréhender « théoriquement » les conditions de l'émergence de l'écriture ou de la parole romanesque. Dans *Thèbes*, d'une manière exemplaire, le texte répète, à un autre niveau de la temporalité et de l'Histoire, le « pré-texte » : les substituts du père ne cessent pas d'y être tués à sa place et la destruction finale de Thèbes est déjà contenue dans l'oracle d'Apollo. Le « pré-texte » est la matrice narrative du roman, comme le prologue le miroir des conditions de son énonciation.

A défaut de prologue, *l'Enéas* nous offre-t-il un « pré-texte » ? Il faut pour le délimiter préciser à nouveau les transformations apportées par l'adaptateur médiéval à l'ordre diégétique de son modèle latin. Chez Virgile, le chant I est chronologiquement postérieur aux chants II et III ; les Troyens apparaissent au chant I dérivant vers les côtes libyennes après avoir quitté la Sicile où Enée, on l'apprendra plus tard (fin du chant III), a enterré son père. Le récit des causes de cette errance (la chute de Troie) sera effectué au chant II. En conformité avec la rhétorique de l'*ordo naturalis*, l'adaptateur médiéval rétablit l'ordre chronologique et inaugure son récit par la chute de Troie (v. 1-24), cause de la fuite d'Enéas (v. 24-92), puis d'une errance qui le conduira sous les murs de Carthage ; la narration de cette errance (v. 182-272) est elle-même précédée du récit du jugement de Pâris, absent de l'épopée virgilienne. Si l'Enéas est bien le récit du voyage du héros troyen vers le Latium et de son installation en Lombardie, le rappel de la chute et du sac de Troie et l'ordre donné par les dieux constituent le « pré-texte », un ajout qui, en expliquant les causes du voyage, met en fiction l'origine même du récit. Le roman proprement dit ne commence donc qu'au vers 42, avec les préparatifs du voyage. A la différence du « pré-texte » de *Thèbes*, celui de *l'Enéas* n'est pas rédigé à partir d'une source extérieure au texte ; il emprunte sa matière au récit de la chute de Troie effectué par Enéas à la demande de Dido (v. 859-1196) qu'il condense en ne retenant que le contenu des vers 863-866 et 1167-1192. De même, la première séquence du texte (le séjour à Carthage) semble, comme dans *Thèbes*, rédupliquer le « prétexte » : Carthage, sans pouvoir, livrée « à nonchaloir » à cause d'une femme, ravive le souvenir de Troie « gaste » à cause d'Eloine. Le « pré-texte » définit la circularité comme loi du récit afin de lui substituer celle de la linéarité : le feu qui incendia Troie, mais épargna Eloine, n'allume dans Carthage que le bûcher où se consume Dido et laisse intacte la ville. Le texte feint de répéter le « pré-texte », mais s'en démarque, cependant que le récit échappe à la circularité mortifère dans laquelle s'abîma *Thèbes*. Dans *l'Enéas*, le texte s'écrit contre le « pré-texte », il ne le reprend que pour s'en démarquer, annuler ses effets de sens en le rectifiant ; il est un « pré-texte » au double sens du mot : « avant-texte » et alibi à un texte qui dit le contraire, ou autre chose. A Troie détruite à cause d'Eloine viendra faire pendant, dans la troisième séquence du roman, l'annonce de la naissance prochaine d'Albe grâce à Lavinia. Le texte se donnera donc pour une traversée, ou un dépassement, du « pré-texte » qui l'a engendré et de l'autorité qu'il incarne. Allégorie, ou mise en fiction, de ce que les autres romans antiques tentent d'appréhender avec la notion d'écriture-traduction (cf. *Brut* de Wace) ou la déréalisation du texte tuteur (cf. prologue du *Roman de Troie* de Benoît de Sainte-Maure). Les rapports antagonistes du texte et du « pré-texte » imagent les rapports que l'adaptateur médiéval entretient avec *l'Enéide* de Virgile. Mélange de fascination et de répulsion, de fidélité et de prise de distance qui impulse un mouvement de traversée de l'original et de son autorité permettant au « roman » de naître du latin, à l'épopée d'accoucher du roman.

Hormis dans *Thèbes*, le « pré-texte » sert non seulement de matrice au texte auquel il est soudé, mais aussi à d'autres textes, à d'autres romans. Ainsi la relation condensée de la ruine de Troie ouvrant *l'Enéas* contient en puissance le vaste *Roman de Troie*, comme *l'Enéas* se trouve déjà contenu dans le « pré-texte » du *Brut* de Wace (cf. v. 9-149). Apparaît mieux l'étroite parenté, l'étroite solidarité des romans antiques, et simultanément la loi de fonctionnement interne du « bloc narratif », du « texte » qu'ils constituent : chaque texte traverse son propre « pré-texte » et celui de l'autre, chaque roman antique s'écrit contre son modèle et le texte qui lui préexiste, il les réécrit l'un et l'autre en les traversant d'un même geste et découvre ainsi son identité et sa langue.

Au « pré-texte » de *l'Enéas*, préexiste chronologiquement et logiquement un fragment narratif enclavé entre le récit des préparatifs du départ de Troie dévastée et celui de l'errance maritime qui échouera sur les côtes libyennes : le jugement de Pâris (v. 93-182), présenté comme la cause dernière du malheur des Troyens. Le voyage d'Enéas, son installation en Lombardie (le texte du roman) sont les conséquences de la chute de Troie (le « pré-texte »), soumise elle-même au lointain et immémorial geste de l'imprudent Pâris. Ce microrécit enchâssé a, on l'a dit, un statut particulier ; « invention » de l'adaptateur médiéval, il brise la linéarité de la diégèse et de l'Histoire pour introduire un temps étale et mythique. La cause des événements scandant le récit doit être cherchée dans une extériorité, une « Autre-scène », que le récit accueille et reproduit à l'intérieur de soi. Le jugement de Pâris a le même rapport d'extériorité par rapport au récit que le prologue dans les autres romans antiques. Si ce court *excursus* mythique met en abyme le contenu du roman et se donne à lire comme approche sur le mode fictionnel de la naissance du désir et de la parole, ne se trouve-t-il pas doté de la réflexivité nécessaire à la réfraction de la fiction et, par là, mis en lieu et place du prologue manquant ? Le jugement de Pâris sert de prologue à *l'Enéas*, mais de prologue intégré à la trame narrative du roman, dépourvu de la théoricité propre aux autres prologues ; il est lui-même pris dans une fiction brisant le cours du récit dans laquelle elle s'enchâsse. Cet élément textuel étranger au récit ne prend sens qu'à être rapproché d'un autre microrécit mythique : le rappel des amours de Vulcan et de Vénus lors de la fabrication des armes destinées à protéger Enéas (v. 4296-4560). Le caractère mythique de ces deux microrécits et la présence de Vénus suffisent à fonder le rapprochement. Eclaté, intégré à la trame narrative, le « prologue » de *l'Enéas* n'en conserve pas moins la dualité structurale des prologues des autres romans antiques, de *Thèbes* notamment où le récit de la « geste » des deux frères et de leurs parents redisait autrement, par le biais d'une fiction, la naissance de la parole romanesque sur fond de silence. Là où le jugement de Pâris mettait en abyme le contenu du roman, la fabrication des armes d'Enéas met en abyme son énonciation, les conditions de la naissance du roman.

NOM DU PÈRE ET LANGUE MATERNELLE

Longue digression de quelque deux cent soixante vers, l'épisode de la fabrication des armes d'Enéas par Vulcan, à la demande de Vénus, parasite le roman et brise la linéarité du récit pour faire entendre la voix des dieux. Voix hors du temps, de la fiction, qui substituent au temps vectoriel de l'Histoire, le temps circulaire du mythe. Voix qui parlent de l' « Autre-scène » du roman, le commentent et livrent le chiffre de sa fabrication et de son écriture.

Il est surprenant que l'adaptateur médiéval — habituellement si attentif à réduire autant que faire se peut les interventions des dieux dans le destin des mortels — n'ait pas hésité à évoquer longuement non seulement la fabrication et la splendeur des armes fabriquées par Vulcan, mais aussi les très païennes amours du forgeron jaloux et de sa volage épouse. N'encourt-il pas les reproches que les Athéniens, au dire de Benoît de Sainte-Maure, formulèrent à l'encontre d'Homère :

« Dampner le voustrent par [reison,
Por ço qu'ot fait les damedeus
Combatre o les homes [charneus. »
(*Roman de Troie*, v. 60-62)

« C'est avec raison qu'ils voulurent le damner parce qu'il avait fait combattre les dieux contre des humains. »

Transformer la mêlée guerrière des dieux et des humains en joute des corps, le fracas des armes en murmure du plaisir serait-il péché moins grave ou fascination érotique d'un clerc extérieur au circuit de l'échange amoureux ? L'audace et le manquement patent à une habitude d'écriture, souvent signalée par la critique, sont la marque d'une évidente volonté signifiante qui fait de cet épisode le nœud du roman.

Volonté d'autant plus affichée que l'auteur a pris les plus grandes libertés avec son modèle latin, modifiant la place de l'épisode dans l'économie du récit, l'enrichissant d'emprunts à des sources extérieures à *l'Enéide*. Dans le chant VIII du poème de Virgile, l'évocation de la fabrication des armes d'Enée est intercalée dans l'épisode de la visite au roi Evandre et suit le rappel de la mort du monstre Cacus (v. 185-267), la participation d'Enée au sacrifice offert par Evandre et sa traversée des lieux où s'élèvera plus tard Rome (v. 268-368). Ce n'est qu'en Etrurie, après avoir quitté Evandre, qu'Enée reçoit les armes des mains de Vénus ; seul, d'ailleurs, le bouclier est longuement décrit (v. 585-731).

L'adaptateur a émondé le texte et déplacé plusieurs éléments. La relation de la fabrication des armes est située immédiatement après l'enfermement des Troyens dans Montauban fortifiée (v. 4244-4296), mais avant le voyage d'Enéas vers les terres du roi Evandre (v. 4565-4622) où il arrive le jour anniversaire de la victoire d'Herculés sur Carus (v. 4627-4646).

La fabrication des armes est l'occasion pour Virgile d'humaniser les dieux en les soumettant aux passions des mortels, proies eux aussi du désir et des faiblesses de la chair. L'épisode est avant tout une scène de séduction où Vénus, suppliante, mesure l'emprise de ses charmes sur un époux délaissé sentant se réveiller en lui la flamme qu'il avait crue éteinte (cf. VIII, 369-453). Dieu ou mortel, l'homme ne sait pas résister à l'appel du désir quand des « bras de neige » imagent les rets où il rêve de se perdre. Les armes d'Enée — véritable *speculum mundi* — sont le produit de l'égarement de la chair. L'œuvre d'art témoignerait-elle de la déchéance des dieux ? viendrait-elle avouer sa connivence avec la sexualité ? L'auteur de *l'Enéas* a transformé la scène de séduction en scène de réconciliation d'époux que la légèreté de Vénus et la jalousie de Vulcan avaient séparés. L'idéologie chrétienne du mariage indissoluble viendrait-elle parasiter le mythe antique de l'homme soumis au désir par la femme ?

La séduction (v. 4305-4307) cède bien vite le pas à un marchandage mis dans les mains de Vulcan par Vénus :

« Se joïr vels mes de m'amor, or la deser par ton labor. » (v. 4335-4336)	« Si tu veux jouir de mon amour, il faut t'y employer par l'entremise de ton travail. »

Service contre service : plaisir contre satisfaction d'une demande où tremble l'inquiétude maternelle devant les dangers encourus par Enéas (v. 4311-4332). Cette nuit de plaisir met fin à une séparation de sept ans. Longue abstinence due à une faute partagée dont l'auteur, extrapolant par rapport à son modèle, va rapporter la généalogie. Pour ce faire, il emprunte, une fois de plus, à Ovide cette histoire, dont « nulle ne fit plus de bruit dans le ciel », rapportée par le poète latin dans les *Amours* (I, IX, 39-40), dans les *Métamorphoses* (IV, 179-184) et développée dans *l'Ars amatoria* (II, 561-592)[11].

Vulcan, courroucé par les amours de Vénus et de Mars, forgea un filet d'acier qui, placé au-dessus de la couche où s'ébattaient les amants, s'abattit sur le couple adultère et le fit prisonnier tout en prouvant leur forfait. Le spectacle ne fut pourtant pas du goût des dieux à qui le jaloux montra sa prise. C'est peu dire que l'aventure ne plut guère à l'épouse infidèle, la déesse « s'en marri » et « son seignor molt anhaï » (v. 4375). Il fallut sept ans, et la pression des événements, pour que Vénus pardonnât à Vulcan son peu de courtoisie.

Que vient faire cette histoire complaisamment rapportée par l'auteur ? Est-ce une simple *amplificatio* ? L'auteur lut-il dans l'infidélité de Vénus sa propre infidélité à l'égard du modèle latin ? la traduction n'est-elle pas toujours un adultère ? Qui s'y adonne ne risque toutefois que de tomber dans les rets de la langue. La composition de ce fragment narratif peut fournir un début d'explication. Il est organisé autour de deux temps forts, d'inégales proportions, qui se répondent : la confection du filet d'acier et la prise au piège des amants enlacés (v. 4359-4374), puis la fabrication et la description des armes d'Enéas (v. 4391-4542). Dans l'un et l'autre temps, l'habileté créatrice, le savoir-faire de Vulcan sont mis en rapport étroit avec la sexualité. D'autre part, les armes décrites semblent répondre au filet d'acier ; leur fabrication est à l'origine de la réconciliation des époux, d'une conjonction sexuelle sans équivoque (« Cele nuit

11. Ovide emprunte l'anecdote à Homère. Cf. *Odyssée*, VIII, 267-366.

jut o lui Venus, / et fist de li ce que lui plot », v. 4347-4348) comme le filet, métaphore de l'étreinte de Vénus et Mars, lia les amants l'un à l'autre. Le détail du texte confirme le rapprochement. Les fines mailles d'acier du filet (« de fer fist une roi *soltil* / molt an furent dolgié li fil », v. 4361-4362) ne se retrouvent-elles pas dans le haubert « tresliz d'argent » « menu maillié *soltilment* », v. 4415-4416) ? Et son acier (« fer ») ne servit-il pas à forger l'épée, cependant que le fil de ses mailles s'enlaçait autour du quillon après s'y être doré (« de fil d'or fu trestoz lïez / et molt estroitement *laciez* », v. 4483-4486). Entrelacement de fils qui préfigure la « filance » sortie du ventre d'Aranne (v. 4542) tramant le gonfanon bien « tissu » de la lance. Mais là où le filet exposait à la vindicte des dieux une conjonction des amants dont il fut l'agent pervers, les armes — forgées après une nuit d'amour — sont fruits d'une union qui leur préexiste... si proches d'un enfant qui viendraient réunir les parents séparés. Dès lors apparaît peut-être mieux la raison profonde de l'intérêt accordé par l'auteur à cette histoire, amplifiée grâce à un recours à Ovide, dont la double leçon nous semble venir en écho à la problématique générale du roman : quelle place accorder à la sexualité dans l'édification d'une union aux prises avec les ruses d'un désir retors et qui doit surmonter les effets d'une impasse imputable à la femme ? Récit en creux, récit à l'intérieur du récit, dont la thématique est homologue, sinon identique, à celle du roman tout entier, ces quelque deux cent soixante vers mettent, tout comme le jugement de Pâris, le récit en abyme. Les deux manières de concevoir l'union amoureuse peuvent se superposer aux deux histoires d'amour que nous conte le roman : aux amours de Mars et de Vénus pris dans le filet correspondent celles d'Enéas et de Dido saisis d'une commune « rage » par l'intermédiaire d'Ascanius ; à la nuit d'amour de Vulcan et de Vénus mettant un terme à une longue abstinence et d'où naîtront les armes ferait pendant l'union d'Enéas et de Lavinia, longtemps séparés par l'adversité, bientôt couronnées par la naissance de Silvïus.

Vénus est présente dans les deux séquences scandant le temps mythique, Enéas, son fils, deux fois au cœur de celles qui organisent le temps romanesque.

Par l'entrelacement de ses mailles, le filet (au même titre que les armes représentées métonymiquement par le haubert et le gonfanon) est un tissu métallique, une texture par quoi l'étymologie du mot « texte » (*textus* = tissu) se trouve revivifiée. Métaphore emblématique du texte en train de se faire, la fabrication du filet et du gonfanon intervient dans le roman pour représenter le travail producteur par une « mise en abyme de l'énonciation »[12] et de ses conditions. Le récit suspend son déploiement afin de saisir dans ce dédoublement spéculaire de soi, dans ce changement de régime narratif, la face cachée de son auteur et de son lecteur-auditeur. Vulcan, par deux fois à ses forges, devient la figure emblématique de l'auteur anonyme de *l'Enéas*, par définition absent du récit et par un de ces actes manqués qui trouent l'histoire littéraire médiévale. L'effervescence laborieuse régnant au cœur de l'atelier du dieu forgeron (v. 4394-4409) est la métaphore amplifiée, démesurée, de la sage, mais néanmoins bouillonnante et productive application de l'atelier de clercs travaillant pour la monarchie Plantagenêt, dans l'intimité presque immédiate d'Henri II dont il faut asseoir le pouvoir, non avec des armes comme celui d'Enéas, mais avec des mots. Travail collectif auquel le clerc parvient cependant à imprimer une marque personnelle par l'acte de « forgier », par la mise en forme d'une matière que les autres ouvriers (« li jingnor ») ont préparée, que les autres clercs ont exhumée de l'oubli, d'une langue (or et argent) qui, préalablement, a déjà été élaborée, travaillée. Le caractère collectif de l'acte productif représente

12. L. Dällenbach définit ainsi la mise en abyme de l'énonciation : « on entend par mise en abyme de l'énonciation : 1) la « présentification » diégétique du producteur ou du récepteur du récit ; 2) la mise en évidence de la production ou de la réception comme telles ; 3) la manifestation du contexte qui conditionne (qui a conditionné) cette production-réception », *op. cit.*, p. 100.

à la fois la concentration idéologique de l'écriture autour du monarque et la tradition scripturale dans laquelle l'écrivain médiéval prend place pour relancer par son travail de réécriture les textes qu'il reçoit. Rien ne saurait en donner une meilleure illustration que Pallas et Arannes (Arachné) œuvrant de concert au tissage de l' « ansoigne » (le gonfanon) confiée ultérieurement à Mars, avant que la dextérité supérieure de l'une ne suscite la colère jalouse de l'autre et brise une association qui, sous couvert d'un rappel mythologique là encore absent de l'original latin, métaphorise le travail d'écriture :

« els ovrerent a entençon,
dont fist Pallas cest confanon.
Por ce qu'el fist meillor ovraigne,
Aranne mua en iraigne,
qui contre li s'ert aatie ».
(v. 4533-4537)

« elles appliquèrent leur esprit à cet ouvrage ; Pallas fit ce gonfanon. Elle changea Arachnée en araignée parce qu'elle l'avait défiée par un plus bel ouvrage que le sien ».

La collaboration devient une rivalité qui ne désigne plus l'émulation régnant dans les ateliers de clercs, mais le rapport conflictuel de l'écrivain et de son modèle latin. Les deux « œuvres » crées par Vulcan n'ont pas les mêmes caractéristiques ni la même fonction. Le filet d'acier est rapidement évoqué, sans luxe de détails et, surtout, sans indication concernant sa fabrication qui mettraient en abyme le métier de l'écrivain. Le filet est un donné antérieur, il appartient à un autre temps tout comme l'*Enéide* ; la finesse de ses mailles sera d'ailleurs bientôt éclipsée par l'éclat de l'or et de l'argent rehaussant la perfection des différentes armes, par l'œuvre nouvelle. Le filet n'exhibe qu'un adultère, l'œuvre « héritée » n' « écrit » qu'une union fallacieuse réduisant la rencontre sexuelle à une mêlée des corps enlacés :

« Des que Mars o li se colcha,
des qu'il la tint antre ses braz,
si asanbla Vulcan les laz,
enz an la roi les anmailla. »
(v. 4364-4367)

« Dès que Mars se coucha avec Vénus, dès qu'il la prit dans ses bras, Vulcain les prit dans ses rets et les emprisonna dans le filet. »

L'union véritable est ailleurs, non dans cette ostentation des corps laissant irrésolue l'aporie ouverte par la mathématique sommaire du « un » somme de « deux » à inscrire au chef de l'amour dès lors qu'un tiers vient y faire obstacle. Le modèle échoue à résoudre la difficulté, à « écrire » l'union de l'homme et de la femme. A l'inverse, il creuse davantage le fossé de la désunion : Vénus interdit son lit à Vulcan. Appert d'autant mieux la signification dernière du recours ovidien : il permet, sous couvert d'un enrichissement, une critique déguisée et subtile du modèle latin, intégrée à la trame narrative. L'emprunt introduit une dimension réflexive grâce à laquelle le modèle (le suivrait-on d'ailleurs à la lettre) est convié à contempler sa propre impuissance. Au défaut du modèle saille l'œuvre nouvelle parlant d'elle-même, se montrant en train de se faire pour essayer, à travers cette meilleure perception de soi, de remplir la mission qu'elle s'est assignée : « écrire » non l'union de l'homme et de la femme à proprement parler, mais les conditions de sa survenue. Le projet de l'œuvre nouvelle réunit le couple que le modèle latin (par sa maladresse ?) avait désuni. La fabrication des armes est l'occasion (nécessité fait loi) pour Vénus de pardonner son « mautalant » à Vulcan. Fruits d'amours légitimes, les armes viennent sceller le mystère d'une « ré-union » des parents qui fraie elle-même la voie à celle de Lavinia et d'Enéas ; elles confèrent au Troyen l'invincibilité qui le fera triompher de Turnus et acquérir « par droit » la fille du roi Latin. La collection des armes, leur parure résolvent l'aporie par laquelle l'impasse sexuelle trouve à nommer ses coordonnées, d'une manière non dépourvue de rouerie amusée. Aux armes fabriquées par Vulcan (l'époux) vient s'ajouter le gonfanon tissé par Arannes que Vénus reçut de l'amant, Mars (v. 4523-4526). Par cette image du texte et de sa transmission, que donnent à voir le tissage et la circulation du gonfanon, se trouve annulée la division de la femme prise entre deux hommes ; l'amant et le mari concourent à la beauté d'une même « œuvre ». Grâce à la mise en abyme du travail producteur, l'œuvre nouvelle découvre sa supériorité sur le modèle qui l'autorise et sait, avant d'être parvenue à son terme, qu'elle parviendra à produire la fiction d'une union transcendant l'impuissance du modèle et l'impasse dont la femme, pour l'homme médiéval, ouvre l'abîme.

Ce microrécit enchâssé ne produit pas seulement la fiction de la fabrication de l'œuvre, il n'est pas seulement le miroir déformant où l'auteur anonyme se regarde et se dépeint sous les traits d'un dieu immortel en train d'écrire, il vise aussi à traquer le visage de son auditeur-lecteur qu'il représente en la personne du destinataire des armes : Enéas. Son œuvre achevée, Vulcan la remet à Vénus qui la transmet à Enéas (v. 4543-4549). Un mouvement de transmission s'enclenche alors qui, à l'intérieur du récit, inscrit par avance le mouvement de diffusion du texte en train de s'écrire. L'œuvre est prise dans un ternaire ; trois temps sont nécessaires à son existence : la fabrication, une première transmission, suivie immédiatement d'une seconde ; le récepteur médiant (Vénus, le copiste ?) relance la diffusion de l'œuvre vers son véritable destinataire : Enéas, la fraction « jeune » de la chevalerie qu'il représente, voire Henri II qui, comme le Troyen sur les terres lombardes, doit affermir son pouvoir sur des terres acquises par un mariage heureux (fig. 4).

Produire en son sein la fiction de son écriture et de sa réception, voire de sa fonction, ne suffit pas au roman qui, genre nouveau en train de se faire, doit exhiber les conditions d'une énonciation nouvelle qui sera la marque d'une incontestable et ostentatoire supériorité sur le modèle latin. Les armes ne remplacent le filet, l'œuvre nouvelle le modèle, que dans la mesure où elles sont porteuses d'une signature autorisant leur existence. Son travail achevé, Vulcan imprime sa marque à l'épée :

« O letres d'or les mers i fist
Vulcan et son nom i escrist »
(v. 4481-4482)

« Vulcain y fit des marques avec des lettres d'or et y écrivit son nom »

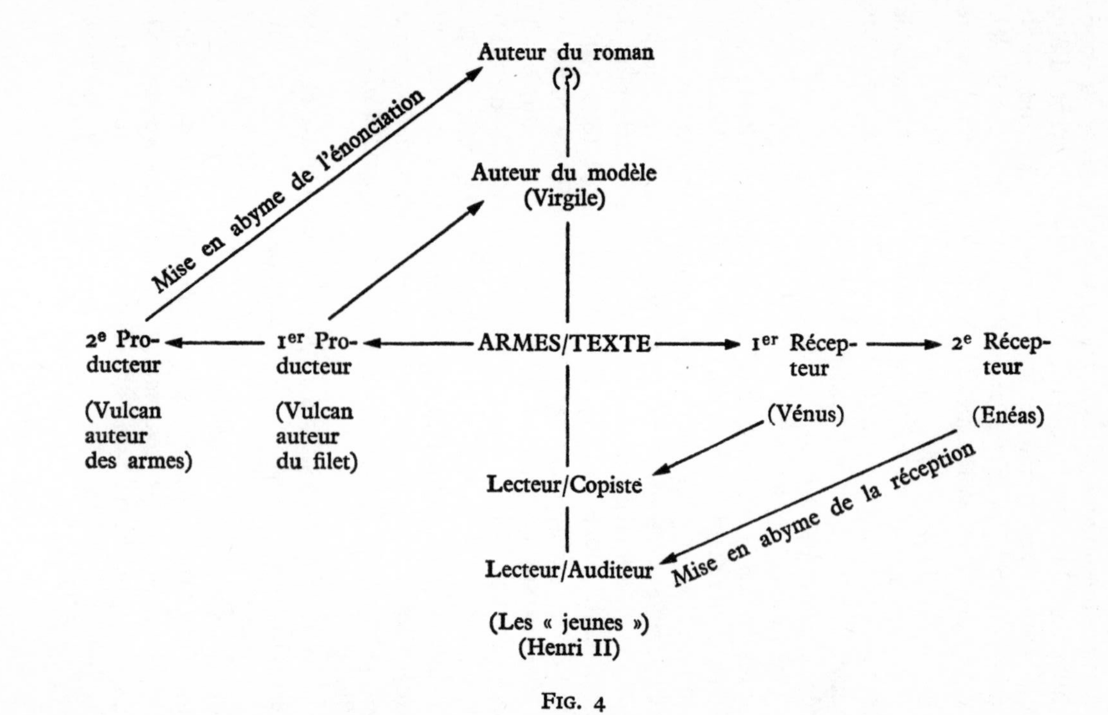
Auteur du roman
(?)
Auteur du modèle
(Virgile)
Mise en abyme de l'énonciation
2e Producteur
(Vulcan auteur des armes)
1er Producteur
(Vulcan auteur du filet)
ARMES/TEXTE
1er Récepteur
(Vénus)
2e Récepteur
(Enéas)
Lecteur/Copiste
Lecteur/Auditeur
Mise en abyme de la réception
(Les « jeunes »)
(Henri II)

FIG. 4

Le copiste du manuscrit G (BN f. fr. 1450) substitue la « mere » aux « mers » (aux marques) : « Les letres sa mere i mist. » Les manuscrits H (Bibl. de l'Ecole de Médecine de Montpellier, n° 251) et I (BN f. fr. 784) donnent encore une autre leçon : « a lettres que par seus i mist ». L'instabilité graphique et sémantique du vers 4481, la multiplicité des lectures de l'original perdu dont témoignent les différentes leçons, indexent la proximité troublante d'une vérité effacée, que la « faute » de G trahit grâce à l'équivoque « mers » « mere ». Vérité qui livre, par effraction, et pour le lecteur de l'édition de Grave dans les marges du texte, non le secret de *l'Enéas*, mais le chiffre de son énonciation, le fin mot de l'écriture du roman. L' « espee », dans laquelle l'œuvre réfléchit sa propre fabrication, porte le sceau de Vulcan inscrit sous la forme d'un nom pris dans l'entrelacs des lettres d'or, elles-mêmes surajoutées à l'acier du bran. L'or des lettres maternelles (l'or de la langue maternelle), le « roman », pare et rehausse l'éclat du métal de l'original latin, tout en soulignant sa secondarité, lorsque le nom d'un père s'y imprime et permet le passage du latin au « roman », du « roman » au roman et de l'épopée au roman. Genre nouveau, le roman s'écrit dans la langue maternelle au nom du père[13]. Les « letres d'or » de Vénus, autorisées du seul nom de Vulcan, viennent sceller l'oubli de l'écriture d'or de la pomme de Discorde (cf. v. 105-107) dans la langue de l'Autre. Fruit de la concorde, l'écriture nouvelle témoigne de l'union de Vénus et de Vulcan afin de permettre celle de Lavinia et d'Enéas. Comme la femme se rencontre et s'aime au nom du père, le roman s'écrit au nom du père afin d'écrire et de décrire la rencontre de l'homme et de la femme. Grâce à ce microrécit enclavé, le roman, outre l'image de sa fabrication, entrevoit le mystère de sa naissance et

13. En tant qu'époux de sa mère, Vulcan occupe pour Enéas la place d'un père, doublant la figure du géniteur incarnée par Anchisés. La divinité de Vulcan marque l'aspect « symbolique » de sa paternité.

nomme la butée qui, dans la langue, lui sert d'origine : un nom.

Dans le temps linéaire du récit, la vérité découverte par le mythe trouve l'occasion de se représenter et de souligner l'efficacité du nom conçu comme origine de l'écriture. Aux « letres d'or » de l'épée transmise par Vénus et marquée du nom d'un père, répond l'envoi de la flèche par Lavinia, flèche porteuse du « bref » (lettre) déclarant l'amour. A nouveau, mais d'une manière infiniment plus évidente, l'auteur parvient à se représenter en train d'écrire le roman qui fonde la langue d'amour :

« Adonc leva de la fenestre et quist tost ancre et parchemin, si a escrit tot an latin. » (v. 8775-8778)	« Alors elle se leva de la fenêtre et alla chercher aussitôt de l'encre et un parchemin et se mit à écrire en latin. »

La flèche franchit l'espace séparant une langue de l'autre et tire un trait d'union entre les cœurs qui bientôt n'en font plus qu'un. Les deux dards d'Amour ne sont pas sans rappeler la plume, autre unité qui se dédouble et représente, selon Isidore de Séville (*Etymologies*, VI, 14, n. 3), le Verbe divin, le « Logos », qui s'affirme dans les deux Testaments et dont le caractère sacré jaillit avec le sang de la Passion. La flèche prend le relais de la plume écrivant le « bref », elle répète au plan du récit, mais autrement, l'acte d'écrire. Derrière Lavinia se tient l'auteur traçant avec « ancre et parchemin » les mots de la langue d'amour, le trait unique de l'écriture né de l'action conjuguée des deux éléments séparés de la plume. L'écriture, mieux que la flèche, réalise le miracle de l'union et donne à voir « comant / dui cuer a un se tiennent » (*Cligés*, v. 2791) ; elle en est la garante et en produit la fiction.

Lavinia trace et invente les mots de la langue d'amour sitôt après la scène de l'aveu et de l'épellation du nom d'Enéas (v. 8553-8556) ; elle prend le relais de sa mère réunissant les syllabes éparses du nom et façonnant une unité issue des trois éléments signifiants, un nom qui, en faisant butée à son désir, autorise son écrit :

« La raïne se porpensa et les sillebes asanbla. Tu me diz « E » puis « ne » et [« as » ; ces letres sonent « Eneas ». (v. 8557-8560)	« La reine réfléchit puis assembla les syllabes. Tu me dis « E », puis « NE », puis « AS », ces lettres forment « ENEAS. »

Ecrire, au-delà du sens à transmettre, n'est-ce pas toujours répéter l'opération de construction d'un nom, de la butée signifiante qui autorise l'écriture ? L'écriture ne cesse pas d'épeler son absence d'origine et, par une démarche inverse, de s'en fabriquer une dans la langue à l'aide d'un nom. Le travail d'assemblage des syllabes, grâce à quoi l'écriture énonce la loi de son fonctionnement, résout définitivement l'aporie formalisant l'impasse sexuelle ; le nom reconstitué est promesse d'une union où la femme cessera d'être divisée entre deux hommes, il est — à lui seul — le « un » issu non seulement de « deux » mais de « trois ».

Grâce à ce nom, la diaspora troyenne trouvera son unité : les combattants morts abandonnés dans Troie dévastée, les guerriers séniles restés avec Aceste (v. 2173-2180) et ceux parvenus en Lombardie — les strates de l'histoire récente de Troie telle que la rapporte Enéas — se mêlent et fusionnent dans ce nom par le biais de l'équivoque « Troie » et « trois ». Les trois « sillebes » du nom homogénéisent l'histoire de Troie ; l'opération de suture signifiante permet au nom d' « E-ne-as » de rester garant du fait qu'en Albe Troie ne cessera pas de continuer à vivre, à faire entendre, par l'entremise de l'équivoque, son nom dans celui qui a relevé sa mémoire. Rattachés aux Hébreux — le peuple du Livre, le peuple du Nom — par l'auteur du *Roman de Troie en prose* :

« En si beau leuc et si delitable et en la marche de tant noble païs la planta li rois Tros et l'apella Troye por son nom. Cist Tros fu de la lignie Sem, le fil Noé » (§ 2 *bis*).

les Troyens ne sont-ils pas aussi le peuple du Livre, mais du Livre réduit à l'épure d'un nom(bre) dont le patronyme du héros ferait retentir l'écho signifiant avant de l'inscrire au chef de l'Histoire, Nom déjà répété, décliné par le père aux Chans Elisïens. Et de cette étrange arithmétique les femmes sont comptables : trois déesses dans la scène de la Discorde, trois femmes dans le roman... Les trois « sellebes » soudées forment un nom, le nom du héros et du roman. Le roman est tout entier contenu dans ce nom, il se résume dans la suture des trois « sillebes » qui de « trois » fait « un » nom et « un » livre fait de « trois » parties (le séjour à Carthage / la catabase dans l'autre monde / l'installation en Lombardie). Le nom fragmenté et ressoudé ne livre-t-il pas la loi du genre romanesque : un roman additionnant prologue, un « pré-texte » et un texte (fig. 5).

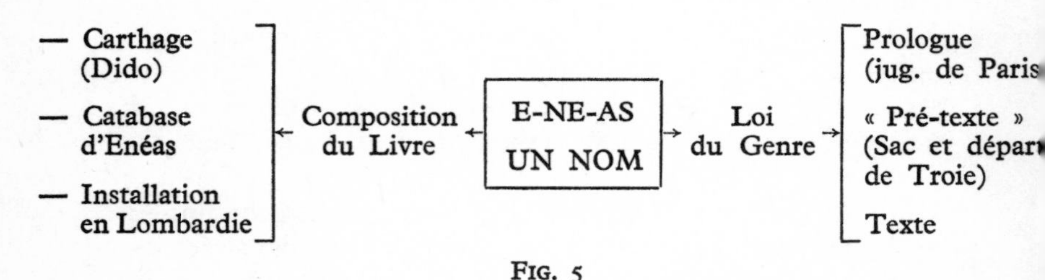

FIG. 5

L'épée et l'œuvre déploient leur magnificence à partir des « lettres d'or » de la langue maternelle entrelacées autour d'un nom ; elles y révèlent et dissimulent la marque de leur fabrication afin de la représenter dans chaque arme, dans l'entrelacement du « tresliz d'argent », du haubert ou des « maille d'or » qui le parent, dans les « soltiz antailleüre » des bandes de l'écu, ou dans le tissage de l' « ansoigne » qui, à la fin de l'évocation, réfléchit à nouveau l'acte d'écrire.

Le destin d'Arannes, évoqué à partir des *Métamorphoses* d'Ovide[14], permet d'approfondir la signification du geste

14. VI, 5 et sq.

d'écrire tel que le conçoit un clerc au XIIe siècle. Affleure à nouveau, et d'une manière exemplaire, la rivalité, moteur d'une écriture s'éployant à partir d'un texte tuteur. L'écriture (le tissage) constitue une provocation (« quant Arannes l'ot *aatie* », v. 4532), immédiatement suivie d'un châtiment qui est moins reconnaissance de la supériorité du bourreau et de sa loi que de celle de la victime :

« Por ce qu'el fist meillor [ovraigne,
Aranne mua an iraigne,
qui contre li s'ert aatie ;
s'entente ot mis tote sa vie
en tailes faire et an filer,
por ce ne puet ancore finer :
toz tens file iraigne et tist,
sa filace de son vantre ist. »

(v. 4535-4542)

« Parce qu'en faisant un plus bel ouvrage, Arachné l'avait défiée, Pallas la changea en araignée ; elle s'était appliquée toute sa vie à broder et à filer et continue ; en araignée elle ne cesse de filer et de tisser, son fil lui sort du ventre. »

La punition transforme le talent en malédiction et l'écriture en destin dont le clerc se trouve marqué au plus profond de lui-même, jusque dans son corps. Entreprise risquée, l'écriture exproprie de son être celui qui prétend y exceller et le condamne à exhiber éternellement une supériorité qui fit son malheur. La référence mythique transforme l'écriture en « parturition » sans cesse réitérée (« toz tens file iraigne et tist, / sa filace de son vantre ist », v. 4541-4542). L'œuvre écrite sort du corps de celui qui l'a nourrie et l'a tramée de sa propre vie. L'écrit est appendice du corps, prolongement de soi, maintien d'un contact avec l'objet perdu du désir qui trouve ainsi à s'incarner. L'écrit tissé de la « filace » choit du corps comme un enfant, un fil(s), Silvïus par exemple, produit des amours de Lavinia et d'Enéas, comme le texte est le fruit de la rencontre de l'auteur avec la langue. Mais inversement la naissance d'un fils répète sur le mode fictionnel la naissance de l'écrit qui la raconte. L'écrivain est mère de son écrit après traversée de la langue de l'original, de sa propre langue maternelle après qu'a résonné le nom(bre) l'ordonnant. Superbe manière d'occuper dans la langue une place autre que celle impartie par la différence biologique des sexes.

La référence à Arannes fait de l'écriture le travestissement, la mue, d'une vérité qu'il eût mieux valu taire. L'auteur de *l'Enéas* a amputé l'emprunt effectué à Ovide d'une manière significative. En ne retenant que la rivalité avec Pallas et la transformation d'Arannes en araignée, il a donné au reste de l'histoire, et notamment à la description des tapisseries par lesquelles les deux femmes rivalisent de dextérité, un statut de vérité refoulée qui, dans les marges du texte, sollicite l'attention et trouve occasion à se re-présenter autrement, ailleurs. Pallas a illustré la majesté des dieux groupés par six autour de Jupiter (*Mét.*, VI, 94) ; aux quatre coins de son ouvrage, elle a ajouté des scènes de compétition qui sont pour Arachné autant d'annonces de sa punition et de sa mue futures[15] :

« Toutefois, pour que celle qui lui dispute sa gloire comprenne par des exemples quel prix elle peut espérer de sa fureur audacieuse, en quatre endroits elle figure par surcroît quatre scènes de compétition, brillantes de leurs coloris propres, distincts de la première par la dimension des personnages » (VI, 83-86).

A l'inverse, Arachné s'est évertuée à représenter les travestissements des dieux, changés en bêtes pour s'accoupler à des mortelles : Jupiter devenu satyre séduisit la fille de Nycteus, Neptune changé en taureau s'accoupla à la fille vierge d'Aeolus... ou les déesses prises d'un violent désir pour un animal : Europe trompée par l'image d'un taureau, Léda couchée sous les ailes d'un cygne... Histoires qui — toutes — exemplifient la bestialité du désir féminin, une lubricité qui sexualise le « sorplus » de la féminité. Seule la bête, ou le dieu déchu en bête, peut satisfaire la

15. Ces scénettes racontent respectivement les malheurs de Rhodopé de Thrace et Haemus changés en montagnes, de Gérana (la mère des Pygmées) devenue grue, d'Antigonée oiseau, des filles de Cinyras marches d'un temple foulées par leur père.

femme. Arachné trace sur sa toile les limites inassignables du « noir continent » d'une féminité terrifiante. A jamais, sa mue témoigne de cette bestialité tout en l'enfermant dans le tissage du fil sorti de son ventre. L'œuvre « bien tissue » enclôt le double secret de la bestialité des dieux et du « sorplus » monstrueux de la féminité. En se représentant à l'ouvrage sous les traits d'Arannes, l'auteur ne désigne-t-il pas à nouveau la position féminine qu'il lui faut occuper dans la langue s'il veut approcher le secret innommable du « sorplus » qui s'avère le fin mot de toute écriture ?

La bête monstrueuse (l' « iraigne ») n'est que le produit de la conversion en image du nom (« Arannes mua en iraigne »), la mise en lumière du processus de génération de la fiction à partir du travail du signifiant. Le roman ne cesse pas de parler de lui-même, de ce qu'il met en forme dans une autre langue pour exister, dans la langue d'une fiction où il cherche sa propre langue. L'image de l'araignée représente la fixation monstrueuse du « sorplus » de la féminité générateur de texte ainsi que la double mue d'un nom, celui d'Arannes changée en bête, dont le renversement paragrammatique réécrit presque celui d'Enéas, ce qui dans ce nom fait entendre la carence masculine par laquelle l'homme voit revenir à lui l'image inversée du « sorplus » de la féminité :

A - r a n N - E - S
A N E S NE-AS

En tant que métaphore du texte, le tissage d'Arannes souligne le nœud inextricable de l'écriture et de la sexualité, le travail de passage incessant du nom à l'image, de la fiction à l'écriture. Il désigne, en creux, le principe de lecture d'un tel texte : remonter à travers l'image vers le nom, traverser l'histoire racontée pour surprendre le roman en train de s'écrire. En somme, il suffit d'emboîter le pas d'Enéas franchissant les Enfers pour rejoindre la source paternelle de toute parole, l'origine du roman.

Enéas, en descendant dans l'Au-delà, répète le geste

d'Herculés qui n'y vint que pour accomplir un forfait : enchaîner Cerberus. Herculés prend place dans un trio qui sema la discorde dans l'Autre-monde ; Theseüs et Piritoüs y descendirent pour honnir « lo roi d'enfer » (Pluto) « et sa femme prendre et tollir » (v. 2528). A la tentative de meurtre contre le roi s'adjoint une faute sexuelle contre la reine (Proserpine). Leur geste ne fut pas différent de celui expié par les Géants au cœur des Enfers (cf. v. 2733-2738). Refaire après eux le voyage, n'est-ce pas se charger de leur double faute tout en parvenant à la dépasser, franchir la limite séparant les Enfers des Chans Elisïens où résonne la pure musique de la voix paternelle ? Descendre aux Enfers serait-ce accomplir à nouveau la faute des Géants, la traverser et répéter une tentative d'usurpation de pouvoir homologue à celle d'Arannes ? A rebours, la tentative malheureuse de la jeune fille éclaire le geste fou des Géants.

Les romans antiques mentionnent fréquemment les Géants, et tout particulièrement *le Roman de Thèbes*, empruntant beaucoup sur ce point aux *Métamorphoses* d'Ovide (I, 152 et sq. ; V, 319, 336 ; X, 150 ; XIV, 184). L'auteur anonyme les évoque lors de l'épisode de Capaneüs, parent par sa femme des Géants et lui-même d'une taille démesurée. En déclarant la guerre à Jupiter, il répète le geste de ses ancêtres. Les dieux ne peuvent que conseiller à leur maître de convoquer ses forgerons pour fabriquer les traits de la foudre qui frappera le révolté. Un feu digne des Enfers imposera un silence définitif à Capaneüs (v. 9611-9630). Cette punition exemplaire d'un sujet (d'un fils ?) révolté, par laquelle l'autorité divine manifeste la transcendance de la loi, n'est pas sans rappeler l'engloutissement d'Amphïaras, absorbé par la terre avec son char comme le furent Abyron et Dathan, deux lévites révoltés contre Moïse et Aaron (v. 5076). Quelle est la faute de ce « mestre de la loi », devenu une fois mort une véritable figure christique (cf. v. 5335-5336) ? Elle se donne à lire sur un des côtés du char englouti sous ses pieds, véritable œuvre d'art fabriquée par Vulcan, à nouveau artiste, à nouveau double de l'écrivain. Le flanc du char représente la tentative malheureuse des géants et la punition qui s'ensuivit. C'est donc moins Amphïaras qui est frappé par les foudres divines que la beauté du char, nouvelle métaphore du roman, représentant, côte à côte, le forfait des Géants et les arts libéraux, la grammaire et la rhétorique notamment, formes dans lesquelles se prend l'écriture du roman :

« paintes i furent les set Arz :
Gramaire y est painte o ses parz,
Dyalectique o argumenz
Et Rethorique o jugemenz ».

(v. 4989-4992)

« Les Sept Arts y étaient représentés, la Grammaire et ses différentes parties, la Dialectique avec ses arguments, la Rhétorique et ses jugements. »

L'art, et tout particulièrement l'écriture, est l'enjeu d'une rivalité entre les hommes et les dieux. Ecrire équivaut à tenter de ravir aux dieux un fragment de leur pouvoir, à une usurpation manquée par où un meurtre rêve de s'accomplir. La comparaison d'Ampharïas avec les deux lévites révoltés christianise la loi appelant la transgression et la réduit à un texte contre lequel il convient de se dresser, c'est-à-dire écrire. Le char d'Ampharïas se donne pour une image du texte produit par la grammaire et la rhétorique, et qui prétend rivaliser avec la parole des dieux faite texte, ou avec un modèle qui aurait conquis, grâce à la tradition, une transcendance et une autorité équivalentes. L'histoire des Géants ne cesse de hanter *le Roman de Thèbes* ; elle y inscrit, sous le voile de la fiction, les soubresauts d'une écriture (celle du roman) qui se heurte au primat de l'écriture théologique ou d'un modèle sanctifié par la tradition. La dissémination de ce souvenir mythique ainsi que ses anamorphoses traduisent l'impuissance du *Roman de Thèbes* à s'arracher à la puissance légiférante de l'écriture théologique et à l'autorité du modèle. Il se condamne à rejouer sans cesse une impossible naissance, à offrir le spectacle d'une impuissance qui devient objet de littérature, avant de s'abîmer définitivement dans la description de sa ruine, dans l'effondrement de Thebes. Le char d'Ampharïas ne fut-il pas d'ailleurs comparé à la ville de Thebes qui donnera son nom au roman (« L'euvre du curre et la matire / vaut bien Thebes e tot l'empire », v. 5007-5008) ? La ruine de l'une rejoue l'engloutissement de l'autre ; Thebes « gaste » donne à voir le naufrage du roman impuissant à s'écrire, condamné à une répétition mortifère faute du nom qui l'eût autorisé.

A l'intérieur de la narration du forfait de Capaneüs et de sa punition se trouve enchâssé le rappel de l'histoire de Thebes et de son fondateur Cadmus (cf. v. 9125 et 9171-9230). Rappel en « ymage », sculpté à l'intérieur d'un des temples de la cité, qui fige le récit et brise là aussi le cours linéaire de la narration tout en rappelant aux temps immémoriaux de son origine. Cadmus est à la fois le double de Capaneüs (CA-dm-US, CA-pane-US) et son envers. Dans le récit de l'échec du « fils » des Géants, s'inscrit le micro-récit de la réussite du héros fondateur. *Le Roman de Thèbes*, conscient de sa faillite, désignerait-il en son sein les germes d'une autre œuvre apte enfin à s'arracher au cycle de la répétition ? En d'autres termes, *le Roman de Thèbes* contiendrait-il déjà en germe *l'Enéas* ?

Cadmus a sauvé l'honneur familial et scellé l'oubli d'une faute sexuelle commise par Jupiter contre Europpé sa sœur ; pour ce faire, il a, comme Enéas, voyagé, traversé des mers, avant de fonder une ville nouvelle. L'agressivité meurtrière de Cadmus se détourne du père rapteur-violeur (Jupiter) pour frapper un substitut : le « serpant » (un dragon), dont les dents, semées, vont donner naissance à des chevaliers armés qui s'entredéchireront ; les survivants, après une lutte confuse et fratricide, érigeront Thebes avec Cadmus (v. 9201-9216). Déplacé, le meurtre du père s'avère fécond, une œuvre en émane, ville ou roman. Une tradition grecque, remontant aux *Dyonysiaques* (4, 259), fait de Cadmus l'inventeur de l'écriture. Le poète latin Ausone (IVe siècle) appelle les lettres de l'alphabet « les noires filles de Cadmus » et Isidore de Séville (VIe siècle) attribue encore à Cadmus l'invention de dix-sept lettres de l'alphabet auxquelles Palamède et Simonide auraient ajouté trois nouveaux signes (*Etymologies*, 1, 3, 6). Chues lors du meurtre du « serpant » (substitut parternel) les dents figureraient-elles aussi dans *le Roman de Thèbes* les lettres dont Cadmus fut l'inventeur ? Elles servent de semence aux chevaliers, aux histoires rapportant leurs combats, avant de donner naissance à l'œuvre nouvelle, à la ville de Thebes, naissance scellée par un mariage : Mars donna sa fille Hermïonné à Cadmus. L'ensemencement des lettres-dents et la naissance de l'écriture renvoient dans la nuit du mythe une faute sexuelle et un meurtre qui étaient tous les deux répétition et dépassement de l'histoire d'Edyppus et de Jocasta. A travers l'évocation de l'histoire de Cadmus, le roman essaie de réfléchir sa propre généalogie par la représentation de la mise en ordre des lettres. L'œuvre littéraire se bâtit à la manière d'une ville ; elle doit réactualiser, dans la linéarité du temps romanesque et historique, son mythe d'origine afin de lui imposer silence et de faire en sorte qu'il tente de saisir dans l'engluement d'une fiction une origine qui se dérobe à toute perception, voire à toute nomination. Parler de la construction d'une ville, c'est toujours, sous couvert de fiction, raconter la naissance du roman ; l'œuvre est le miroir déformant d'elle-même, elle ne saisit son reflet que sous le masque de la fiction, elle ne parle d'elle-même qu'en racontant autre chose.

L'Enéas va venir incarner l'œuvre nouvelle contenue en germe dans *le Roman de Thèbes*, mais étouffée dans l'œuf de sa propre génération par l'impossible échappée au cycle de la répétition à cause de laquelle le roman ne peut en finir avec la faute initiale, l'assumer définitivement par une nomination qui fasse origine. L'œuvre nouvelle ne peut s'éployer qu'une fois (re)traversé tout ce qui lui préexiste : la problématique des romans antérieurs, la langue de l'original, le corps maternel de sa propre langue... La clef du roman se trouve dans l'Au-delà, la trouver implique que, comme Enéas, on passe par les Enfers. Les Enfers, on l'a dit, sont le lieu du silence (exceptons la plainte qui n'est pas une parole, seulement la musique de la souffrance), d'un silence incarné par Dido, d'un silence qu'il faut traverser par un « voyage au bout de la nuit », au bout de la langue traversée de part en part pour que jaillisse enfin, aux Chans Elisïens, la parole dans la bouche d'Anchisés qui déroule le futur et marque les scansions de l'œuvre à venir. Voyager aux Enfers, c'est traverser aussi les œuvres antérieures, *le Roman de Thèbes*, et passer avec Enéas devant les héros thébains (Adrastus, Pollinicés, Thideüs..., cf. v. 2669-2672) et se porter au-delà, dépasser l'impuissance du rival et réaliser une œuvre qui le relègue dans le silence infernal. N'est-ce pas aussi retraverser sa propre histoire pour s'en défaire et en finir avec les malheurs de Troie ravivés un temps par la rencontre d'Hector, Priamus, Pâris et Deïphebus (v. 2677-2678). Le silence n'est que la conversion de l'impuissance des devanciers à produire le premier « vrai » roman, l'œuvre qui, enfin, ferait origine et inscrirait la butée nécessaire au déploiement du genre. Les Géants expient davantage leur échec que leur forfait ; en passant devant eux, Enéas goûte, dans l'horreur fascinée, une victoire qui est celle de l'auteur cheminant vers la source de sa propre parole et vers le triomphe. L'Enfer se donne pour la passe obligée de l'œuvre à naître, la matrice du roman à venir et de tout ce qui s'écrira une fois dehors. Y figure tout ce qui doit être abandonné, relégué dans le silence ou figé dans l'effroi d'une impuissance coupable : les autres œuvres, les autres langues, l'hypothèque incestueuse planant sur la langue maternelle métaphoriquement retraversée en une parturition inversée permettant de parler, écrire, dans cette langue. Véritable accouchement de l'œuvre nouvelle. Il faut aussi s'identifier aux Géants et à ce qu'en dit Sebilla, rejouer le meurtre raté du père pour le réussir dans la langue, l'accomplir et s'en débarrasser définitivement dans une fiction, afin qu'aux Chans Elisïens le(s) nom(s) puisse(nt) retentir. Antre douloureux des Géants déchus, l'Enfer est le lieu de la confusion des langues dont la multiplicité rend toute parole précaire, voire inaudible, et la fige dans un silence assurant le règne sans partage d'une image qui arrête le cours du récit et l'Histoire ainsi que le jeu des métamorphoses. S'entend seulement le cri (« Molt oi granz criz ça sor senestre », v. 2714) qui reste en deçà de la parole articulée et du sens. L'Enfer est le négatif du sens, sa matrice inversée dans l'attente de ce qui en permettra l'articulation. Passer par les Enfers équivaut donc à rebrousser le chemin qui conduisit un jour à la confusion des langues et à l'effondrement de Troie-Babel, à se diriger vers la « construction » de ce nom assurant la non-dispersion des langues et des œuvres, et que le père ne cesse pas de décliner dans le « dé-nom-brement » des hoirs à naître, le réduisant ainsi à l'épure d'un nombre : du « un » qui annule et articule les différences et dont l'Au-delà, organisé en diptyque, serait la représentation macrocosmique. Si la terre est pour Enéas et l'auteur le le lieu de l'errance, de la dérive de l'écriture et de la dispersion des langues et de la fragmentation du Livre, l'Enfer en représente le supplice et, simultanément, fraye la voie à un recollement des éléments épars et figure la tension vers le nom qui, dans la pure lumière des Chans Elisïens, en nouera les éléments disséminés.

D'un bord à l'autre de l'Enfer et de l'horreur maternelle de la langue, la traversée est voyage dans le modèle, dans la matrice de l'œuvre de départ parcourue à l'envers et dans la langue neuve des *illiterati* qui la prive de l'ampleur épique propre à *l'Enéide*. Le rameau d'or, « el forc des veies (...) fichié », marque la frontière de l'œuvre nouvelle et fixe la condition de sa future émergence, il figure le lieu où le modèle choit dans le silence infernal. Aux Chans Elisïens seulement, il est donné d'entrevoir l'œuvre nouvelle, encore à l'état de promesse. Enéas (l'auteur) reçoit le roman dont il est le héros de la bouche paternelle qui déroule devant ses yeux les péripéties qu'il racontera en un lieu qui a la structure sphérique de la pomme de Discorde et où s'annulent les contraires (« soloil et lune i avoient », v. 2797), la structure du nom du père et de la langue d'amour. Aux Chans Elisïens, les conditions, la naissance et les caractéristiques du roman sont annoncées par un père, un autre le forgera, l'écrira grâce au marteau-plume de Vulcan. En ce lieu édénique rayonne la plénitude du signifiant, la pure musique d'une langue neuve (v. 2805) qui s'enchante d'elle-même grâce au spectacle des jeux offert aux voyageurs par les bienheureux (v. 2799-2802), sous le regard d'un père dépliant l'infini de ses possibilités, modelé sur l'infini du temps où le passé s'annule dans le bain d'oubli du Lethé, avant de se ressourcer et de renaître en prenant « humain cors », formes et œuvres nouvelles. Grâce à la métempsycose le roman découvre la pérennité de son écriture, renaissante sitôt morte, autre et identique, à la condition de retraverser sa propre langue et son propre corps pour remonter, au-delà du bain d'oubli, vers sa source paternelle, vers son énonciation, et y accueillir, la mue achevée, le blason du nom du père ordonnant l'efflorescence des « letres d'or » de la langue maternelle. Le cycle de la métempsycose n'est pas la circulation mortifère de la répétition à l'œuvre dans *Thèbes*, mais la définition de la loi de l'écriture romanesque se repliant sur soi, retraversant sans cesse l'œuvre antérieure et sa propre langue pour produire un roman nouveau. Chaque roman doit réussir là où les Géants échouèrent, accomplir le meurtre de ce qui lui préexiste, traverser et jouir du corps de la langue et de la dispersion de l'œuvre antérieure pour, au-delà, franchir le pas du rameau d'or et de l'*initium* et découvrir sa propre langue blasonnée d'un nom et accueillant la musique diverse de la diaspora des langues.

Le voyage dans l'Au-delà est donc une descente dans les entrailles de l'œuvre et une remontée vers l'origine inconsistante de l'écriture, du « rien » — nom ou nombre — d'où s'engendre le « tout » de l'œuvre et de la langue appelée à lui donner consistance. La voix du père mort désigne l'horizon du roman à naître, le récit de la fabrication des armes fixe le terme de son énonciation, mais le roman ne naît vraiment que lors de la rencontre de Lavinia et d'Enéas, de la rencontre de l'auteur et de la langue, véritable objet d'amour (fig. 6). L'œuvre : un vrai fils scellant l'union de

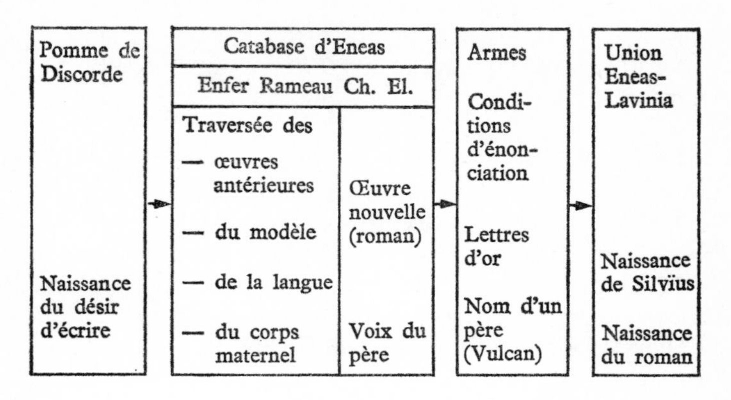

FIG. 6

l'auteur et du corps de la langue dans l'incertitude ou l'interdiction de l'union sexuelle.

Fruit des amours d'Enéas et de Lavinia, Silvïus représente le roman à venir, fruit des amours de l'auteur et de la langue. Né dans une « selve » (v. 2939), l'enfant porte un nom qui fixe le souvenir du lien d'origine dans le temps où il inscrit l'altérité (Sil... et cil, déjà souligné), l'ordre, voire la culture, dans la « silva » où Bernard Silvestre vit une image de la confusion primordiale, un « chaos informe, concrétion belliqueuse, face décolorée de l'être, masse dissonante à elle-même. Elle aspire à ce que le trouble soit refréné, à ce que l'informe soit formé, à ce que la friche soit mise en culture »[16]. Silvius figure le moment où naît la culture, où le roman surgit et met de l'ordre dans la broussaille, dans la confusion des langues. Il est le nom, appelé dans l'Au-delà par un père, somme des différences des parents, le signifiant de leur union ordonnant le nom-bre des héritiers à naître, des œuvres romanesques à écrire.

16. Bernard Silvestre, *Description de l'Univers* (vers 1148), II, cité par G. Duby, *Saint Bernard. L'Art cistercien*, Paris, 1979, p. 110.

LA FÉMINITÉ DU ROMAN OU UNE « POÉTIQUE » AU FÉMININ

Histoire d'un mariage fondateur, *l'Enéas* scande les étapes d'une rencontre, puis d'une union longtemps retardées dont le terme heureux correspond à l'éclipse du roman. Simultanément, la marche nuptiale se veut voyage au sein de l'écriture romanesque, recherche des conditions d'une naissance problématique sans cesse à réinterroger pour qu'appert enfin la seule union qui vaille : celle de l'auteur avec sa propre langue. Sous couvert d'une apologie du mariage, dont on trouverait aisément l'écho dans la littérature ecclésiastique et didactique contemporaine, *l'Enéas* jette les fondements d'une poétique du roman intégrée au roman. Il devient parallèlement une « fiction théorique », une fiction engendrant la théorie qui l'informe et la commente, une fiction qui est la transposition « romanesque » de la théorie, un effort permanent de saisie de l'acte d'écriture dans le temps où il s'accomplit. Le texte y parlera donc une double langue. A lui seul, il est une véritable *translatio*, une conversion et un voyage d'un bord à l'autre du roman et de sa langue, de la théorie et de la fiction, mais aussi une descente et une remontée vers sa source, vers le nom qui, en tiers, noue toutes les différences, la fiction et son commentaire, le roman et sa poétique, l'homme et la femme.

Si, comme on l'a laissé entendre à plusieurs reprises, l'union d'Enéas et de Lavinia scelle la rencontre de l'auteur et du roman, du roman avec sa théorie, le personnage féminin n'incarne pas ce qui permet au roman de parler de soi et d'élaborer une poétique du roman. L'entrée de la femme sur la scène littéraire ne constitue en rien un signe patent de l'amélioration de sa condition sociale et culturelle. Les travaux de G. Duby sur la famille aristocratique au XIIe siècle la montrent au contraire prise dans les rets de la politique matrimoniale et lignagère de la chevalerie et de l'Eglise[17]. Mais elle devient parallèlement — et cela constitue un paradoxe dont la critique n'a pas encore rendu compte d'une manière totalement satisfaisante — « objet de littérature », personnage romanesque à part entière, ou Dame, qui polarise l'attention fascinée du troubadour. La lyrique occitane et la littérature romanesque en langue d'oïl naissent de la prise en compte de la question de la féminité, de la féminité comme question adressée à la littérature.

Dans *l'Enéas*, la femme est la cause opérante de la fiction, le point nommé ou innommé, vers lequel tend le héros, le lieu où se tient l'objet d'un désir resté longtemps insu. Enéas dérive vers Carthage gouvernée par Dido, et son voyage l'amènera finalement en Lombardie dont Lavinia est l'héritière. La femme atteinte, puis épousée, le récit s'achève brutalement après avoir succinctement rappelé une descendance qui conduit le mythe aux portes de l'Histoire comme si le roman avait enfin rattrapé ce qui le causait. Le roman s'éploie dans la distance séparant le héros de la femme désirée, aimée, il est la *translatio* de cette séparation, le voyage chargé de l'annuler ; l'union consommée, il s'achève dans le bonheur d'avoir atteint ce qui le suscita. Le roman épouse les errances du désir vers un objet que la femme vient représenter, et le désir écrit le roman qui prétend le dire. Le roman est tout entier tension de l'être et de l'écriture par l'effet d'un manque, d'une absence (ou d'une présence interdite), maintenus une fois l'objet atteint par l'éclipse du roman achevé. Promesse d'autres amours, d'autres romans.

Dido et surtout Lavinia figurent donc le point d'évanescence qui maintient ouvert le manque générateur de fiction, de roman, le lieu où fin et commencement se rejoignent dans le suspens de l'acte d'écriture qui fait exister le roman comme un reste magnifique.

Au-delà de la trame des événements dans laquelle

17. Cf. notamment *Le chevalier, la femme et le prêtre, op. cit.*

Lavinia est prise, elle incarne l'altérité dont le héros et le roman ont besoin, qui pour voyager, qui pour s'écrire. La femme est l'Autre du récit qui en parle, le point de réalisation vers lequel il tend après avoir été celui qui l'engendra. Elle est l'altérité grâce à quoi le récit prend conscience de soi, la dimension réflexive qui jette les fondements de la poétique du roman. La prise en compte de la femme par le roman ne s'est jamais donnée pour la reconnaissance de la spécificité d'une différence, mais pour l'introduction en son sein d'une métaphore de l'altérité qui permette de parler et au roman de s'écrire.

Dans la conclusion du *Chevalier, la femme et le prêtre*, G. Duby s'étonnait du fait que le Moyen Age, après avoir tant parlé des femmes, nous en ait dit si peu : « Il faudrait toutefois ne pas oublier parmi tous ces hommes qui seuls, vociférant, clamaient ce qu'ils rêvaient de faire, les femmes. On en parle beaucoup. Que sait-on d'elles ? »[18]. A la seule lumière de la littérature, il convient de répondre rien. Car là ne fut pas l'essentiel : Dame du troubadour, ou personnage féminin, la femme supporta la dimension de l'altérité nécessaire à la naissance de la parole et de l'écriture, à l'articulation et à la réalisation du désir d'écrire. Dans le cadre du roman naissant, elle a inscrit la part de distance nécessaire au roman pour qu'il puisse entrevoir sa propre origine. Support du désir, la femme permit au roman de parler du désir d'écrire et de l'amour de la langue là où il parlait du désir et de l'amour.

Avec Dido, le roman s'égare un temps et goûte les bonheurs et les plaisirs de la répétition de l'original latin et de *Thèbes*, faute du nom qui l'émanciperait. Grâce à Camille, il contemple narcissiquement sa propre perfection et rêve d'annuler, dans le spectacle d'une beauté superlative qui fige le récit, les différences et les coupures qui l'engendrent avant de s'abîmer dans sa propre fascination mortifère, dans

18. *Op. cit.*, p. 304.

la vision anticipée d'une mort superbe permettant au récit de repartir et au roman de s'écrire. Lavinia lui donne l'occasion de se trouver et de s'écrire.

La femme met le héros sur la voie du père et le roman sur celle de son origine, soit qu'elle offre, comme Dido, le spectacle des ravages causés par la non-reconnaissance de sa loi, soit qu'elle apporte en dot la terre de l'ancêtre (du père primitif) comme Lavinia. Dans l'Au-delà, Anchisés nomme Lavinia, son apparition consécutive sur la scène du roman donne consistance à la nomination paternelle ; la « meschine » supporte dans la fiction la parole du père au principe de la langue, à l'origine du roman. L'épouser équivaut pour Enéas à adhérer à la parole du père qui informe le désir dont le roman suit les méandres.

Si Lavinia incarne le Nom du Père d'où s'engendrent le récit et le roman, Sebilla — appelée par Anchisés du fond du rêve d'Enéas — ne représente-t-elle par le dicours d'escorte commentant ce qui s'écrit, soit ce que voient les yeux du héros ? Sebilla, c'est le savoir et la connaissance, et, plus particulièrement, comme l'a souligné D. Poirion, « la connaissance de la mort », « la communication avec le monde de la mort »[19]. En elle, le savoir s'est fait femme :

« Sibilla t'i porra conduire, une feme qui *set* d'augure ; (...) El *set* quant qu'est et qu'est a [estre, (v. 2199-2203)	« Sibylle pourra t'y conduire, c'est une femme qui connaît les augures et sait tout ce qui est et tout ce qui est à venir. »

Elle suscite la fascination, mais surtout la peur (« peors prenoit de son regart », v. 2272) ; elle est l'inquiétude lovée au fond du savoir. L'horreur sacrée et la laideur émanant de sa personne (cf. v. 2267-2272). Sebilla reste la « casta Sibylla »

19. *Le merveilleux dans la littérature française du Moyen Age*, Paris, 1982.

de Virgile, dans laquelle les Pères de l'Eglise virent le héraut de la venue du Christ, l'incarnation de la renonciation réitérée au sexe qui livre le savoir sur la vie et la mort, qui fait de l'acquisition et de la transmission du savoir la seule vraie jouissance. En ce sens, elle se donne pour l'envers de Lavinia et le double inquiétant de Camille. A dire vrai, elle incarne moins le savoir que les instruments ou la voie de l'acquisition du savoir. Anchisés ne la présente-t-il pas comme une allégorie des Sept arts ?

« de deviner ne sai son mestre, del soloil set et de la lune et des estoilles de chascune, de nigremance, de fusique, de restorique et de musique, de dialectique et gramaire. » (v. 2204-2209)	« Je ne lui connais pas de maître dans l'art de la divination ; elle connaît le soleil et la lune ainsi que leurs planètes, la magie, la physique, la rhétorique, la dialectique et la grammaire. »

Les arts libéraux recueillent l'intégralité du savoir médiéval et fournissent le cadre rigide d'une méthode permettant son extension. La théorie des Sept Arts est due à l'Africain Martianus Capella (Ve siècle), mais elle fut mise en ordre et divisée en un *trivium* et un *quadrivium* au IXe siècle par Boèce. L'auteur de *l'Enéas* paraît moins respectueux de l'ordre hérité de la tradition que celui de *Thèbes* (cf. 4987-4998) ; il évoque en premier lieu le *quadrivium* et remplace les disciplines « mathématiques » par la « nigremance » (la magie) et la « fusique » (les sciences de la nature). La musique, à cause des contraintes de la rime, est introduite dans le *trivium* (v. 2208). La disposition des vers laisse toutefois apparaître une volonté de redistribuer autrement les « arts », comme si l'auteur voulait transformer le *trivium* en un *quadrivium* nouveau, englobant la musique qu'il nous sera donné d'entendre aux Chans Elisïens (v. 2804) pour en faire un appendice des arts du langage. Musique de la langue se fixant bientôt dans un nom. Le dénombrement des arts libéraux s'achève sur la grammaire, que Dante appellera « la prima arte », et lui confère une position prééminente : la position d'une origine qu'il faut aller quérir en traversant à rebours les autres disciplines en un mouvement qui anticipe celui de la catabase d'Enéas dans l'Au-delà et celui du roman tout entier remontant vers sa propre origine. Sebilla est avant tout une incarnation de la grammaire et du savoir sur la langue. Il faudrait donc suivre pas à pas Sebilla et Enéas dans leur voyage infernal et montrer comment elle commente les spectacles qui viennent inquiéter le regard d'Enéas ; elle lui explique notamment la fonction du Lethé, du fleuve « d'oubliance », qui régit la circulation infernale et le principe d'engendrement du roman répétant son modèle, puis l'oubliant. Plus loin, au cœur des Enfers, elle décrit ce que le regard n'est pas autorisé à contempler : le supplice des géants châtiant un double forfait dans lequel nous avons vu la condition de l'écriture. Sa parole découvre l'horreur nue du tréfonds des Enfers, elle constitue un récit à l'intérieur du récit qui le dédouble et introduit une dimension réflexive où il capte le reflet langagier d'une origine invisible, à jamais dérobée d'être à l'unisson du crime qu'elle expie. Récit second, enchâssé dans le récit, le discours de Sebilla commente ce qui ne peut se voir, ce qui image la naissance de l'écriture ; elle désigne le travail du roman qui peut, par sa voix, se commenter et dire ce qui lui échappe ainsi qu'au personnage et au récit. De cette « poétique au féminin » nous voudrions fournir un dernier exemple, porté par une de ces équivoques qui sont le fruit de la souplesse graphique de l'idiome roman. Dans *l'Enéas*, le mot « fame » (la femme) équivoque avec « Fame » (la Renommée). Et, il est vrai, Renommée, tout comme la femme pour le Moyen Age, a « mil boches a dont al parolle » (v. 1543), elle est un « sorplus » de paroles et de mots générateur de fictions :

« Primes parolle belemant
et a consoil celeemant,
puis vait anhauçant son conte ;
plus haut parolle quant qu'el [monte. »
(v. 1561-1564)

« Tout d'abord elle parle doucement et secrètement puis augmente son histoire et parle plus haut de ce qui a ainsi pris de l'importance. »

Cette activité débridée de Renommée illustre l'efferves-cence de l'écriture romanesque, conquérant de nouveaux territoires, proliférant sans cesse à partir d'elle-même et brouillant les cartes de la vérité et du mensonge :

« de molt petit fait asez grant, ele l'acroist de plus et plus, quant qu'ele vait et sus et [jus ; (...) la false chose come la voire ». (v. 1550-1554)	« d'une très petite chose elle en fait une très grande ; elle l'augmente en allant partout, peu importe qu'il s'agisse d'un mensonge ou d'une vérité ».

Grâce à elle, le roman avoue l'infinie liberté qu'il se découvre et illustre dans cette prolifération de mots et de « contes ». Le mensonge, n'est-ce pas aussi, appelé par la rime (v. 1557-1558), le « songe », celui d'Enéas notamment, ou bien le « conte » (v. 1565), c'est-à-dire ce que nous appelons « fiction », ce qui donne corps au roman ?

Grâce au discours qu'il tint sur la femme, le roman put parler de lui. Il découvrit moins la femme et l'amour, comme on le dit parfois, qu'il n'introduisit dans sa démarche la part d'altérité lui permettant de se regarder en train de se faire. La femme reste donc un lieu infiniment distant d'où le roman, sous couvert d'une rencontre amoureuse, reçoit les règles de son fonctionnement, tout comme Enéas reçoit la flèche du regard de Lavinia décochée de la tour. Flèche porteuse de langue et d'un discours qui, en abyme du récit, le commente et infléchit son cours. La présence de personnages féminins dans les romans antiques ne scelle pas la reconnaissance à part entière de l'Autre-sexe, mais la délimitation à l'intérieur du récit d'une zone critique. Grâce à la femme, le roman découvre la théorie et, au défaut des traités de rhétorique, énonce au féminin une « poétique » du roman.

Conclusion

L'Enéas pourrait n'être que la banale histoire d'un mariage, tôt décidé, mais patiemment éludé afin que ce retard s'emplisse de péripéties multiples qui ressuscitent, en « roman », les aventures des héros virgiliens, fidèles copies — au mépris de la vraisemblance historique — des chevaliers médiévaux. Structure simple, voire simpliste, qui, en supportant la totalité du récit, suffit à le différencier des autres romans antiques dispersés par l'évocation de plusieurs unions, malheureuses, interdites ou fatales. A la négativité incestueuse et mortifère de *Thèbes*, au travail de la pulsion de mort à l'œuvre dans *Troie*, *l'Enéas* oppose la positivité absolue d'un mariage fondateur de société et d'histoire, de langue et de littérature. Dès lors, la banalité devient exemplaire et le roman le révélateur du fonctionnement (ou du disfonctionnement) du discours social, de la littérature romanesque naissante et du discours critique.

Le mariage figure le lieu où tous les discours constitutifs de la société médiévale se nouent en une « textualité » exemplaire passible de toutes les approches critiques. Le mariage est avant tout une affaire économique réglant le report d'une génération à l'autre des biens immobiliers ; il assure la pérennité des lignages et met un terme à l'errance des « jeunes » dont la revendication sexuelle et économique excessive fait peser une menace diffuse sur les « nantis ». *L'Enéas* peut donc venir alimenter le discours historique et, en retour, en recevoir quelque éclairage ; il n'y retrouve pourtant que ce qu'il y avait mis, mais perd sa dimension d'écrit.

Le mariage organise aussi la circulation des femmes et la

parenté, c'est-à-dire le système symbolique qui, au-delà du miroir-écran du réel et des faits, informe la structure profonde de toute société et transforme Lavinia en signe d'un enjeu qui la dépasse. Mais l'anthropologie relègue dans les marges de son discours les bruissements du désir et les incertitudes du cœur dont l'amour recueille en « roman » les échos.

Le mariage apprivoise la sexualité et oublie l'impasse dans laquelle fourvoie la dimension inconsciente du désir qu'il socialise ou transforme en chant d'un amour appelé à devenir l'objet même de la littérature romanesque.

Le mariage, enfin, c'est une parole souhaitée par le désir, l'épure même de la parole, de la parole d'amour échangée par les amants, de la parole romanesque qui entend dans la promesse partagée l'écho de sa propre naissance et voit se sceller la rencontre de l'écrivain avec la langue au point ultime où la fin du roman coïncide avec son avènement. La marche nuptiale scandée par le récit n'est plus que la lente remontée du roman vers sa source, vers la parole ou le nom qui l'autorise.

Histoire d'un mariage, *l'Enéas* est le lieu de convergence de toutes les préoccupations, de tous les fantasmes et de tous les discours d'une époque. De l'époque où il fut écrit, certes, mais aussi de l'époque où il est lu, de la nôtre donc, en ce qu'il accueille et renvoie à leur incomplétude, voire à leur insuffisance, l'ensemble des discours (historique, anthropologique, psychanalytique, « poétique ») dont la littérature médiévale est aujourd'hui le champ d'application. *L'Enéas* est une « fiction théorique » ; il réfléchit (dans la double acception du terme) les conditions de sa propre naissance et celles du genre romanesque, conditions structuralement homologues à celle de la naissance de la parole. « Fiction théorique », il l'est encore en désignant la part de « fiction », soit la part d'insuffisance, qui habite les « théories » contemporaines nourrissant les lectures appliquées à la littérature médiévale.

Au-delà, il est — pour chaque lecture — une invitation

permanente à inventer sa propre théorie, une invitation pressante à bâtir des « fictions théoriques » qui refusent de soumettre la littérature médiévale à l'autorité d'un méta-discours. C'est là une condition *sine qua non* pour que le retour du Moyen Age sur la scène de la culture contemporaine ne reste pas lettre morte et que la littérature médiévale retrouve son extraordinaire force de sollicitation. N'est-ce pas dire qu'ainsi perçu *l'Enéas* n'a plus grand-chose à voir avec *l'Enéide* de Virgile ? qu'il ne se donne plus à lire comme la somme poétique d'une culture, mais comme l'ouverture imparfaite vers un genre nouveau et un ressourcement du discours critique ?

Résumé de *l'Enéas*

Nous donnons le résumé des trois parties du roman perceptibles à la lecture du Manuscrit A ; nous omettons les ajouts apportés par M. J.-J. Salverda de Graves dans l'édition de référence.

Ire partie : Chute de Troie. Jugement de Pâris. Arrivée des Troyens à Carthage. Dido.
(v. 1-2144) — *Enéide*, chants I à IV.

(v. 1-91) Conduits par Menelaus venu récupérer son épouse Eloine enlevée par Pâris, les Grecs mettent Troie à sac. Enéas, prévenu par sa mère Vénus, échappe au massacre et se voit intimer l'ordre par les dieux de regagner la Lombardie d'où vint son ancêtre Dardanus. Le Troyen, après avoir rassemblé quelques rescapés et quelques biens, prend la mer en emmenant son vieux père, Anchisés, mais sans son épouse Creüsa, perdue dans la presse.

(v. 92-183) Les malheurs des Troyens n'ont d'autres causes que la colère de Juno mécontente du jugement de Pâris chargé de désigner la plus belle femme du monde en lui octroyant une pomme d'or jetée par Discorde. Trois déesses veulent l'avoir : Juno, Pallas et Vénus, et tentent de circonvenir Pâris en lui promettant qui la richesse, qui la gloire, qui l'amour sous les traits de la plus belle femme du monde. Pâris tranchera en faveur de Vénus et recevra en récompense Eloine, femme de Menelaus. Jalouse, Juno s'est juré de perdre les Troyens.

(v. 183-838) La déesse déchaîne l'orage sur la flotte troyenne bientôt dispersée ; les survivants abordent la côte sauvage de Libye, aussitôt explorée par quelques éclaireurs. Au-delà des bois, ils découvrent le chemin de Carthage gouvernée par une femme, Dido, venue d'une autre terre (Tire), après avoir été spoliée par son frère et avoir vu tuer son époux Sicheüs. Elle a assis son pouvoir sur la contrée au prix d'un stratagème : elle a demandé à un prince local le droit d'acheter une portion de terre équivalente à une peau de taureau ; une fois l'accord obtenu, elle a découpé la peau en fines courroies qui, mises bout à bout, lui ont permis d'usurper une superficie suffisamment étendue pour bâtir la ville de Carthage.

Suit la description (en partie fantastique) de Carthage, de ses murs élevés, savamment décorés, de ses bourgeois et de ses richesses, qui transforment la cité antique en ville forte médiévale. Dido reçoit courtoisement les ambassadeurs troyens ; en souvenir de son propre exil, elle offre au peuple d'Enéas de s'installer en Libye et de se mêler aux autochtones. De retour, les ambassadeurs rapportent les propositions de la reine à Enéas qui, après un temps de surprise, accepte avec enthousiasme et se prépare à se rendre à Carthage, porteur de nombreux cadeaux.

Vénus, inquiète pour la sécurité de son fils (les Libyens ont la réputation de gens traîtres et cruels), décide de lier par l'amour Enéas et Dido. Cet amour va naître de l'embrassement d'Ascanius, fils d'Enéas, mais enflammer davantage Dido. Après le repas de bienvenue qui suit cet événement fatal, Enéas est convié à rappeler les circonstances de la chute de Troie.

(v. 839-1196) Après une brève évocation des guerres entrecoupées de longues trêves qui mirent aux prises Grecs et Troyens, il rappelle l'épisode célèbre du cheval. Ulixés fit construire un cheval gigantesque, lui emplit le ventre de guerriers et le fit conduire aux pieds de l'inexpugnable Troie pendant que les Grecs feignaient de reprendre la mer après dix ans d'inutiles et meurtriers combats. La ruse ne peut être complète que si un Grec (Sinon), prétendument abandonné par ses compatriotes, vient d'un mensonge transformer le piège en don des dieux. En effet, le cheval a été construit selon lui pour remplacer le Palladium dédié à la déesse Pallas et dérobé par Ulixés et Titides. Mais pour introduire la nouvelle idole dans Troie, les murs doivent être abattus. Le soir venu, les guerriers dissimulés dans le ventre de l'animal sortent et massacrent les Troyens trop crédules, pendant que les troupes grecques, de retour, achèvent de délivrer Eloine. Le récit d'Enéas s'achève par la nouvelle de la mort de son père Anchisés, décédé pendant le voyage et enseveli à Sichans Porz.

(v. 1197-1614) Le récit des malheurs d'Enéas a attisé la flamme de Dido ; la nuit lui fait découvrir les affres de la passion. Après une nuit agitée, elle se rend chez sa sœur Anna pour se confier, mais ne parvient pas, dans un premier temps, à nommer le Troyen sans s'évanouir. L'idée de transgresser la promesse de fidélité faite à son époux défunt ajoute à son trouble. Anna, pour la réconforter, l'invite à abandonner le mort pour le vif, seul capable de la protéger du mépris et de l'envie des barons libyens et de rehausser la gloire de Carthage.

Confortée dans son égarement par Anna, Dido s'abandonne totalement à son amour, perd toute sagesse et délaisse les affaires du royaume qui bientôt périclite. Afin de distraire sa souffrance, elle décide d'aller chasser à courre dans les bois qui entourent la cité. Au milieu d'un somptueux équipage, parée pour la circonstance, Dido apparaît aux yeux d'Enéas comme Diane chasseresse. Un violent orage éparpille la chasse, cependant qu'Enéas et la reine se réfugient dans une grotte où elle va s'abandonner au désir du Troyen. Aussitôt, la rumeur va par la contrée que Dido est déshonorée, que la foi autrefois promise à Sicheüs est mentie. La médisance, alimentée par une misogynie viscérale, enfle, les barons grondent, Enéas saisi par la luxure en oublie sa mission.

(v. 1615-2144) Un jour, les dieux lui délèguent un messager l'invitant expressément à abandonner la reine et à fuir Carthage pour reprendre au plus vite le chemin de la terre des ancêtres. Afin d'éviter à Dido le supplice d'explications maladroites, Enéas se prépare à partir en catimini. Mais la reine a eu vent de la trahison et, dans un dialogue douloureux, cherche à comprendre ce qui l'éloigne, ne cesse d'avouer son amour, pleure et menace, regrette de n'avoir pas d'enfant et avance le sacrifice de son honneur perdu. Rien n'y fait. Enéas ne peut qu'objecter que la responsabilité incombe entièrement aux dieux. La reine appelle alors Anna, lui demande de préparer un bûcher en prétextant la nécessité de détruire les dons que lui fit Enéas ; ce sacrifice, selon une sorcière, aurait pour vertu de le faire revenir. La vue des voiles s'éloignant, la compréhension du caractère irréversible de la trahison dont elle est la victime décident Dido à en finir avec la vie ; elle s'enfonce l'épée donnée par Enéas dans la poitrine et se précipite dans le bûcher. Anna recueillera ses cendres dans une urne, les enterrera et fera inscrire sur la pierre tombale une épitaphe rappelant à jamais l'excellence de la reine de Carthage égarée par une passion désastreuse.

*II*e *partie :* Rêve d'Enéas. La Sibylle et le rameau d'or. Voyage dans l'Au-delà (Enfer et Champs-Elysées). (v. 2145-3020) *Enéide*, chants V et VI.

(v. 2145-2220) Un orage détourne la flotte troyenne vers Sichans Porz où mourut Anchisés. Accueilli par Aceste, Enéas célèbre l'anniversaire de la mort de son père qui lui apparaît la nuit suivante et lui rappelle sa mission qu'il devra accomplir avec les jeunes guerriers, les plus âgés restant avec Aceste. Il lui prédit des combats meurtriers, des jours de gloire et un mariage royal d'où naîtra une lignée prestigieuse. Auparavant, il lui faudra venir le rejoindre aux Chans Elisïens après avoir traversé les Enfers, guidé par Sebilla.

(v. 2221-2349) Au matin, l'ombre paternelle dissipée, Enéas fait préparer sa flotte, abandonne les membres les plus faibles de ses troupes et cingle vers Cumes. La vue de la prêtresse Sebilla, chenue et décharnée, le transit d'effroi ; il parvient cependant à dépasser son horreur et à lui faire part de sa mission. Elle l'informe qu'entrer dans l'Autre-monde est peu de chose au regard des difficultés du retour. Seul peut revenir parmi les vivants celui qui offre un rameau d'or à la reine des Enfers ; ce rameau est arraché sans peine par l'élu, signe que Jupiter consent à sa catabase. Grâce à l'intervention de sa mère, Enéas découvre le rameau, le cueille, le présente à Sebilla, sacrifie aux dieux de l'Enfer et peut alors entreprendre son périple chez les morts.

(v. 2350-2790) On entre dans l'Autre-monde par une fosse profonde, environnée de bois sauvages et d'une eau fangeuse et puante, au point que l'oiseau qui s'égare à voler au-dessus meurt asphyxié. En pénétrant dans le royaume des morts sur lequel règnent Pluto et Proserpine, Sebilla invite Enéas à ne pas succomber à l'effroi, à garder nue son épée pour jeter un peu de lumière dans ce monde de ténèbres et à s'oindre d'un onguent protégeant des miasmes mortifères.

Ils découvrent le vestibule des Enfers peuplé des âmes de ceux qui rencontrent la mort par félonie, mensonge ou discorde, puis croisent un arbre où pendent comme feuilles fantomatiques songes et mensonges, puis d'horribles monstres qu'Enéas tente en vain d'occire.

Leur cheminement les conduit au cœur d'une vallée profonde où coule une eau noire, au bord de laquelle se presse une foule considérable. A l'aide d'une barque pourrie, l'horrible Caro fait office de passeur pour ceux qui reçurent une sépulture. Au-delà du fleuve s'étend un marais dont l'eau bourbeuse fait perdre la mémoire de leur séjour infernal aux âmes qui vont se réincarner. Caro embarque les deux voyageurs mais s'étonne de leur visite et rappelle les forfaits des vivants venus aux Enfers : Hercule emmena le portier prisonnier, Theseüs et Piritoüs voulurent honnir le roi en lui prenant son épouse. Devenu menaçant, Caro est informé par la prêtresse de la mission d'Enéas qui exhibe le rameau d'or ; apaisé, le nautonier infernal les dépose sur l'autre rive.

Là, ils découvrent le monstrueux Cerberus, portier velu, griffu et bavant, dont les trois têtes coiffées de couleuvres ressemblent à celle d'un chien. Grâce à un charme, Sebilla endort l'infernale créature afin de pouvoir franchir la porte des Enfers. Au-delà, ils découvrent les enfants morts en bas âge.

Plus loin, se tient Minos, le juge des Enfers, qui pèse les âmes, envoie les bonnes aux Chans Elisïens et condamne les autres aux tourments. Enéas rencontre ensuite Dido et lui adresse la parole ; il reconnaît qu'elle mourut pour lui et évoque à nouveau la responsabilité des dieux. Pleine de courroux, Dido s'enfuit sans lui répondre et se réfugie auprès de Sicheüs son époux trahi. Enéas découvre alors l'immense champ où se tiennent les guerriers valeureux morts au combat : les Thébains d'abord (Adrastus, Pollinices, Tydeüs...), puis les Troyens (Hector, Priamus, Pâris...), dont la vue réveille la honte d'avoir survécu au désastre, les Grecs enfin (Aïaus, Agamenon, Achillés, Menelaus...) effrayés par l'épée qu'il tient à la main.

A gauche, s'élève la principale cité des Enfers ; de ses murs d'acier cernés par les eaux bouillantes du

Flegeton s'élèvent des plaintes terrifiantes. La prêtresse, qui autrefois guidée par Thesifone pénétra en ce lieu, apprend à Enéas qu'y sont tourmentés les géants qui voulurent prendre d'assaut le ciel : Ticïus tenta d'honnir Diane, un vautour lui déchire les entrailles nuit et jour ; Tantalus, plongé dans l'eau jusqu'au menton, tenté par des pommes pendant à hauteur de sa bouche, subit le supplice de la soif et de la faim. En ce lieu, où le Troyen n'est pas admis à pénétrer, sont infligés, sans répit et pour l'éternité, les plus terribles châtiments. Après avoir contourné par la gauche cette cité d'infamie, Enéas plante au carrefour des voies le rameau d'or où la reine des Enfers le fera prendre.

(v. 2791-3020) Au-delà commencent les Chans Elisïens, lieu fleuri et musical, baigné par les lumières confondues du soleil et de la lune. Enéas y rencontre les hommes qui firent la gloire de Troie avant de découvrir sa parentèle ordonnée par Anchisés. Le vieillard fait part à son fils de sa longue attente, de ses inquiétudes lors de son séjour prolongé à Carthage. En pleurs, Enéas tente d'étreindre son père, mais ses bras n'embrassent qu'une ombre sans consistance. Juché sur un monticule, Anchisés révèle à son fils la loi de la métempsycose qui régit l'Autre-monde : les âmes bonnes vont directement aux Chans Elisïens, les mauvaises expient leurs fautes aux Enfers, séjournent ensuite aux Chans Elisïens, puis boivent l'eau d'oubli et se réincarnent. Il lui désigne parmi la foule des bienheureux le fils (Silvïus) qu'il aura de la fille du roi Latin Lavinia ; de ce mariage naîtront maints ducs et rois, dont Romulus, Jules César et Auguste. Mais avant de goûter ce bonheur, Enéas devra endurer de nombreuses peines. Enéas quitte le royaume des morts par la porte d'ivoire par où sortent les songes mensongers.

IIIe partie : Arrivée en Lombardie. Le cerf de Tirus et les débuts de la guerre. Camille. Les armes de Vulcan. Visite au roi Evandre. Siège de Montauban. Mort et funérailles de Pallas. Mort et funérailles de Camille. Amour de Lavinia et d'Enéas. Mort de Turnus. Mariage d'Enéas et de Lavinia.
(v. 3105-10156)[1] *Enéide,* chants VII à XII.

(v. 3105-3524) Parvenus en Lombardie, les Troyens remontent le Tibre en direction de Laurente et dépêchent au roi messagers et cadeaux pour l'informer qu'ils sont de retour sur la terre de leur ancêtre. Le roi accepte de bonne grâce les présents, mais les informe qu'il a promis, contre son gré, sa fille Lavinia à un baron du pays, Turnus. Il offre en retour quelques présents et la promesse du don de sa fille et de son royaume. C'était compter sans son épouse qui va s'employer à ruiner le crédit du Troyen en rappelant l'enlèvement d'Eloine, la mort de Dido, les risques d'une guerre que ne manquera pas de déclarer Turnus fort d'une promesse antérieure. Informé par la reine, Turnus se prépare à cette guerre.

(v. 3525-3958) La mort du cerf de Tirus vient fournir le *casus belli.* La fille de Tirus, Silvia, a apprivoisé un cerf dont les bois magnifiques servent de chandelier et qui fait office d'échanson. Ascanius, en chassant avec quelques Troyens, a blessé le cerf ; Tirus, ses deux fils et des paysans assaillent les chasseurs pour venger l'animal. Dans la mêlée, l'un des fils de Tirus est tué ; secouru par son père, Ascanius met la maison de Tirus à sac. La nouvelle se répand dans la contrée que les Troyens se livrent au pillage ; elle parvient aux oreilles de Turnus

1. Les vers 3021-3104, où est rapportée la manière par laquelle Enéas reconnut la terre de Dardanus, ne figurent pas dans le manuscrit A ; J. J. Salverda de Grave les a empruntés à un autre manuscrit.

qui convoque à l'ost ses féaux pour livrer bataille. Parmi ceux-ci se trouve Camille, la reine des Volsques.

(v. 3959-4106) Le récit fait alors place à un long portrait de la jeune femme où beauté et féminité se trouvent soulignées par des atours et une monture fabuleux. Les bourgeois et le menu peuple de Laurente sont d'ailleurs fascinés par le passage de la « meschine ».

(v. 4107-4297) Ses troupes rassemblées, Turnus les harangue et leur rappelle la promesse faite naguère par le roi Latin. De son côté, Enéas et les Troyens se préparent au combat, bâtissent à la hâte un château fortifié : Montauban.

(v. 4298-4564) Vénus, inquiète pour son fils, se rend chez son époux Vulcan, dieu de la forge, pour lui demander de fabriquer des armes qui rendront Enéas invincible. En échange, elle lui promet de mettre un terme à une longue fâcherie en acceptant de passer une nuit avec lui. En effet, Vulcan, jaloux, avait commis l'indélicatesse de capturer à l'aide d'un filet d'acier Vénus et Mars enlacés et d'exhiber sa prise aux yeux des dieux. Vulcan forge un haubert infrangible, puis un heaume dans la carapace d'un animal marin, une targe, un écu et une épée incrustés d'or et de pierreries ; un baudrier et une lance, dont la hampe est décorée d'un gonfanon tissé par Aranne (Arachné), complètent ce splendide attirail.

(v. 4565-5672) Enéas se rend à Palantee auprès du roi Evandre pour trouver des alliés. Il y arrive le jour anniversaire du meurtre du monstre Carus par Herculés. L'éclat de ses armes effraie un peu les habitants, mais le rameau d'olivier apporté en signe de paix rétablit le calme. Evandre, ancien ami de Priamus roi de Troie, accorde son aide et envoie son fils Pallas, fraîchement adoubé, combattre aux côtés d'Enéas.

Turnus a profité de l'absence d'Enéas pour assiéger Montauban gardée par Ascanius et détruire les nefs qui auraient permis un repli par le Tibre. Eurialus et Nisus, frères d'armes et doubles romanesques, tentent de desserrer l'étau du siège en s'infiltrant dans les lignes ennemies et en égorgeant des soldats endormis. Trahi par l'éclat de son casque, Eurialus est tué, puis Nisus qui tentait de le venger. Les assiégés résistent courageusement à plusieurs attaques des troupes de Turnus. Ce dernier parvient, au prix de pertes considérables, à forcer l'accès de la porte défendue par les géants Pandarus et Bicias, s'enferme un temps avec ses ennemis et finit par se replier lorsque pointe à l'horizon la flotte des nefs conduite par Enéas. Dans les différents combats qui suivent, les armes forgées par Vulcan et la fougue juvénile de Pallas font merveille.

(v. 5673-6536) Egaré par la démesure et l'orgueil, Pallas défie Turnus qui le tue. Il est à son tour blessé par un archer, mais parvient à se traîner dans une nef qui rompt ses amarres et l'éloigne du champ de bataille. Enéas venge la mort de son jeune compagnon en blessant Mecencïus et en tuant Lausus.

Une trêve accordée par les Troyens va permettre d'incinérer les morts. Le corps de Pallas, richement paré, est déposé dans un cercueil non moins fastueux, sur lequel Enéas entreprend une pathétique déploration funèbre où sont rappelées l'amitié qui liait les deux hommes, la beauté et la vaillance de cette fleur de la chevalerie trop tôt cueillie par la mort. Le corps est ensuite rapatrié à Palantee, embaumé, puis mis dans un tombeau scellé et veillé par une lampe inextinguible.

(v. 6537-6904) Le roi Latin, afin de mettre un terme à des combats trop meurtriers, propose d'installer les Troyens sur une terre inculte. Drancés va plus loin et l'incite à donner Lavinia à Enéas et propose un combat singulier entre les prétendants. Turnus finit par accepter, mais une attaque surprise des Troyens suspend l'application de cette solution raisonnable.

(v. 6905-7724) Camille, parée pour la guerre, entre en lice et sème la terreur avec ses Amazones. Tarcon essaie de réveiller le courage des Troyens en rappelant que ce ne sont que des femmes, faites pour le plaisir et les travaux d'aiguille non pour la guerre. Il se propose de livrer Camille à ses valets comme une prostituée. Fouaillée par l'insulte, la farouche vierge trébuche mort le fanfaron et rappelle qu'elle ne vint là que pour l'amour de la chevalerie.

La fascination provoquée par les armes dorées de Cloreüs lui sera fatale. Arranz la frappe d'un dard au flanc gauche lorsqu'elle se penche pour prendre les armes à l'éclat mortifère après avoir tué leur propriétaire.

Une nouvelle trêve va permettre de donner une sépulture aux nombreuses victimes. A son tour, Turnus entame un long « planctus », cependant que déjà l'on embaume le corps de la pucelle, prépare la bière bientôt enclose dans un tombeau qui ressemble à une cathédrale en forme de triangle inversé, plus large au sommet qu'à la base. Une lampe éternelle veille sur la morte, mais un mécanisme ingénieux interdit l'accès au monument : une chaîne d'or relie la lampe à un pigeon d'or menacé par une flèche, le moindre souffle peut décocher le trait, frapper le pigeon et éteindre la lampe en la faisant choir.

(v. 7725-7856) Les revers subis obligent Turnus à accepter le combat singulier contre le Troyen ; le roi Latin l'avertit qu'il court à la mort, les dieux ont fait d'Eneas leur champion. Le terme du combat est fixé à huitaine et les hostilités suspendues jusque-là.

(v. 7857-9274) Le récit se tourne alors vers « la chambre des dames » où la reine incite Lavinia à aimer et à épouser Turnus. La « meschine », qui se dit ignorante des choses de l'amour, découvre par des questions la nature duelle d'Amour qui panse les plaies qu'il inflige, mêle douleur et plaisir.

La leçon maternelle permet à Lavinia de reconnaître ses maux lorsqu'elle est saisie par l'amour en posant son regard sur Enéas. Comme Dido, elle évoque longuement ses souffrances et ses insomnies et, dans un dialogue intérieur, tente de saisir la nature du feu qui la brûle. Elle sait cependant qu'elle ne peut être mariée à Turnus et aimer Enéas.

Lors d'un nouvel entretien avec sa mère, elle ne parvient pas à lui dissimuler sa passion pour Enéas dont elle ne peut prononcer le nom sans s'évanouir. La mère se répand en invectives contre les Troyens, traîtres et sodomites.

Après une nouvelle nuit d'insomnie, Lavinia, en proie aux souffrances de la passion, décide de faire connaître ses sentiments à Enéas à l'aide d'un « bref » rédigé de sa main et expédié dans le camp troyen par un archer. Surpris par la flèche, Enéas croit à un réveil des hostilités avant de lire la missive. La lecture et le regard de Lavinia confirmant de loin le message le conduisent insensiblement à en aimer l'auteur, à goûter les délicieuses souffrances de l'amour grâce auxquelles il communie avec la « meschine ». Les coquetteries de l'honneur viril l'amènent à refuser son regard et Lavinia à douter de cette virilité en se souvenant des propos maternels concernant le goût des Troyens pour les jeunes garçons.

(v. 9275-10156) La trêve achevée, les combats reprennent ; Enéas est blessé au bras par un archer ; un baume, le dictame, le guérit instantanément. Les troupes troyennes incendient Laurente ; Turnus ne peut plus se dérober au combat singulier qui mettra un terme à des hostilités dont les deux camps paraissent las et qui tournent en faveur des Troyens.

Grâce à ses armes, Enéas parvient dans le combat final à blesser Turnus ; le souvenir de Pallas, réveillé par l'anneau volé sur le cadavre que Turnus porte au doigt, le conduit dans un accès de colère à décapiter le vaincu. Vainqueur, il a droit au royaume et à la fille du roi Latin, mais remet à huitaine la saisine de l'un et de l'autre. Ce délai réveille à nouveau les doutes de Lavinia. Au terme fixé, les noces ont lieu avec fastes. Le roman s'achève rapidement sur l'annonce de la fondation d'Albe, la mort d'Enéas et le rappel succinct des propos d'Anchisés évoquant sa descendance jusqu'à la naissance de Remus et Romulus.

REPÈRES BIBLIOGRAPHIQUES

Editions de l' « Enéas »

Baehr (R.), *Enéas : antikisierender Roman des 12. Jahrhunderts*, Samlung romanischer Übungstexte, 53, Tübingen, 1969.
(Abrégé de deux mille vers environ, effectué à partir de l'édition Salverda de Grave, incluant la presque totalité de l'épisode consacré à Lavinia. Brève introduction. Glossaire. Bibliographie.)

Salverda de Grave (J.-J.), *Enéas, texte critique*, Bibliotheca Normannica, IV, Halle, 1891.
(Introduction détaillée comportant notamment une étude de la tradition manuscrite. Glossaire complet.)

Salverda de Grave (J.-J.), *Enéas, roman du XIIe siècle*, Classiques français du Moyen Age (CFMA), Paris, Champion, 1925-1929, rééd. 1962-1968.
(Texte du Ms. A, Bibl. laurentine, Florence, Plut. XLI, cod. 44. Courte introduction. Glossaire réduit.)

Enéas, Manuscrit F. Fr. 1450 de la BN reproduit en fac-similé par la Modern Language Association of America (MLA Collection of Photographic Facsimiles, n° 143), New York, 1930.
(Ce manuscrit contient dans l'ordre : *Troie*, *Enéas*, la première partie du *Roman de Brut* de Wace, *Erec et Enide*, *Perceval*, *Cligés*, *Lancelot* de Chrétien de Troyes, la seconde partie du *Roman de Brut*, *le Dolopathos* dans l'adaptation en vers d'Herbert.)

Traductions de l' « Enéas »

Schöler-Beinhauer (M.), *Le Roman d'Enéas*, klassische Texte des romanischen Mittelalters in zweisparchigen Ausgaben, 9, Munich, 1972.
(Reproduction du texte fourni par l'édition princeps de J.-J. Salverda de Grave avec traduction allemande au regard. Courtes introduction et bibliographie.)

Yunck (J. A.), *Enéas : A Twelfth Century french romance*, New York and London, Columbia University Press, 1974.
(Traduction anglaise effectuée à partir de l'édition Salverda de Grave. Importantes introduction et bibliographie.)
Thiry-Stassin (M.), *L'Enéas*, trad. franç., Paris, Champion, à paraître.

Adaptation médiévale de l' « Enéas »

Heinrich von Veldeke, *Eneit*, Ed. Behaghel (O.), Heilbronn, 1882.
Heinrich von Veldeke, *Eneide*, Ed. Schieb (G.) et Frings (T.), Deutsche Texte des Mittelalters, Berlin, 1964-1970, 3 vol.
(Vol. 1 : édition du manuscrit Gotha (A. Chartre, Nr. 584) avec au regard une reconstitution critique du texte dans le dialecte du Limburg. Vol. 2 : Notes. Vol. 3 : Glossaire complet.)

TRAVAUX CRITIQUES

Datation de l' « Enéas »

Angeli (G.), *L'Eneas e i primi romanzi volgari*, Ricciardi Documenti di filologia, Milan, 1971.
(Rapproche la rédaction de *l'Enéas* de celle de *Thèbes* écrits concurremment dans l'atelier de clercs travaillant au service d'Henri II Plantagenêt.)
Faral (E.), *Recherches sur les sources latines des contes et romans courtois du Moyen Age*, Paris, Champion, 1913, p. 161-187.
(Fixe définitivement la chronologie relative des trois romans antiques.)
Frederick (E. C.), The Date of the Eneas, *Publications of the Modern Language Association of America*, L, 1935, p. 184-196.
(Suppose *Enéas* antérieur au *Brut* de Wace.)
Guyer (P. E.), The Chronology of the earliest french romances, *Modern Philology*, XXVI, 1928-1929, p. 257-277.
Hoepffner (E.), *L'Enéas* et Wace, *Archivum romanicum*, XV, 1931, p. 248-289 et XVI, 1932, p. 162-166.
(Outre la mise en valeur de la probable antériorité du *Brut*, une importante étude de l'influence du roman de Wace sur *l'Enéas*.)
Langlois (E.), Chronologie des romans de *Thèbes*, d'*Enéas* et de *Troie*, Bibliothèque de l'Ecole des Chartes, LXVI, 1905, p. 107-120.
(Etablit l'ordre confirmé par E. Faral.)

Rapports de l' « Enéas » et de l' « Enéide » de Virgile

Crosland (J.), Eneas and the Aenid, *The Modern Language Review*, XXIX, 1934, p. 282-290.
(La comparaison tourne au désavantage de *l'Enéas*. Caricatural.)

Duggan (J. J.), Virgilian Inspiration in the *Roman d'Enéas* and in *the Chanson de Roland, Medieval Epic to the « Epictheater » of Brecht*, Los Angeles, 1968, p. 9-23.

Nitze (W.), A Note on two Virgilian Commonplaces in Twelfth Century Literature, *Mélanges de linguistique et de littérature offerts à M. Alfred Jeanroy*, p. 439-446.
(Examen de *l'Enéas* à partir de deux topiques virgiliens « Fama » et « varium et mutabile semper femina ».)

Pauphilet (A.), Enéas et Enée, *Romania*, LV, Paris, 1929, p. 195-213.
(La comparaison porte sur l'épisode de Dido.)

Petulla (R.), Il *Roman d'Eneas* e *l'Eneide*, *Filologia medioevale e umanistica*, CII, 1968, p. 409-431.

Poirion (D.), De *l'Enéide* à *l'Enéas* : mythologie et moralisation, *Cahiers de Civilisation médiévale*, XIX, Poitiers, 1976, p. 213-229.
(La comparaison est l'occasion d'une importante étude du décentrement effectué par l'adaptateur et, surtout, de l'écriture médiévale. Article essentiel.)

Varvaro (A.), I nuovi valori del Roman d'Eneas, *Filologia e letteratura*, XIII, 1967, p. 113-141.
(*L'Enéas* comme interprétation de Virgile au XIIe siècle.)

L' « Enéas » et ses sources non virgiliennes

Bezzola (R.), *Les origines et la formation de la littérature courtoise en Occident*, Paris, Champion, 1944-1963, 3e partie, vol. 2, p. 280-287.
(Brèves mais éclairantes remarques sur le contexte historique et intellectuel.)

Faral (E.), Le récit du jugement de Pâris dans *l'Enéas* et ses sources, *Romania*, XLI, 1912, p. 100-102.

Faral (E.), *Recherches sur les sources latines des contes et romans courtois du Moyen Age*, Paris, Champion, 1913, p. 73-157.

Grillo (P. R.), The Courtly Background in the *Roman d'Enéas*, *Neuphilologische Mitteilungen*, LXIX, 1968, p. 688-702.
(Souligne le contraste entre les épisodes de Dido et de Lavinia.)

Heyl (K.), *Die Theorie der Minne in den ältesten Minneromanen Frankreichs*, Marburg, 1911.
(Examen du développement de la doctrine courtoise dans les romans antiques.)

Jones (R.), *The Theme of Love in the Romans d'Antiquité*, MHRA, Dissertation Series, Londres, 1972.
(Etude de l'influence ovidienne.)

Laurie (H. C. R.), *Eneas* and the Doctrine of Courtly Love, *The Modern Language Review*, LXIV, 1969, p. 283-294.
(Etude de l'influence ovidienne.)

Warren (F.), On the latin Sources of *Thebes* and *Eneas*, *Publications of the Modern Language Association of America*, XVI, 1901, p. 375-387.

L' « Enéas » et l'Antiquité

Frappier (J.), Remarques sur la peinture de la vie et des héros antiques dans la littérature française du XIIe et du XIIIe siècle, *L'Humanisme médiéval dans les littératures romanes du XIIe au XIVe siècle* (Colloque de Strasbourg, 1962), Paris, 1964, p. 13-54.

Pauphilet (A.), *Le legs du Moyen Age*, Melun, 1950, chap. III : « L'Antiquité et *Enéas* », p. 91-106.

Raynaud de Lage (G.), Les romans antiques et la représentation de la réalité, *Le Moyen Age*, LXVII, 1961, p. 247-291.

Thèmes, sens et composition de l' « Enéas »

Adler (A.), Eneas and Lavine : « Puer et Puella Senes », *Romanische Forschungen*, LXXI, 1959, p. 73-91.
(Etude qui met en lumière le sens de l'œuvre à partir de la prise en compte de la totalité du roman.)

Angeli (G.), *L'Eneas e i primi romanzi volgari*, Ricciardi Documenti di filologia, Milan, 1971.

Auerbach (E.), *Literatursprache und Publikum in der Spätantike und im die Mittelalter*, Berne, 1958, chap. III : « Camille oder über die Wiedergeburt des Erhabenes », p. 135-176.

Cormier (R. J.), *One Heart One Mind : The Rebirth of Virgil's Hero in Medieval French Romance*, Mississipi University, 1973.
(L'interprétation de *l'Enéas* la plus complète à ce jour.)

Cormier (R. J.), The Structure of the *Roman d'Eneas*, *Classical Folia*, XXVI, 1972, p. 107-113.
(Synthèse d'une partie des idées avancées dans *One Heart One Mind...*)

Laurie (H. C. R.), A New Look at the Marvellous in Eneas and its Influence, *Romanica*, XCI, 1970, p. 48-74.

Levy (R.), *Enéas :* allusion à la sodomie, *Philological Quarterly*, 27, 1948, p. 372-376.

Macabies (A. M.), Que représente la Carthage d'*Enéas* ?, *Revue de Langues romanes*, LXXVII, 1967, p. 145-151.
Muscatine (C.), *Chaucer and the French Tradition*, Berkeley and Los Angeles, 1957, p. 19-44.
Poirion (D.), *Le merveilleux dans la littérature française du Moyen Age*, « Que sais-je ? », n° 1938, Paris, PUF, 1982, p. 40-43.
Söhring (O.), Werke bildender Kunst in altfranzösischen Epen, *Romanische Forschungen*, XII, 1900, p. 491-640.
(Analyse utile portant sur les merveilles dans *l'Enéas* et les autres romans antiques.)

Approches linguistiques et stylistiques

Angeli (G.), *L'Eneas e i primi romanzi volgari*, Ricciardi Documenti di filologia, Milan, 1971, chap. III.
Baumann (F.), *Über das Verhältnis zwischen Erb- und Lehnwort aus dem Latein im alfranzösischen*, Heidelberg, 1912.
Biller (G.), *Etude sur le style des premiers romans français en vers* Göteborg, 1916.
(Etude stylistique de *Thèbes*, *Enéas* et *Troie*.)
Cormier (R. J.), « Comunalement » and « Soltaine », the *Eneas*, in *Romance Notes*, XIV, 1972, p. 1-8.
Laurie (H. C. R.), Some Experiments in Technique in Early Courtly Romance, *Zeitschrift für romanische Philologie*, LXXXVIII, 1972, p. 45-68.
Rottig (O.), *Die Verfasserfrage des Eneas und des Roman de Thèbes*, Halle, 1892.

L' « Enéas » et le roman

Jodogne (O.), Le caractère des œuvres antiques dans la littérature française du XIIe et du XIIIe siècle, *L'Humanisme médiéval* (Colloque de Strasbourg, 1962), Paris, 1964, p. 55-86.
Wilmotte (M.), *Les origines du roman en France. L'évolution du sentiment romanesque jusqu'en 1240*, Paris, 1942.

Influences de l' « Enéas »

Angeli (G.), *L'Eneas e i primi romanzi volgari*, Ricciardi Documenti di filologia, Milan, 1971.
(Influence sur le *Roman de Troie*, p. 153-173, sur les premiers romans de Chrétien de Troyes, p. 174-198.)
Cormier (R. J.), Remarques sur *le Roman d'Enéas* et *l'Erec et Enide* de Chrétien de Troyes, *Romanic Language Review*, LXXXII, 1976, p. 85-97.

Dressler (A.), *Der Einfluss des altfranzösischen Eneas Romanes aur die altfranzösische Literatur*, Leipzig, 1907.
(Premier ouvrage à avoir mis en lumière l'influence profonde exercée par *l'Enéas* sur la littérature romanesque postérieure. Doit être nuancé, mais reste utile.)
Hoepffner (E.), Marie de France et *l'Enéas*, *Studi medievali*, n.s., V, 1932, p. 272-308.
Laurie (H. C. R.), *Eneas* and the *Lancelot* of Chrétien de Troyes, *Medium Aevum*, XXXVII, 1968, p. 48-74.
Levi (E.), Marie de France e il romanzo d'*Eneas*, *Atti de Reale Institute Veneto di Scienze, Lettere e Arti*, 1921-1922, p. 645-686.
(Marie de France serait l'auteur de *l'Enéas*. Arguments peu convaincants, dont l'inexactitude a été démontrée ultérieurement par E. Hoepffner.)
Micha (A.), *Enéas* et *Cligés*, *Mélanges de philologie romane et de littérature médiévale offerts à Ernest Hoepffner*, Paris, 1949, p. 237-243.
Repris dans *De la chanson de geste au roman*, Genève, Droz, 1976, p. 55-62.
Salverda de Grave (J. J.), Un imitateur du *Roman d'Enéas* au XIIIe siècle en France, *Studi medievali*, n.s., V, 1932, p. 300-316.
Warren (F.), *Eneas* and Thomas' *Tristan*, *Modern Language Notes*, XXVII, 1912, p. 107-110.
Wittig (J. S.), The Aeneas Dido Allusion in Chrétien's Erec et Enide, *CL*, XXII, 1970, p. 237-253.

L' « Enéas » et la critique

Cormier (R. J.), The Present State of Studies on the *Roman d'Eneas*, *Cultura Neolatina*, XXXI, 1971, p. 7-39.
(Précieux survol de la critique jusqu'en 1971.)

Editions des autres romans antiques

Arnold (I.), *Le Roman de Brut de Wace*, Paris, SATF, 1938, 2 vol.
Constans (L.), *Le Roman de Troie de Benoît de Sainte-Maure*, Paris, SATF, 1904-1912, 6 vol.
Constans (L.) et Faral (E.), *Le Roman de Troie en prose*, Paris, CFMA, t. 1, 1922.
Foulet (A.), *The Medieval french Roman d'Alexandre*, Princeton, 1949-1955, 7 vol.
Raynaud de Lage (G.), *Le Roman de Thèbes*, Paris, CFMA, 1969-1971, 2 vol.
Vieillard (F.), *Le Roman de Troie en prose (Version du Codex 147)*, Genève, 1979.

Les débuts du genre romanesque

Approaches to Medieval Romance, *Yale French Studies*, 51, dir. P. Haidu, New Haven, 1974.

Chanson de Geste und Höfischer Roman (Heidelberger Kolloquium, 1961), Heidelberg, 1963.

Le Roman jusqu'à la fin du XIIIe siècle, *Grundriss der Romanischen Literaturen des Mittelalters*, IV, I, dir. H. R. Jauss et E. Koeller, Heidelberg, 1978.

Marichal (R.), Naissance du roman, *Entretiens sur la Renaissance du XIIe siècle*, Paris-La Haye, 1968.

Mela (C.) et Baumgartner (E.), La mise en roman, *Précis de littérature française du Moyen Age*, dir. D. Poirion, Paris, 1983.

Zink (M.), Une mutation de la conscience littéraire : le langage romanesque à travers les exemples français du XIIe siècle, *Cahiers de Civilisation médiévale*, XXIV, Poitiers, 1981, p. 3-27.

Index

Imprimé en France
Imprimerie des Presses Universitaires de France
73, avenue Ronsard, 41100 Vendôme
Décembre 1984 — N° 30 289

LITTÉRATURES MODERNES

Ouvrages parus :